Zwarte erotiek

In de reeks Bibliothèque Noire van Uitgeverij Anthos
verschenen eerder de volgende titels:

Lonnie Barbach e.a. *Geheime genoegens*
Lonnie Barbach e.a. *Lust en liefde*
Lonnie Barbach e.a. *Gevaarlijk spel*
Florence Dugas *Zusters in pijn*

ALICE WALKER, TERRY MCMILLAN,
GLORYA NAYLOR EN ANDEREN

Zwarte erotiek

Samengesteld door
Miriam DeCosta-Willis, Reginald Martin,
Roseann P. Bell

Vertaald door Hans van Cuijlenborg

ANTHOS

ISBN 90 414 0281 0
© 1992 by Miriam DeCosta-Willis, Reginald Martin, Roseann P. Bell
Voor de Nederlandse vertaling:
© 1999 Uitgeverij Anthos, Amsterdam
Dit boek bevat een selectie uit de verhalen die
werden gepubliceerd in de bundel *Erotique Noire – Black Erotica*
Oorspronkelijke uitgever: Doubleday
Vertaling: Hans van Cuijlenborg
Omslagontwerp: Robert Nix
Omslagfoto: Angèle Etoundi Essamba

Verspreiding voor België:
Verkoopmaatschappij Bosch & Keuning, Antwerpen

Aan Charles L. Blockson

collectioneur
historicus
bibliofiel
genealoog
verwante geest
en
uitzonderlijke zwarte geleerde

wiens aanmoediging ons vanaf het begin heeft geïnspireerd
wiens geloof in dit project ons aanmoedigde
wiens goede raad ons werk doordrong
wiens intelligentie en fijngevoeligheid ons begrip van de
erotiek heeft verrijkt en verdiept

dragen wij *Zwarte erotiek* op

Inhoud

Zoet suikerriet

Gloria Naylor

Ze waren algauw bij de rietaanplant en Butch nam het kapmes van haar over en liep door het hoge gewas, op zoek naar de beste stengels. Zij voelde verontrustende tintelingen in haar onderbuik en haar vingertoppen toen ze hem met zijn sterke, lenige lijf zag bukken om de brede kling in de groene en vaalbruine stengels te slaan.

Als hij er een vond die heel rijp was, dan stak hij hem omhoog, zijn twee gespierde armen glinsterend van het zweet, en riep: 'Deze lijkt op jou, Mattie – wel op snee en zoet,' of: 'Here, zie toch eens hoe ik me kapot werk voor dat mooie meiske.'

Ze wist dat het allemaal grapjes waren. Alles aan Butch was gebakken lucht en suikerspin, maar toch deed het haar wat als hij overeind kwam om haar door het hoge riet heen toe te roepen.

Toen hij een stuk of tien stengels had gekapt, pakte hij ze bij elkaar en bracht ze naar de rand van het veld. Hij knielde, haalde wat touw uit zijn zak en bond de stengels tot twee bundels. Toen hij overeind kwam, rook hij naar een mengsel van schoon zweet, ruwe melasse en bouwvoor. Hij nam onder elke arm een bundel riet.

'Mattie, krijg mijn zakdoek eens uit mijn borstzak. Ik zie geen steek door al dat zweet.'

Ze voelde zijn stevige borst onder haar tastende vingers toen ze de zakdoek pakte, en toen ze op haar tenen ging staan om zijn natte voorhoofd af te vegen, streken haar tepels langs het ruwe canvas van zijn overall en richtten zich op tegen de dunne stof van haar jurk. Die onbekende gevoelens brachten Mattie van streek, ze voelde dat ze nu als het ware te ver naar vreemde wateren was afgedreven, en dat ze, als ze niet snel omkeerde, helemaal zou vergeten welke kant de kust op lag – of erger nog, dat het haar helemaal niet meer zou kunnen schelen.

'Nou, ons suikerriet hebben we. Laat ons op huis aangaan,' zei ze abrupt.

'Is dat nou niet typisch iets voor een vrouw?' Butch greep de zware stengels nog eens beter vast. 'Een man zo van de wijs brengen dat hij drie keer zoveel riet gaat kappen als hij voor zichzelf nodig heeft en dan verlangen dat hij subiet terug naar huis gaat zonder een ogenblik rust te pakken, of de kruiden te plukken waarvoor hij eigenlijk de ganse weg hierheen gekomen is.'

'Al goed.' Mattie zoog ongeduldig een teug lucht in en raapte het kapmes op. 'Waar is dat veldje kruiden?'

'Net bij de rand van het bos daar.'

De temperatuur was zeker tien graden lager aan de rand van het dichte, warrige kornoeljebos, en het smaragdgroene basilicum en de wilde tijm vormden een geurige deken op de bemoste bosvloer. Butch gooide het riet neer en zeeg met een zucht op de grond.

'Jezus, is dit lekker,' zei hij, om zich heen kijkend en de koele lucht opsnuivend. Het leek hem dwars te zitten dat Mattie nog steeds stond. 'Here nog aan toe, meiske, zijn jouw voeten niet moe van al dat lopen?'

Mattie ging voorzichtig op de grond zitten en legde het kapmes van haar vader tussen hen in. De vochtige frisheid van de boslucht veranderde niets aan de prikkende hitte onder haar huid.

'Jij vloekt veel te veel,' zei ze geërgerd. 'Je mag de naam van de Heer niet ijdel gebruiken.'

Butch schudde zijn hoofd. 'Jullie altijd met jullie magnietten. Je mag dit niet en je mag dat niet. Daarom ben ik nooit christen geworden – voor mij wil dat gewoon zeggen dat je niet van het leven mag genieten, en omdat we hier maar één keer zijn, vind ik dat zonde.'

'Niemand heeft beweerd dat je niet van het leven mag genieten, maar is genieten bij jou geen rokken jagen?' Mattie probeerde wanhopig een gegronde verontwaardiging over Butch op te brengen. Ze moest iets hebben om die slopende uitwerking van zijn aanraking en zijn lucht te neutraliseren.

'Mattie, zo'n rokkenjager ben ik niet, ik blijf gewoon nooit hangen tot het ellende wordt. Je weet wel, voordat we allebei vastroesten in onze gewoonten en schelden en kijven en gewoon doorgaan omdat we vergeten zijn van ophouden. Zie je, geen enkele vrouw die mij gekend heeft, kan zich een mottige dag met mij herinneren. Dus die bleven plakken aan kerels die ze links lieten liggen of ze sloegen en bedrogen, die zitten op hun veranda erwten te doppen en denken aan de ouwe Butch, en zeggen dan: "Zeker, dat was een aardige, wilde nikker – alle dagen zonneschijn, misschien maar heel kort, maar naar het gevoel zalig."'

Mattie vond wat hij zei wel kloppen, maar er zat iets vrijblijvends in zijn redenatie en ze kon er niet achterkomen wat nu precies.

'Ga maar eens na,' zei hij, 'met hoeveel vrouwen ben ik ooit opgetrokken, hadden die wat op mij te zeggen? Misschien hadden hun mama's of hun papa's iets te zeggen,' sprak hij sluw lachend tot het gras, 'of hun mannen – maar zijzelf nooit. Ga maar na.'

Ze ging het na en tot haar verrassing kon ze op geen enkele naam komen.

Butch grijnsde triomfantelijk toen hij haar gezicht zag en kon bijna het lijstje dat zij in gedachten naging voor zich zien.

'Nou ja,' gooide Mattie hem voor de voeten, 'er zullen er wel een paar bij zijn die ik gewoon nooit gezien heb.'

Butch wierp zijn hoofd in zijn nek en zijn lach verlichtte de donkere bomen.

'Lieveheer, dat vind ik zo aardig van de vrouwen in de

familie Michael – jullie zijn niet op jullie mondje gevallen. Mattie, Mattie Michael,' zong hij op fluistertoon en zijn blikken gleden over haar gezicht. 'Hoe ben jij aan die achternaam Michael gekomen? Had dat niet Michaels wezen moeten?'

'Nou, papa zei dat toen de slavernij werd afgeschaft, zijn papa nog een koter was, en die was hardhorig, dus zijn meester en iedereen op de plantage moest twee keer om hem roepen. Omdat hij Michael heette, noemden ze hem altijd Michael-Michael. En toen de volkstelling van de Unie kwam en ons negers inschreef, toen vroegen ze hoe mijn grootvader heette en toen zeiden ze dat ze hem kenden als Michael-Michael. Dus die stomme Yank schreef dat op en sinds die tijd heten wij Michael.'

Matties vader mocht haar dat verhaal graag vertellen, en zij op haar beurt vond het leuk het tegenover iedereen te herhalen die haar vroeg naar de reden van haar rare achternaam. Terwijl ze sprak, zorgde Butch ervoor zijn blikken niet lager dan haar hals te laten zakken. Hij wist dat ze daar zat als een schuw musje, klaar om op te vliegen. En de minste beweging van zijn kant zou haar voorgoed afschrikken.

Dus luisterde hij naar haar, met zijn blikken strak op haar gezicht terwijl zijn geest langs die ebbenhouten hals afdaalde, net voldoende vol dat een man zijn neus erin kon duwen om hier en daar op huid te sabbelen, bijna zo zacht als de huid op haar volle, ronde borsten, met hoge, uitstaande tepels, ongelooflijk genoeg nog donkerder dan de borsten, zodat je, als je die onder de tong kreeg, het idee moest hebben hele lekkere, sterke chocola te drinken. Daar zou een man al de helft van zijn leven kunnen doorbrengen, maar de zachte heuvel van haar buik fluisterde hem toe, en zijn geest greep naar omlaag en kneedde hem heel voorzichtig tot hij soepel en vol verwachting was. En toen speelde hij met het puntje van zijn tong almaar rond het grotje midden op haar buik, terwijl zijn handen probeerden elke ronding en de textuur van haar dijen vast te leggen, en lichtelijk druk naar buiten begonnen uit te oefenen om haar benen te spreiden zodat zij erdoor konden om zich te verliezen in de eeuwigheid van haar zachte, welvende kont. En zij zou wachten en wachten, voller en voller lopen en hem ten slotte smeken iets te doen – wat dan ook – aan het uitdijen, voordat ze uit haar vel zou barsten en in een miljoen stukjes tussen de wortels van de bomen en de blaadjes van het basilicum zou belanden.

Toen Mattie klaar was met haar verhaal, zat Butch naar het suikerriet te kijken en ging met het heft van zijn zakmes langs de dikke, gelede stengel.

'Weet jij hoe je suikerriet moet eten, Mattie?' vroeg hij, en hij bleef over de knopen wrijven. Hij vermeed haar aan te kijken, bang voor wat zij in zijn ogen zou lezen.

'Wat ben jij toch een rare nikker, Butch Fuller. Eerst informeer je naar mijn naam en dan kom je met zo'n idiote vraag aanlopen. Ik eet mijn hele leven al suikerriet, mallerd!'

'Nou,' zei Butch, 'sommige mensen hebben als ze doodgaan nog geen weet van hoe ze eigenlijk suikerriet moeten eten.' Hij ging op zijn knieën zitten, brak een van de stengels af en begon die met zijn mes te schillen. Hij sprak zo zachtjes dat Mattie zich voorover moest buigen om hem te kunnen verstaan.

'Zie je,' sprak hij, 'suikerriet eten is net zoiets als leven. Je moet weten wanneer je moet ophouden met kauwen – wanneer je moet ophouden met je poging het laatste beetje zoet uit een stengel te krijgen – anders zit je met een mondvol grof stro dat je tandvlees en je gehemelte irriteert.'

Het dikke lemmet van het mes gleed onder de stugge groene schil, en heldere, sappige parels welden uit de stengel op en glinsterden in de zinkende middagzon.

'De kunst,' sprak hij en hij sneed een plak van de harde, gele vezel af, 'is om het uit te spugen als het stuk nog stevig is en dat laatste beetje sap – dat belooft het zoetste te zullen zijn van de hele mondvol – glipt net van je tong. Dat is moeilijk, maar je moet het toch uitspugen, anders zit je die laatste ronde op niets als stro te kauwen. Begrijp je wat ik bedoel, Mattie?'

Eindelijk keek hij haar recht in het gezicht en Mattie merkte dat ze ver afdreef op de bruine zee van zijn pupillen, waar de woorden, de kust en het anker een soort koeterwaals werden.

'Hier,' zei hij en hij hield haar een stuk suikerriet voor, 'probeer het maar eens zoals ik je het net heb verteld.'

Dat is dan ook wat ze deed.

Steek je tong er maar in

Thomas Stanley

1990 en de glazen muren om me heen zijn meer frustrerend en beperkend dan tralies. Heldere vlakken van afgeperkte ruimte, zich voortzettend onder mijn voeten en de ijle lucht boven mijn hoofd doorklievend – wettelijk voorgeschreven plafond dat zelfs mijn dagdromen besnoeit. Goddomme. Ik kom ruimte tekort. 'Hé Joe, waar ga jij naartoe met die blaffer in je poot?' Mijn geheugen herbergt een besef van een ander soort pijn. Goddomme. Wie heeft er coke op mijn snikkel gesmeerd? Mijn snikkel keihard en kloppend en ik voel geen moer. Ze hebben mij alle hoeken laten zien van de geschonden ruimte van collectieve verwaarlozing, collectief gemak, collectief geheugenverlies. Mijn geheugen herbergde een besef van een ander soort ellende. Goddomme. Hou dat vast! Laat me dat ruiken. Nee, nee. Die troep is nep. Ik ken die lucht. Ik heb die lucht eerder geroken.

1990. Dit is het langste jaar van mijn leven en het duurt amper negen maanden. Verwekt bij gebrek aan voorbehoedsmiddelen in een bizarre, smerige hoek. Lieg alsjeblieft niet tegen me. Jou beminnen was niet gemakkelijk, het was moeilijk. Goddomme, wie heeft er coke op mijn snikkel gesmeerd? Ik meen het, wat dacht je dan?

Weet iemand soms nog hoe echt lekker neuken aanvoelt? De warme aroma's van een mooie, vochtige kont. Je snikkel in natte, roze plooien duwen, alsof je hem er aan de andere kant weer uit wilde laten komen. Doorgaan op leven en dood terwijl je zweet zich vermengt met eit en de lakens doordrenkt. De smaak van je zaad op haar lippen.

Nog tien jaar en we breken het maagdenvlies van een nieuwe eeuw, een nieuw millennium. En ik wil maar één minuscuul detail weten – is je snikkel goed stijf? Zul je die dan nog overeind krijgen?

Ik zal jou niet missen... niet echt. Maar het zou lekker zijn, al was het voor nog slechts één keer, om mijn tong erin te steken.

Een uitnodiging om te komen eten

Yana West

Liefste Reuben,

Ik heb een maaltijd speciaal voor jou samengesteld. We beginnen met een amuse van schone tenen, overgoten met pepermuntolie, als begin van je genot en je genoegen. En telkens als jij zuigt en bijt, wordt de soep van de volgende gang wat romiger. Maar vlak voordat ik jou een kop ervan serveer, laat ik je een vinger erin steken om te kijken of ze goed is gekruid en naar jouw smaak geroerd.

En als de soep naar je smaak is, dan mag je tong volop haar gang gaan. Dan mag je likken en slurpen in de beschutting van mijn huis, waar sappen kunnen stromen en we nooit hoeven te pauzeren om onze mond af te vegen. Dus slurp haar op, want er is nog veel meer, dit is bedoeld om je eetlust op te wekken.

Tot de entree behoren tepels, donkerbruin geroosterd en gesauteerd zodat ze glimmen en rechtop staan. En terwijl jij die met je mond masseert, heb ik mijn tong klaar om je keel en oren te prikkelen. Er komt nog meer room voor over de groente en als je wilt, kun je ook daar je vingers insteken en dan die tieten vol smeren met nog meer zoete, sappige room: en bijt dan maar naar hartelust, tot ik begin te schreeuwen.

En op de tafel, voor je neus, vind je oliën en zalfjes die je in mijn split en in mijn gat mag smeren. Jij mag zelf de groente kiezen. Nu moet er voor dit door mij bereide maal zo langzamerhand ook een vogel klaar staan. En geloof me, er is genoeg voor jouw onverzadigbare eetlust. Neem maar wat je wilt. Mijn bevrediging ligt in de wetenschap dat jij gekomen bent.

Zeker, ik heb koffie met suiker klaargemaakt. Terwijl jij je ontspant, zal ik je afzuigen om wat room te krijgen.

En ten slotte dien ik dan het toetje op, een boomstam om voor- en achterkant mee te doorboren, om jou tevreden te doen lachen en zin te geven terug te komen.

Ik verwacht je om halfdrie. Dan kunnen we elke gang een uur of twee laten duren.

Liefs, Yana

Minneola's

Esperanza Malavé Cintrón

Hete, plakkerige, zonnige dagen. Het voordeel is dat de wagen meteen bij de eerste keer start en niet zo lang nodig heeft om op te warmen. Het nadeel is dat de skai bank aan mijn dijen plakt en ze verbrandt, ze rood laat worden en er kartelstrepen in maakt, net als het stiksel in stof. Het harde, hete plastic van het stuur doet pijn aan mijn handen als ik de straat op draai. Ik klap de zonneklep naar beneden om mijn ogen te beschermen tegen het felle licht.

Ik ga naar de supermarkt. Het is boodschappendag en met tegenzin heb ik mezelf zover gekregen de wat duistere luxe van mijn huis te verlaten om deze wrede hitte en daarna de koelkastkoelte van de airconditioning in de supermarkt te trotseren. Om nog maar te zwijgen van het feit dat het zaterdag is en dat de karretjes dan bumper aan bumper staan. Maar ik weet dat ze minneola's hebben, daar heb ik al voor gebeld. Bovendien heb ik een paar alledaagse dingen nodig: melk, brood, margarine en misschien iets voor het avondeten.

Het lukt me tot de kassa te geraken terwijl mijn minneola's mij achter hun doorzichtige plastic omhulsel aan liggen te staren. Ik heb ze zo dicht mogelijk bij mij gehouden, apart op het kinderzitje in het karretje, zodat ze niet door de andere boodschappen gekneusd konden worden. Meer kon ik niet doen om mijn handen van ze af te houden. Het enige wat me ervan weerhield er een te verslinden, was de wetenschap dat ze nog niet van mij waren.

De zakken staan op de achterbank en leunen zwaar tegen elkaar. Stralend oranje minneola's liggen boven op een ervan, hun wasachtige jasjes en hun kuiltjes dagen mij uit. Maar ik kan wachten.

Met mijn voet op de rem draai ik het sleuteltje om en schuif Paula Abdul in de cassetterecorder. Ze begint te hiphoppen met *It's the Way That You Love Me*, ik zet de airconditioning een klein beetje aan, om iets van een briesje te voelen. Ze zingt *It's the Way That You Love Me* en ik zit te rocken en denk aan mijn minneola's. Maar zo is het genoeg!

Ik draai het contact weer uit, dan weer aan, genoeg om de airconditioning en de muziek gaande te houden, dan doe ik een greep naar achter en grijp een dikke, sappige minneola. Ik rol hem rond in mijn handpalmen om het sap los te maken en te voelen hoe stevig hij is. Het is heerlijk. En ik druk zijn koele schil tegen mijn wang, dan tegen mijn voorhoofd. Met mijn voortanden pluk ik eraan, maak ik een gaatje dat net groot genoeg is voor het topje van mijn wijsvinger, waarmee ik langzaam de schil lostrek. Ze laat gemakkelijk los. Smalle repen wit tarten mijn lippen als ik het witte vlees aan de binnenkant van de schil naar mijn mond breng en voorzichtig aan het vlies knabbel. Als ik klaar ben met de schil valt zij uitgeput op mijn schoot en zit ik met het naakte vruchtvlees van mijn minneola in mijn handen.

Wat te doen? Moet ik hem in partjes delen? Ik stel me voor hoe gemakkelijk ze los zouden komen, hoe zoet, hoe sappig... Of moet ik er gewoon in bijten, en het sap over mijn gezicht laten stromen en spuiten? Terwijl ik mijn opties overweeg, knabbel ik met mijn lippen aan loshangende eindjes vlies. Maar voordat ik het weet, heb ik al in de sappige massa gebeten. Er zit pulp op mijn neus en het sap druipt van mijn kin. Ik ga voor een tweede, misschien wel een derde hap. Die is plakkerig en zoet, zoet, zoet. Gulzig neem ik happen, de stukjes pulp barsten in mijn mond. Ik lik het overgebleven sap van mijn lippen, terwijl ik in het handschoenkastje naar zakdoekjes zoek om de sporen uit te wissen.

Gestrand

ReVonne L. Romney

De krijtwitte, satijnen maan van de Keys, zwaar en vol als het oog van een muildier, wierp een bundel spookachtig licht in deze eenvoudige kamer. Een opalen glans flikkerde boven het smalle bed, met geurig beddengoed opgemaakt, boven mijn uitgestrekte gestalte, zette zich lichtjes op mijn wang en op mijn lippen zo zoetjes. Hij herhaalt met gefluister als van grint: 'Ik ga je mossel eten.'

Ik gleed gemakkelijk weg in de slaap. De opwinding van een week rust en plezier op dit prachtige subtropische eiland verjoeg alle onvolmaaktheden uit elke zenuw en al mijn vermoeide ledematen. Ik rolde gemakkelijk in de zachte stilte, mij vaag bewust van een vreemde, brutale minnaar die verleidelijke beloftes fluisterde vanuit de wilde tuin onder mijn raam. Deze nacht was rustig en droomloos, want morgen moest mijn bloed zingen.

In slechts enkele ogenblikken, zo leek het tenminste, was ik verfrist en werd ik gewekt door de zoetste lucht die ik ooit had geroken. Geen dageraad had zich ooit in zo'n bekoorlijk gewaad gestoken als deze zilveren koningin van de morgen. Muisgrijze, zilveren en korenblauwe palmtakken rezen als spitsbogen van een grote kathedraal op tot ze het zalmrood en het vermiljoen in het guitige oog van de dageraad aanraakten. Snel kleedde ik mij aan en daalde af naar de kust.

Het water was koud en niet erg uitnodigend, maar het

bekoorde de blik. Huiverend stapte ik voorwaarts naar de lip van de oceaan en hield stand toen de zee korrel na korrel onder mijn krampachtig gespannen tenen weggriste. Uitgedaagd deed ik een stap naar voren, het koude ultramarijn gleed om mijn knieën en spatte speels kristallen druppels in mijn haar en ogen, stak met zijn koude en zijn schittering.

De oprijzende golf greep mij bij mijn billen en trok een ijskoud spoor tussen de rondingen van mijn zenuwachtig samengeknepen achterwerk. De zon klom snel naar haar hoogtepunt en spreidde haar gouden weelde over de golven. Met elke ademtocht, elke zwelling wiegde mijn minnaar mij met wellustig genoegen dat naar gelang zijn bevlieging steeds ritmischer werd.

Omdat ik het schouwspel van mijn minnaars begeerte voor geen goud wilde missen, drukte ik me overeind op mijn ellebogen en trok mijn knieën naar mijn schouders. Opgehitst door mijn wulpsheid greep ondeugend zilt water mijn enkel, draaide me rond en stortte vervolgens een zoute plens over mij uit.

Ik had genoeg van zijn plagerijen en zijn golven, verlangde naar het betere werk, spreidde mijn dijen en groef mijn hielen in de beweeglijke kust. Ik spande mijn ellebogen en schouders en zette me schrap voor zijn volgend machtige gebaar.

Hij hing de grillige flirt uit en liet me liggen, om te gaan dartelen met plankton, luchtgeesten en zonnestralen. Nog verder trok mijn minnaar zich van me terug. Beledigd en ongeduldig welven en draaien mijn schaamlippen zich krampachtig. 'Houd je met mij bezig!' snauw ik. 'Nu!'

Mijn donkere, rotsige zusters, in een kring rond het strand geworteld, kennen zijn begerige wellust maar al te goed. Langzaam en met angstaanjagend gebrul rijst hij op tot een schitterend en vreselijk hoogtepunt. Bij elke streling en knuffel slaat hij genadeloos tegen de borst van het strand. Ademloos word ik genomen, aan zijn kundige, pelagische tong gespietst. Maat na schitterende maat van zijn zalig zilte schuim verzamelt zich in een grote halve kring rond deze kilometer strand, terwijl ik een miljoen geluk-zalige goudvissen uit mijn stevige, weelderige dijen bevrijd. Hij schept genoegen in mijn wilde doortraptheid, ik in zijn macht en zijn tederheid.

Vol gedeelde vreugde wiekt een rij krijsende kraanvogels over mij heen en brengt mij weer bij mijn kwijnende zinnen. Nog blijf ik liggen, leeg en uitgeput. Tedere golven klotsen zachtjes om mij heen. De dagster, nu pal boven mijn hoofd, stookt haar vuur op om mij te warmen. Ik steek mijn armen uit om de zon te omhelzen en klem haar aan mijn boezem. 'Brand mij zwart, want ik ben vandaag prachtig bemind. Brand mij heel, heel, heel zwart!'

Bijtijds hervind ik mijn kracht. Langzaam en weloverwogen beweeg ik mijn ledematen en wend ik mij tot nu onschuldige, vredelievende wateren. Ik buig in eerbetoon.

Het zegel

Barbara Chase-Riboud

Vreemdeling als jij me met je tedere handen aanraakt je
dromen op mijn linker lichaamshelft schrijft mijn haar plotseling en zonder aannemelijke reden losmaakt vreemdeling
als jij je mond heet als Alexandrijns zand dat mijn dorstige
keel verkoelt als bronwater je mond op mijn monden drukt
eerst op de een dan op de ander tot ik mijzelf proef vreemdeling als jij mijn spieren wanhopig belast ze beleefd be-
zwaart vervormt en kneedt en doordringt zonder genade te
vragen noch te geven vreemdeling als jij van mij neemt dat
eerste geluid dat stilte is verlaat mij heimelijk als een dier uit
het regenwoud dat vlucht vreemdeling als ik met mijn
vinger over je lippen strijk die zedeloze mond (zinnelijk) (jij)
(egoïst) met die cynische linkerhelft en die rechterhelft weg-
gesmolten in gevoel vreemdeling als ik je borst lik hard en
plat als het land zonder god of gebod je rivieren en stromen
volg je oevers en dalen naar mijn uiteindelijke bestemming
vreemdeling als jouw neusvleugels je kreten verstikken
ontsnappingskreten ontlok ik met ongekende tederheid
aan jou! jouw arrogant stilzwijgen het zwijgen opgelegd
vreemdeling als ik kan jouw blanke-schoonheid-geteisterd
mannenlijf het hoofd der school onthoofd doodmoe onder
mijn/omgekeerd als dat uur slaat denk ik ach welbeminde
vreemdeling wanneer zullen wij bevriend raken?

Uit: *Say Jesus, and Come to Me*

Ann Allen Shockley

Travis' vingers verstrengelden zich met die van Myrtle, glanzend perzik op donker karamel. De aanraking was als een warme handschoen. Omdat Myrtle niet wilde dat Travis haar zou voelen beven, trok ze haar hand terug. Vervallend in haar 'negerzanger'-routine grapte zij: 'Kindje, weet je dan niet dat wij negervrouwen verondersteld worden sterk te zijn!'

'Sterk voor onze mannen,' grapte Travis op haar beurt. 'Maar wij zijn zwak in die kracht, anders zouden we niet zoveel rottigheid van ze slikken. Zoals ik van Rudy.' Travis ging met haar vinger op en neer langs de steel van haar glas. 'Maar dat is nu allemaal voorbij. Geen Rudy's meer – geen één. Volgens mij ben ik nu meer als Agnes.'

'Jij hebt tenminste het genot van jezelf.'

'En van jou!' lachte Travis. 'Maar moet je kijken wie jij allemaal hebt – al die mensen in je kerk die jou op handen dragen. *Heavenly Delight* kust de grond waarop jij loopt.'

'Ik heb *Heavenly Delight* de weg tot nieuw leven gewezen.'

Travis zette een schalks gezicht. 'Hoe zat dat met jouw vader, waren alle zusters in de kerk gek op hem? Dat is bij de meeste dominees zo.'

'Ze mochten hem.' Haar vader sprong tactvol om met de Jezebels, was gezwicht voor enkele discrete verhoudingen. Daar was ze later achtergekomen. Mannen met openbare ambten hadden voortdurend vrouwen achter zich aan, en omdat ze mannen waren, konden ze slechts een bepaalde mate van vrouwelijke druk weerstaan. Zij wist dat hij van haar moeder had gehouden. En dat was het belangrijkste.

'Met zoveel kennis van mannen, wat doe je dan als ze avances maken? Met iemand zo aantrekkelijk als jij weet ik zeker dat ze dat doen.'

Myrtle schokschouderde. 'Ik laat ze links liggen, en als de avances te uitgesproken worden, dan handel ik dat af met goddelijke diplomatie,' lachte ze.

Travis dronk haar glas leeg, alsof ze moed moest scheppen, voordat ze de volgende vraag stelde. 'Jij hebt geen bezwaar tegen homo's in je kerk. Hebben vrouwen wel eens avances bij je gemaakt?'

Myrtles uitdrukking werd oplettend. 'Af en toe.'

'Vanochtend, toen ik in je armen lag' – Travis aarzelde, leek van de wijs – 'voelde ik iets wat ik nog nooit heb gevoeld voor een... vrouw.'

Myrtle bleef stokstijf zitten, omdat ze de woordenstroom niet wilde onderbreken, een veelzeggende monoloog vol zelfonthulling.

'Ik was... nou ja... ik werd seksueel door je geprikkeld.' Toen Myrtle bleef zwijgen, vroeg ze snel bij wijze van verontschuldiging: 'Ga ik nu te ver?'

'Nee, helemaal niet,' zei Myrtle zacht. Hoe kon Travis nu te ver gaan als ze uiteindelijk precies zei wat Myrtle zo graag wilde horen? Maar hap niet meteen toe, hield ze zichzelf voor, want misschien is de tijd nog niet rijp om tot daden over te gaan. Hang de raadsvrouw uit. 'Preken kunnen mensen seksueel prikkelen, want die spreken zowel emoties als het intellect aan. Omgekeerd kan dat op de toehoorder een zekere lichamelijke aantrekkingskracht tot de predikant projecteren.'

'En hoe zit dat bij jou?' Travis draaide zich om, om haar met wijdopen ogen aan te kijken. Bij die beweging viel haar losse peignoir open, waarop een berg borsten in een web van roze kant te voorschijn kwam. 'Ik had het gevoel dat jij – dat jij hetzelfde voelde. Zoals je me vasthield.'

Myrtle keek naar alles behalve naar Travis en was gespannen. 'Ik ben ook maar een mens, lieverd. Dominees zijn geen heiligen, dat heb ik je wel eens verteld. Wij gaan ook naar de wc, wij eten, wij slapen en wij beminnen zoals iedereen. Mensen die geloven dat dominees een soort aardse godheden zijn, vormen een van onze grootste problemen. Moet je het aantal priesters en nonnen eens zien dat afhaakt. Zij weten dat ze dat niet zijn. Als ik zou zeggen dat ik niet opgewonden van jou werd, zou dat een leugen zijn. Dat werd ik wel.'

'Zo...' Een haast onmerkbare glimlach speelde om Travis' lippen toen ze Myrtles hand weer pakte. 'Ik heb het gevoel dat we vreselijk omslachtig bezig zijn, jij niet?' Ze schoof dichterbij en streek met haar lippen over Myrtles wang, een aanraking licht als de wind. 'Waarom houden we elkaar niet vast?' Een vage wenk in een gespannen ogenblik.

Myrtle trok Travis in haar armen en Travis' hoofd nestelde zich op haar schouder. Heel voorzichtig trokken Myrtles vingers strelende baantjes vanuit het kuiltje van haar nek, om verstrikt te raken in de ondergroei van haar haar. Travis was warme aarde tegen haar aan, een wonder van geur, zachtheid en vrouw. Onderzoekend tilde zij Travis' gezicht op om de omberbruine amandelvormige ogen te doorzoeken, glimmend van helderheid. Myrtles vingers volgden de contour van Travis' neus, zich ter hoogte van haar neusvleugels prachtig verbredend, en de zachte plooi van haar volle lippen.

'Jij bent zalig,' fluisterde Myrtle en drukte een heleboel kusjes licht als bloembladen op Travis' gezicht. Ze bleef aan haar mondhoeken hangen voordat hun lippen elkaar vonden en versmolten.

Travis liet een diepe zucht horen, sloot haar ogen en sloeg haar armen om Myrtles nek. De zoen was lang, diep en onderzoekend, voor hen wonderlijk nieuw en fris, als zoenen van een eerste liefde.

Myrtle begroef haar gezicht in Travis' gootje, snoof de vrouwenlucht van zoetheid en zilt vocht op. 'Ik wil met je naar bed. Om dichterbij te zijn, je te wiegen, je te voelen en te beminnen.' Ze kon Travis' hart onregelmatig in haar oor horen kloppen, een soort misbaar op zich.

'Ja, dat wil ik ook!' fluisterde Travis en knuffelde haar in verrukking.

Myrtle deed de bedlamp aan en trok bevend de dekens weg. Toen Travis zich begon uit te kleden hield Myrtle haar tegen. 'Nee – laat mij dat alsjeblieft doen.'

Vol tederheid begon Myrtle haar uit te kleden, hield af en toe op met kussen, knabbelen en likken van onvermoede plekken op blote huid. Travis had een moedervlek op haar rechterschouder waarop Myrtle nu zachtjes sabbelde. Handen maakten gezwind de flinterdunne stof van de beha los waardoor de zware borsten vrijelijk in het zicht vielen. Myrtle boog zich, kuste en likte het puntje van elke bruine tepel. Toen ze het dunne traliewerk van het slipje naar beneden trok, ontblootte ze de dikke zwarte krullenbol die haar Venus verborg. Myrtle legde haar op bed en trok zich even terug om zich zelf uit te kleden, haar vurige blikken aan Travis gekluisterd.

Myrtle, nu ook naakt, gleed naast Travis, en rolde zich naar haar toe zodat hun borsten elkaar raakten. Travis' handen streelden Myrtles haar, schudden de knot los. 'Ik heb het nog nooit los gezien.' Myrtles haar viel golvend als een sjaal over haar schouders en rond haar gezicht. 'Mijn indiaanse bloed,' zei ze plagerig.

Myrtle raakte Travis' neus met de hare zoals eskimo's dat doen en lachte. 'Negers hebben het allemaal in zich.'

Travis nam Myrtle in haar armen. 'Ik wil je mond weer. Die is zo zacht.' Myrtles lippen maakten prikkelende borstelbewegingen en schilderden daarmee Travis' mond voordat ze haar stevig begon te zoenen, haar hoofd naar links en rechts schuddend, haar handen avontuurlijk losgelaten op Travis' weelderige lijf. Ze streelde de brede buik en de dikke, zinnelijke dijen. Travis was één groot donzig kussen waarin ze verzonk als in een doolhof van plooibare rondingen.

'Ik wil graag dat je ervan geniet,' zei Myrtle zachtjes, haar stem een streling op zich. 'En ik heb dit al heel lang met je willen doen.' Myrtle blies een vleugje warmte in haar oor. 'We zullen het de eerste keer zo doen.' Haar vingers speelden met Travis' vochtige spleet, gleden in haar kut.

'God-d-d-d', hijgde Travis en sloot haar ogen bij de kloppende hitte die haar overspoelde.

Myrtle zette zich boven de welving van Travis' heupen zodat hun schaamlippen elkaar raakten. Daar vonden hun lichamen elkaar in langzame, rondgaande bewegingen, in liefde versmeltende bekkens. Travis sloeg haar benen om Myrtle heen, kreunde in vervoering, en haar gezicht tussen de strengen van Myrtles haar verborg niets van haar zalige seksuele pijn. Het zoete zeer van de liefde doorkliefde hen als een verhitte sabel, vurige wonden toebrengend.

'Vind je het lekker?' gromde Myrtle met opeengeklemde kaken.

'O ja!'

Even later barstten ze uit in een danklied, op het hoogtepunt van zaligheid. Travis was de eerste die begon te schreeuwen en Myrtle in een houdgreep nam. Toen reageerde Myrtle met wederkerige intensiteit en haar verrukking was een vulkaanuitbarsting die wegebde in stil gejammer.

Ze lagen in een hemel van eigen makelij, hun zweet als zalf tussen hen in, dat ze aaneen verbond voor een nirvana in de tijd. Plotseling drukte Travis haar lijf op en haar heupen zochten die van Myrtle nog een keer. 'Ik kan niet genoeg van je krijgen!'

Myrtle reageerde daarop door weer ritmisch met haar mee te bewegen. 'Ik ook niet van jou...'

Travis maakte geluidjes als van een poesje in Myrtles oor, toen de lichaamsbewegingen van vrouwen die vrouwen op bijzondere wijze beminnen, ze naar de climax van het sapfisch paradijs brachten. Uitgeput, maar blij met hun ontdekking, vielen zij in slaap, verstrengeld in de armen van de liefde.

Nog voor de dageraad ontwaakten zij in elkaars bewondering en betovering. Travis' lippen drukten een diamant in het kuiltje van Myrtles nek, wat haar wekte. Myrtle lachte, bewoog voorzichtig haar arm, stijf doordat ze Travis' hoofd tegen haar schouder had gehouden.

Travis ging met haar hand over de magere vlakte van Myrtles lange lijf, haar vingers kwamen door de zachte streken van de stevige, rechte rug van de negerin, de harde billen, de smalle dijen. Myrtle had het soepele lijf van een danseres. Travis nam de twee ronde billen in haar handen en streek onderzoekend met haar vinger door de kloof ertussen. 'Dit is de eerste keer dat ik met een vrouw heb gevreeën.'

Myrtles stem trilde, klonk gedempt. 'Maar je leert heel snel!'

'Het zit gewoon in me,' zei Travis, en ze stak haar vinger dieper in haar. 'Ik weet wat ik lekker vind. Daardoor weet ik ook wat jij lekker vindt, hè?'

Myrtle verborg haar gezicht in Travis' krullenbol, en de lucht van de kokosolie die zij gebruikte, was een zoet sachet.

'Hier zo dicht tegen je aan liggen is net zoiets als tussen satijn liggen. Jouw lijf is zo glad, zo zijdeachtig, zo zacht. Ik wist niet hoe prettig het kon zijn om met een vrouw te vrijen!'

'Word maar niet meteen zo enthousiast dat je het met iedereen gaat proberen,' waarschuwde Myrtle voor de grap.

Travis knuffelde haar verrukt en lachte. 'Ik heb er honger van gekregen!'

Myrtle ging rechtop zitten. 'Wat wil je eten?'

'Laten we naar de keuken gaan om wat te zoeken. Iets wat we met wijn weg kunnen spoelen.'

'Die nu warm is. Ik heb niet de tijd genomen om hem terug in de koelkast te zetten.' Myrtle stond op en stapte over kleren in een slordige hoop op de vloer om haar kamerjas te pakken.

Travis bekeek haar bij de kleerkast en giechelde. 'Waarom wil je wat aantrekken? Laten we nudist zijn. Geeft me een sexy gevoel.'

'Seksmaniak.' Myrtle drukte een kus op haar voorhoofd.

Om drie uur in de ochtend, met de radio nog aan, zaten ze aan de chromen keukentafel onder de tl roerei met kaas te eten, toast druipend van boter met honing, weggespoeld met witte wijn, gekoeld met ijsklontjes.

Toen Myrtle de borden in de vaatwasser zette, kwam Travis achter haar staan en sloeg haar armen om haar middel, haar borsten naakte, fluwelen prammen die in haar rug kriebelden. Travis drukte haar heupen tegen de welwillende zwellingen van Myrtles achterwerk. 'Ik ben helemaal weg van je!' spon ze, pakte Myrtles borsten en kneedde die liefderijk terwijl ze met haar heupen tegen die van Myrtle schoof. Zacht fluisterend mompelde ze: 'Als ik even doorga, kom ik weer klaar – hier en nu!'

'Daar is niets mis mee,' zei Myrtle, 'tenzij je dat liever in bed doet.'

'Ja lekker, in bed! En laten we de wijn meenemen.' Travis likte Myrtle tussen haar schouderbladen, een soort brandmerk van vocht.

Terug in bed en in elkaars armen klonken Myrtles woorden in de spons van Travis wang: 'Ik wou dat je morgen niet weg hoefde.'

'Dat hoef ik ook niet.'

'Blijf dan langer bij me.'

'Waarom?' plaagde Travis spottend.

'We hebben elkaar net gevonden – jij en ik.'

Travis stak haar arm uit om haar glas van het nachtkastje te pakken. De bedlamp verspreidde een beschermend licht over een warme hoek. 'Dan moet ik Agnes bellen.'

'Ja, doe dat, bel Agnes,' mompelde Myrtle kreunend. Ze hief haar hoofd van het kussen dat hen beiden tot steun diende en zei: 'Geef me een slok, alsjeblieft, lieveling.'

'Lieveling...' herhaalde Travis, genietend van de liefkozing. 'Ik vind dat een heerlijk woord uit jouw mond.' Ze nam een slok wijn, hield die in haar mond en leunde voorover om Myrtle te kussen, die het vocht uit de bron van Travis' mond dronk.

'Heerlijk! Helemaal vol van jou.'

Travis' keek zo tevreden als een kat. 'Wie had ooit gedacht dat die afstandelijke dominee Myrtle Black zo'n fantastische minnares zou zijn?'

Myrtle besnuffelde haar teder. 'Ik ben blij dat je dat vindt.' Dat mocht ze ook wel zijn, gezien de ervaring met anderen over wie ze Travis nooit zou vertellen. Misschien over een of twee, desgevraagd, maar niet allemaal. Er waren dingen die zelfs voor minnenden verborgen moesten blijven. Afgezet tegen de reeks meestal voorbijgaande jonge en enkele oudere gevallen, was Travis een heel goed jaar. 'Je moet Agnes morgenochtend meteen bellen.'

'Als ik opsta!' lachte Travis. 'Ik vind in bed liggen met jou veel leuker.'

'Mijn seksbom.' Myrtle pakte het glas van haar af en zette het weer op het nachtkastje. 'Ga achterover liggen en ontspan. We gaan het nu anders doen,' beval ze zachtjes, ging op haar zitten en zakte naar beneden.

'Ja mevrouw,' zei Travis gehoorzaam, en sloot haar ogen met een glimlach op haar lippen.

Van man tot man

Beryl Gilroy

Hiram betreedt zijn privaat en doet de deur stevig op slot.
Heer, vergeef mij deze onwaardige kansel, maar hier kan ik
met u smoezen van man tot man. Ik vind het gemakkelijk
hier met u te praten, zo heel alleen.

Een buitengewoon aanhangsel van mij, arme man. Want dat
is wat ik waarlijk ben. En ik weet het best. Mijn lichaam is
wellicht versmaad maar jij bent fijn gesneden uit Afrikaanse
spiermassa.

Jij bent zelfvoorzienend en toont gemakkelijk je 'krachtig-
heid', Gods gave aan jou.

Jij bent alle macht die ik heb, alles wat ik ooit zal hebben.
Jij groeit uit tot schrikbarende omvang, als ik er helemaal
niet op bedacht ben. O ja! O ja!

Jij bent wat de baas uithoudingsvermogen noemt, en ik
trotse volharding.

Jouw zoetheid overweldigt de vrouw want zij is slechts een
vat om te ontvangen en te bevatten wat jij uitschenkt.

Jij reageert op de minste aanraking door mij en op elke
wending van mijn gedachten.

Jij reageert op alle opdrachten en jij verduurt alle teleurstellingen des levens zonder te morren als ik.

Jij bent een waar zoeker naar bevrediging en in je jongensdagen was je, ik schaam me het te zeggen, een opportunist. Jij, mijn stoere dienaar, komt overeind bij elke gelegenheid om jouw vaardigheid en kunde te tonen.

Jij danst op de trom en de fluit van de begeerte. Jij bent vrijgevig met je passen. Jij zingt een zoet lied.

Jij onderwerpt door overheersing en zelfs door vervloeking. Als spuiter en schepper is je mystiek grenzeloos. Jij hebt het in je om leven te scheppen en je schept het met opzet of met slinks gepalaver.

Jij bent de heer van de goede geleiding. Door jou worden maagden vrouwen en vrouwen moeders, door heimelijke overgave of door wat ik zien-en-pakken noem en wat de baas verkrachting noemt.

Jouw oog is gericht op waar het muntje in moet, maar de uiteindelijke keuze is altijd de jouwe. Jij bent de majesteit die een man van mij maakt, die mij in de ogen der liefde tot koning kroont.

Jij bent er de oorzaak van dat mannelijkheid bekendstaat onder benamingen als gigolo, hoorndrager, libertijn, man, echte, dwaas en zelfs papa. Maar hier sta ik met jou in de hand, het middel tegen alle kwalen, ik ben mijzelf – waarlijk een man als ik jou vasthoud. En ik weet dat ik dat ben. Geen lastdier of een beest om te zuchten en te zwoegen van dageraad tot donkere nacht. Evenmin ben ik een schepsel om overwerkt, opgejaagd of vermoeid te zijn, zo doodop dat ik niet eens mijn dame op mij kan trekken. Jij bent...

'Hiram, Hiram. Kom eruit. Ik wil nou pissen. Mijn kont lekt,' roept Harriet, zijn vrouw en levensgezellin.

Er volgt een stilte, dan een reeks onderaardse kreunen en Hiram verschijnt, tranen glinsterend op zijn gezicht.

Dews Song

Calvin Hernton

Lund (Zweden), 22 juni 1990

Allerliefste lieverd, Dew,
Ik kom net van een concert in Kopenhagen en vond je brief onder de deur van mijn kamer geschoven. Ik heb de trom geroerd en een vreugdedans gedanst.

Kopenhagen was mijn laatste optreden op deze veel te lange tournee. Ik ben doodmoe. Maar er is flink wat geld ingezameld voor het goede doel, de vrijheid.

Ik had bij jou willen zijn, bij het concert van Tracy Chapman. Ik heb haar alleen op televisie gezien. Ik vind het hartstikke tof dat je naar haar luistert en haar leuk vindt. Ik vraag me af waarom het lot ons nog geen ontmoeting op een van die tournees heeft toegestaan? Nu ik het toch over tournees heb, jij hebt er binnenkort een in Afrika, niet? Misschien kunnen we elkaar, hoe kort dan ook, in Ghana zien. Hoelang is het geleden dat we mijn kleinkinderen hebben bezocht? En hoe is het met jouw dochter, Corianne?

Ik denk voortdurend aan je. Mijn lichaam is constant opgewonden, mijn buik, mijn blaas, mijn darmen, mijn kont, mijn pik, alles roept om jou. Ik houd zoveel van je dat ik ernaar verlang met je te spelen, ik heb nog nooit eerder met iemand zo vrijelijk kunnen spelen. O Dew! Ik verlang te spelen met de vezels en de pezen van je spieren, je borsten, je vagina, en elk zenuweinde in je prachtige kont.

Ik kom met Pan Am vlucht 215 vanaf vliegveld Kennedy op maandag 2 juli, om 20:00 uur. Ik houd van je, Dew.

Yakubu

Helene Johnson-Jones rolde haar bed uit. Haar blote voeten belandden op het koele tapijt. Poedelnaakt stond ze daar, even verdwaasd van het lezen van de brief die ze nog in haar hand hield. Ze hief haar linkerpols op en keek op haar horloge: vier uur. De lucht van haar vagina aan haar vingers wond haar weer op, want de brief had haar onder het lezen zin gegeven te masturberen. Ze likte haar vingers. Song, Song, zong ze in gedachten.

Ondanks de airconditioning was ze nat tussen haar benen en was haar lijf helemaal bezweet. Ze liep de kamer door en ging voor de spiegel staan. Ze was één meter tachtig, een chocoladebruine vrouw: een hoge en lekkere kont, brede heupen, stevige borsten, lange benen en een breed kruis. Liefderijk streelde ze zichzelf. Toen haastte ze zich naar de badkamer. Ze bleef niet in huis rondhangen. Ze ging baden en zich aankleden en vertrok naar het vliegveld, om daar rond te hangen tot Yakubu kwam.

Toen Helene haar wijk Yorktown in Philadelphia verliet, op weg naar de snelweg die haar naar het vliegveld zou voeren, dacht ze aan haar jeugd. Ze had met haar moeder en haar stiefvader, haar drie broers en vier zusters in een vierkamerwoning aan York Avenue gewoond. Hoewel ze de gebruikelijke armoede van een onbemiddelde zwarte arbeidersfamilie had meegemaakt, naast verkrachting, puberzwangerschap en abortus (ze was één keer verkracht en had meer dan eens een 'pak op haar donder gehad'), had ze op de een of andere manier de onder- en bovenbouw gehaald, en was toen via de verpleegstersopleiding met de 'beste partij' van het Metro Central Hospital getrouwd, dokter Everett Jones. Ze verhuisden naar een onderkomen in Germantown, waar de zwarte middenklasse woonde. Ze werkte met haar man in het ziekenhuis en in zijn privépraktijk, en kreeg een dochter, Corianne. Alles ging goed totdat ze uiting gaf aan haar wens weer naar school te gaan en zelf medicijnen te gaan studeren. 'Als je dat doet, is het afgelopen,' had dokter Jones gezegd. Dat was geen loze bedreiging, want zodra ze werd toegelaten tot Meharry Medical College in het Tennesseese Nashville, pakte dokter Jones zijn biezen. Eén huis was te klein voor twee artsen, verklaarde hij. Twee jaar later waren ze officieel gescheiden.

Helene grinnikte in zichzelf. In veel opzichten was het stuklopen van haar huwelijk een zegening. Gemakkelijk was het echter niet geweest. Ze had wonden en littekens opgelopen, ze had in haar eentje Corianne moeten opvoeden, die nu in de hoogste groep zat. Maar het gevecht en de eenzaamheid waren goed gecompenseerd.

'Dag dokter H.' Een jonge zwarte vrouw wuifde toen Helene haar passeerde op de kruising met de weg naar het vliegveld.

Daar, in het verkeer op de snelweg, nam de lijfelijke aanwezigheid van haar minnaar haar zintuigen in beslag. Ze voelde haar clitoris zwellen. Ze gaf een dot gas en spurtte in haar grote Buick met airconditioning naar het vliegveld.

Helene en Yakubu, koppen groter dan de menigte, zagen elkaar zodra hij door de uitgang kwam. Helene had moeite om door de menigte te komen, maar Yakubu danste er met het grootste gemak doorheen. Al gauw stonden ze omarmd te kussen en drukten hun lijven zich tegen elkaar met langzaam, onmerkbaar heupgewrijf dat spontaan en natuurlijk was. Yakubu droeg een van zijn traditionele Afrikaanse kostuums, dat eruitzag als een doolhof van fel gekleurde stof, gedrapeerd over zijn slungelig lijf. Helene droeg een jurk uit één stuk, tot de knie. Dat was ook alles wat zij droeg, geen van beiden had ondergoed aan. Ieder had zich met opzet zo voor de ander gekleed. Met hun lijven tegen elkaar en hun lippen sappig zoenend, hun tongen in elkaars mond, deden ze aanvankelijk of de menigte niet bestond. Maar om niet even wulps te worden als de blikken op de gezichten in de menigte, onderbraken ze hun omhelzing.

'Fijn je te zien Dew.'

'Nou en of, Song.'

Weer omhelsden ze elkaar. Dit keer beheersten ze zich beter, maar alleen maar om elkaar des te beter te voelen. Ze stonden oog in oog, mond op mond, bekken tegen bekken, Yakubu voelde zijn penis tegen haar poes onder hun kleren en Helene voelde dat haar poes grote schaamlippen had gekregen die zijn stijve lid omklemden. 'Song' – ze noemde hem altijd bij zijn achternaam – 'laten we hier weggaan voor we toeloop veroorzaken,' fluisterde ze.

De wandeling de terminal uit duurde lichtjaren, ze genoten van elke stap. Het was heel goed even lang te zijn. Ze liepen met de armen om elkaars heupen, terwijl hun hoge negroïde konten en heupen tegen elkaar aan bonkten. Helene zag op de gezichten in de menigte de geile blikken die ontstonden door hun liefhebbende manier van doen. Waarom geil? dacht ze. Om te beginnen waren zij en Yakubu negers. Niemand, zelfs een zwarte niet, is graag getuige van zo'n duidelijke vertoning van seksuele opwinding tussen negers onderling, en dat nog wel in het openbaar! Dergelijk schaamteloos gedrag voedde de vooroordelen onder blanken jegens negers. Naar de hel met de vooroordelen van de blanken! Maar deze twee idioten waren ook nog eens oud. Ik kan niet zeggen hoe oud, maar allebei moesten ze minstens vijftig zijn. Een ouwe vent met terugwijkende haargrens en een amazone met haar kop half grijs. Hoe durfden ze zich zo te gedragen! Dat was niet het goede voorbeeld voor de jeugd.

Helene verborg haar mond achter haar hand en liet wat onbeheerst gegiechel horen: 'Hihihihi.'

'Wat loop jij te giechelen?' vroeg Yakubu vrolijk, terwijl hij haar ongegeneerd navolgde.

Bij de terugrit waakte God over hen. Yakubu draaide zijn lichaam zo dat zijn hoofd lekker op Helenes schoot lag. 'Song, Song,' zuchtte ze, verschoof, wriemelde in haar stoel achter het stuur, minderde vaart, vloog naar links... en naar rechts... en weer rechtdoor... en botste vervolgens bijna op een tegenligger. Haar jurk boven haar heupen en haar naakte kont schrap in de zachte zitting, met zijn hoofd op haar dijen, stuurde Yakubu zijn tong eropuit, langs de binnenkant van haar geheim gebied tot diep in haar kruis, waardoor Helenes voet constant van het gaspedaal gleed. Ondertussen hield ze zijn penis stevig in haar rechterhand, kneep erin, streelde en melkte hem. Yakubu kreunde en schoot met zijn tong haar hete sappige kut binnen. 'Song, Song,' pleitte ze, 'we moeten echt rustig aandoen anders rijden we ons nog te pletter.' Hij kwam omhoog als om lucht te scheppen en zei: 'We zijn allang dood en rijden in de hemel.'

Eenmaal thuis, amper binnen, gooiden ze hun kleren uit, en voor wat een eeuwigheid leek, staarden ze elkaar alleen maar aan, bezagen het wonder dat hun kleren hadden verborgen. Hun lijf was voor hen een mirakel. Alles wat hij kon doen, was zuchten: 'Dew, Dew, Dew.' Zijn lichaam was als dat van een atleet, ze stond versteld hoe hij dat toch zo hield, en zijn penis leek wel een ebbenhouten komkommer. Toen tilde Yakubu Helene in zijn armen, voelde en streelde haar spieren en haar kont, liep met haar het korte trapje af naar haar speciale kamer, naast haar kliniek, waar ze altijd vreeën als hij op bezoek kwam. Aanvankelijk deden ze afstandelijk, je weet wel, stelt niks voor, beetje met elkaar spelen, kussen, knabbelen, plagen, knuffelen en gewoon elkaar vasthouden, de ene naaktheid tegen de andere naaktheid voelen. Al gauw lagen ze in behaaglijke hitsigheid te paren... bewegen zonder beweging... dan versnellend en liggend en draaiend en zuchtend en kreunend om het genot en de liefde en de voeding die ze zo node hadden gemist.

Nog in de terminal hadden ze elkaar op een gegeven moment losgelaten en Yakubu was een pas of twee achter Helene gaan lopen, zodat hij haar kon aanstaren. Hij stelde zich voor hoe zij haar eigen lijf moest voelen, haar eigen borsten, haar kont en haar heupen, bij haar beweging, zoals zij liep met haar trotse loop. Hij voelde zich zozeer deel van haar uitmaken dat hij eigenlijk niet eens zijn penis maar haar poes tussen zijn eigen dijen voelde. *Dokter Helene Johnson-Jones. Moeder van een volwassen dochter. Bekend specialiste, hygiëniste, werkt in de derde wereld. Feministe. Afro-Amerikaanse!* Yakubu was opeens trots en voelde zich nederig haar naam uit te spreken, het geluid van haar naam op zijn tong te voelen. Toen kwam hij weer naast haar lopen, en sloeg zijn arm weer om haar middel, en ze liepen samen verder, hoge konten in het ritme van hun loop.

In bed stak Helene haar lange benen recht naar het plafond, en zette haar kont zo schrap dat haar bekken het bed niet meer raakte. Tussen de uitgeslagen vleugels van haar grote dijen vloog Yakubu met zijn vogel naar beneden gehouden haar binnenste binnen. Hij bevloog en stuurde en beminde haar met een machtige en toch vanzelfsprekende heupbeweging. Ze beminden elkaar tot ze slijmig waren als okra's en Helenes vaas overstroomde. Toen kwamen ze bijna los van elkaar klaar, maar hielden zich aan elkaars rand vast en bewogen zo omzichtig op en neer en rond en rond boven Yakubu's lul en de lippen van haar poes, tot ze dat allebei niet langer hielden, en ze zich stevig tegen elkaar aan drukten, waardoor zijn snikkel daalde en opklom tot de diepste krochten van haar baarmoeder, waar ze hem van binnen vergrendelde, en ze kwamen en kwamen en kwamen.

Nu volgt hij haar... het korte trapje naar de keuken op... de grote trap naar de slaapkamer op... de badkamer in, weer naar beneden naar de keuken, bij de koelkast, dan bij het aanrecht... hij loopt als een puppy achter haar aan – naakt als zij... met zijn dikke penis bungelend als iets wat een eigen leven leidt. 'Verdomme Song, ga aan de kant en laat me die sla maken.' 'Jij bent mijn sla,' zegt hij, bukt, bijt in haar kont. Dan schiet hij naar beneden, zij schiet achter hem aan, jaagt hem na tot in bed, waar ze hem pootje licht en op hem gaat zitten. Ze grijpt onder zich en stopt zijn stijve pik in haar vagina. Heel voorzichtig drukt ze zich naar beneden. Ze verbetert hier en daar nog een beetje haar positie, buigt haar benen en knieën aan weerszijden van zijn uitgestrekte lijf. Dan verstrengelt ze zijn vingers met de hare en drukt zijn handen en armen op bed. Ze geniet er op deze manier ontzettend van. Yakubu kijkt haar in de wijdopen ogen en ziet de sterren erin schijnen. Hij is gek op de beheersing die zij uitoefent, het opzettelijk loslaten en verstevigen, het draaien en ontspannen van haar vaginale spieren. Yakubu zet zich met de hielen tegen het bed af, drukt zijn bekken omhoog, trekt haar hoog op zijn bovenbenen, waar ze als een jockey in een zadel van zuiver neuken zit. Paard en ruiter, ruiter en paard worden een met elkaar. *Berijd me Dew*. Yakubu's keelstem zingt de hele tijd hetzelfde. *Berijd me, prachtige amazone. Vooruit, berijd me, alsjeblieft...*

Tegelijkertijd knijpt Helene haar ogen stijf dicht, spant de spieren van haar kont en trekt haar poes strak om ermee te zuigen. Ze voelt hoe Yakubu's lul haar tot aan het gevest opvult. Ze tilt haar kont amper op, die nu tot barstens toe gespannen is, beweegt haar langzaam en soepel en rond. Yakubu opent zijn ogen, staart in haar serene, mooie gezicht. De spieren rond Helenes ogen en kaken zijn volkomen ontspannen, maar haar mond hangt in stilzwijgen wijdopen... op haar diepe, trillende ademhaling na.

Haar poes grijpt Yakubu en trekt hem in haar naar boven, zo subtiel dat hij tegelijk pijn en genoegen voelt. Hij begint onder haar te wriggelen. Alsof ze zich schrap zet voor het laatste deel van haar tocht, laat Helene haar handen vrij, buigt zich verder voorover, en grijpt hem in volledige omhelzing. Hij voelt haar poes nu helemaal open staan. Beiden voelen haar ademen, als een hoorn des overvloeds vol weefsel en spieren en sap en lucht en vuur. Zij heeft hem de ruimte gelaten om te reageren en nu met haar mee te werken. Hij doet dat met zoveel liefde dat ze beiden beginnen te snikken en te huilen. Yakubu schreeuwt: 'O, o!' en begint klaar te komen tot Helene met hem klaarkomt. De lucht van elkaar, het geluid en het gevoel van hun ademhaling, zwepen hun zielen op. Hun genoegen wordt verdiept en verhoogd door het gevoel en de aanraking van zijn lichaam onder het hare, door haar en zijn dierlijkheid, door zijn meegaandheid en haar hartstochtelijk meesterschap en macht over hem.

Hij klampt zich nu in volle omhelzing aan haar vast. Zij zijn zich bewust van elkaars geven en nemen. Ze voelen rillingen van orgasmen. Ze voelen de warmte van spieren en ervaren de hele nacht door de kennis van elkaar, tastend en lachend en elkaar in de slaap knuffelend.

's Morgens wordt Yakubu wakker met het gevoel te drijven. Hij opent glimlachend de ogen. Hij strekt elke spier van zijn lange lijf als in een act en zucht sensueel als hij de warmte van Helenes mond rond zijn penis voelt. Haar hoofd rust tussen zijn benen, tegen de binnenkant van een van zijn dijen, begraven onder het laken. Zij ligt opgekruld, met heel haar lange benen, als een liefhebbend dier. Yakubu zet zijn rug schrap en beweegt de spier in zijn penis, om de zachte erectie op gang te helpen die zich vormt in Helenes mond. *Mijn lolly. Zo zou ik je altijd vast kunnen houden. Zo vol in mijn mond.* Ze houdt hem zo en ligt daar maar, streelt de onderkant van zijn penis met haar likkende tong en zuigt er tegelijk aan. Plotseling gooit ze het laken af, komt overeind, zet zich schrijlings op hem en begint zijn lijf met haar poes te zoenen.

Eerst drukt ze haar poes op zijn benen, elk om beurten, van enkel tot heup tot dij. Dan spreidt ze haar benen verder en drukt haar vagina voorzichtig op zijn penis, die plat op zijn buik ligt. Met haar poes wijdopen streelt ze de schacht van Yakubu's lul over de volle lengte met het puntje van haar clitoris, wrijft haar klit zachtjes op en neer langs zijn nu kloppende spier. De fluwelige gladheid van de beweging bedwelmt ze, beiden roepen 'au'. Helene duwt haar poes verder over Yakubu's borst, raakt zijn rechter en linker tepel, dan weer terug over zijn buik... een wijd geopend, nat, sappig poesje... dat hem kust en masseert. Nu voelt ze hoe heerlijk het is om zonder schaamte of terughoudendheid te vrijen. *Ah* zucht ze met haar hele lijf, als ze schrijlings over Yakubu's gezicht gaat zitten en haar poes heel voorzichtig op zijn mond drukt. 'Morgendauw,' hoort ze

Yakubu onder zich mompelen, en voelt zijn adem, die heet tegen haar natte, gladde, gevoelige kruis blaast.

Zo was ze dan ook aan haar koosnaampje gekomen. Zij en Yakubu hadden op een ochtend in bed gelegen toen zij heel spontaan op hem was gaan zitten en hij zijn genoegen had uitgedrukt over hoe haar poesje op zijn huid voelde. Zij had het gevoel ook lekker gevonden. Dus was ze begonnen hem te beklimmen, en onderweg met haar poesje aan te raken, tot ze zijn mond had bereikt. Hij had aan haar clitoris gezogen en haar poesje gelikt, mompelend dat 'morgendauw' de smaak was. Zodoende werd 'dew', dauw, haar koosnaampje.

Yakubu laat Helene van zich afrollen en legt haar met haar gezicht op bed. Hij gaat helemaal naar beneden en likt en kust en knabbelt aan haar tenen, de holten van haar voeten, haar hielen, haar benen, dan haar dijen, dan haar kont, waar hij de billen likt en beknabbelt aan de onderkant van haar prachtige achterwerk. Aanvankelijk voelt Helene er niet veel van. Maar Yakubu blijft likken, knabbelen en kussen, haar kont, linkerbil, rechterbil, dan helemaal naar onderen en rond haar reet. 'Au,' roept Helene. 'Au' roept ze weer doordat Yakubu blijft likken en kussen en knabbelen aan het zilte zweet van haar kont, tot elke vierkante centimeter ervan zo gevoelig wordt dat Helene amper nog het genot aan kan.

Anders dan aanvankelijk voelt Helene nu de minste aanraking van Yakubu's tong, ze kan zijn papillen voelen, zodat een lik onder een van haar billen een sensuele rilling door haar zenuweinden zendt. Terwijl Yakubu kust en likt en knabbelt wordt het oppervlak van Helenes kont een labyrint van esthetische gevoeligheid, een erogeen landschap van talloze verstrengelde takken met elk zijn eigen gevoel. De gezamenlijke uitwerking was een oceaan van erotische impulsen die door elke zenuw van Helenes lichaam en geest joegen.

Heel even komt Yakubu overeind en rolt Helene om, zodat ze hem aankijkt. Beiden lijden onder het tijdelijk gebrek aan aanraking. Maar al heel snel steekt Helene haar benen uit en trekt haar dijen in de vleugelhouding. Snel zinkt Yakubu diep in haar weg. Zijn flanken strelen haar omhoog gedraaide kont, de harige heuvel van zijn pubis zet haar stijve clitoris in brand. Yakubu pakt haar borsten in zijn mond en likt haar stijve tepels, elk om beurten, likt haar nek, zij likt zijn nek en begraaft haar vingers in de onderkant van zijn billen. Hun genot is zo immens, zo grondig, dat hun hartstocht tot een volslagen in elkaar versmelten wordt. Ze veranderen in bewegende lijven vol uitzinnige lust. Samen hangen ze gewichtloos boven het bed. Ze vliegen rond in de hoogten van hun eigen hemel.

Negerverhalen

Dolores Da Costa

Vraag me niet waarom mijn vrienden mij hun diepste geheimen, hun meest bizarre avontuurtjes en hun meest fascinerende seksuele fantasieën toevertrouwen. Misschien komt dat doordat ik met mannen ben opgegroeid – een broer en vier oudere neven – en gewend ben aan luisteren naar hoge vluchten van verbeeldingskracht. Of misschien komt het doordat ik als jongensmeisje opgroeide, knikkerend, klimmend in de takvanvelejaren en doktertje spelend (met mij bovenop voor de kunstmatige ademhaling), dus ik ben nergens gauw van ondersteboven. Het komt misschien ook wel doordat ik zo goed 'oh' en 'ah' kan roepen, met gloeiende ogen en gespitste oren, dat mijn vrienden het op prijs stellen mij op hun verbale geschenken te vergasten.

Hoe het ook zij, hier komen een paar van de grappigste, onwaarschijnlijkste verhalen uit het repertoire van mijn vrienden. Elke gelijkenis met levende of overleden personen is volstrekt en beslist willekeurig (ik zweer dat op een stapel bijbels!). Ik hoop alleen dat ik nog vrienden over heb als ze zichzelf herkennen, als ze zich met hun kutten (sorry, ik bedoel kunsten) gedrukt zien!

Chocoladegenot
Neal is het creatieve type – jazzmusicus – en heeft graag vrije, vrolijke, veertigjarige vrouwen. Al jaren gaat hij uit

met een vroedvrouw, en hij onthaalt mij gaarne op het verslag van hun escapades.

'Gisteren ben ik helemaal uit mijn dak gegaan,' sprak hij bij gegrilde forel met Caesarsalade.

'Vertel op,' moedig ik hem aan, vol verlangen naar zijn fantasie.

'We waren op weg naar het Hilton om een avondje plezier te maken en te spelen, toen we voorbij een Safeway kwamen en zij zei: "Ik moet nog even wat halen." Nou, komt ze er weer uit met een bruin papieren zak en ik nieuwsgierig, maar ik zei niks.

Na een paar uur duur voorspel – chaud-froid van fazant, twee flessen champagne, een kamer op de bovenste verdieping voor honderdvijftig dollar per nacht – kwamen we ter zake. We hebben het licht gedempt, de radio harder gezet en de lakens teruggeslagen.'

'Hè hè,' mompelde ik, want ik werd nu echt nieuwsgierig.

'Daarop doet ze die zak open en trekt er een blik chocoladesaus uit.'

'Chocoladesaus?'

'Ja, van dat dikke spul,' antwoordde hij lachend.

'"Schatje," zegt ze met diepe stem, heel sexy, "ik wil dat je deze chocola over mijn lijf giet en hem dan met je tong oplikt, lebbert en zuigt." "O jee, wat ben jij smerig," zeg ik. "En jij bent daar gek op," zegt ze op haar beurt.

Dus ik begon bovenaan en goot een straaltje donkere chocola over de puntjes van haar tepels en liet hem langs haar zij lopen, toen likte ik haar borsten, twee perfect ronde ijsjes. Mijn tong ging eerst rond die ijsjes naar boven en toen ze bij haar tepels was, heb ik die hard gezogen. Toen goot ik chocola over haar hele lijf en lebberde dat zoete spul onderweg ook weer op. Tegen die tijd was haar lichtbruine huid bedekt met zoveel donkere saus dat ze wel een kers met chocolade leek: aan de buitenkant bruin en plakkerig, aan de binnenkant nat en roze. Jumjum.'

'Daar kwam je vast op klaar.'

'Wat dacht je!' antwoordde hij. 'Dat is wat anders dan vaseline of babyolie, want ik kon glippen en glijden maar tegelijk ook likken en lebberen.'

'En wat gebeurde er toen?' vroeg ik.

'Toen pakte ze de champagne uit de verzilverde koeler en ging verder met druppelen en lebberen, elke holte op mijn lijf vol te gieten en leeg te likken: tussen mijn tepels, in de navel, onder de armen. Ze was echt heel serieus met haar tong, gaf hier en daar een lik, overal waar ze een plek kon vinden. Die paramedica kende elk hoekje en gaatje in de mannelijke anatomie.'

'Tegen die tijd moeten jullie allebei helemaal nat en plakkerig zijn geweest.'

'En dat was lekker! Maar ik heb je nog niet verteld wat de hoofdschotel was.'

'En die was?'

'Ze stak mijn pik in een glas roze champagne en zoog hem af tot de laatste druppel. Dat gevoel was ongelooflijk! Tegen de tijd dat ze klaar was, was ik gesmolten in een plas eit.'

Met vrienden als Neal heb ik geen video's nodig. Later die avond, toen ik nadacht over wat er was gebeurd, barstte ik weer in lachen uit. Ik belde hem op.

'Hallo Neal, met Dolores nog even. Ik heb nog eens nagedacht. Ik had de gezichten van de kamermeisjes willen zien toen ze die lakens zagen! Chocolade- en champagnevlekken op het sneeuwwitte beddengoed. Ik kan ze van hier horen: "Wat een zootje uitschot moet hier gisteravond zijn geweest, nette mensen zouden niet zo'n troep hebben achtergelaten!"'

'Schat, je hebt volstrekt gelijk. Want wie liepen we tegen het lijf toen we kamer 1834 verlieten? De meiden, en ze keken als moeder-oversten. We hadden wel door de vloer kunnen zakken.'

SMERIGE PRAAT

Mijn vriend Allen – één meter negentig, vijfentachtig kilo, zo knap als wat – belde me op een dag op om me alles te vertellen over een vrouw die hem helemaal had besmeurd, en ik, me volledig inlevend in zijn verhaal, zei: 'Wat een teef,' met mijn diepste, gemeenste stem. Er viel een stilte aan het andere eind van de lijn, en toen spraken en lachten we over de vreemde manier van doen van negers.

Later die avond, nadat we na een feestje hadden opgeruimd, kwam Allen naar me toe en fluisterde in mijn oor: 'Jezus, wat ben ik vanmiddag onder de douche opgewonden geraakt toen ik nadacht over de manier waarop jij "die teef" zei. Ik dacht bij mezelf, ik dacht: volgens mij kan Dolores echt smerige taal uitslaan.'

'Je gaat me toch niet vertellen dat jij foonfuckt!' lachte ik tegen mijn vriend, die er kits uitzag in een witte broek en een taangeel linnen jasje. Ik kende Allen al ik weet niet hoeveel jaar en hij was altijd een heer: met kaartjes voor concerten, sprak Portugees en Italiaans, ging elke zomer naar het buitenland. Ik had niet gedacht dat hij zo diep kon vallen.

'Jazeker. Jij ook?' vroeg hij.

Ik lachte alleen met een duivelse blik op mijn gezicht.

'Het is zo safe als wat,' voegde hij eraan toe. 'Je hoeft je geen zorgen te maken dat je iets oploopt.'

Toen Allen de volgende dag belde, begon hij: 'Weet je waarom ik zo opgewonden raakte van dat woord? Er is een film die ik als kind graag zag, over een jongen die gek was op een mooie filmster. Hij masturbeerde altijd terwijl hij naar haar foto keek, dus hij had foto's van haar overal in huis – boven zijn bed, tegen de keukenmuur, zelfs in de badkamer – voor het geval hij de geest kreeg. Aan het eind van de film zei hij niks anders dan: "Teef, teef, teef." Steeds maar weer. Ik vond dat sexy, en telkens als ik dat woord "teef" hoor, moet ik denken aan die jongen die zat te masturberen.'

'Ben jij echt gek op smerige praat?' vroeg ik.

'Wat dacht je dan? Heb ik dan niet verteld van die keer dat ik een vrouw ontmoette op een vlucht naar Rio? Toen we bij het hotel waren, vroeg ik haar of ik haar later op haar kamer kon bellen. Zij keek me nogal provocerend aan en zei: "Probeer het eens." Dus ik vroeg haar of ze dan ook een sexy avondjapon zou aantrekken, de lichten uit zou doen en op haar bed zou gaan liggen. Ze glimlachte. "Dus wij kunnen praten," verklaarde ik. "Smerige praat." Ze keek mij recht in de ogen en vroeg: "Jij bent goed aan de telefoon, hè?"'

Ik barstte in lachen uit. Dat was het grappigste wat ik de hele dag had gehoord.

LUNCHPAUZE
Op een dag liep ik Lewis in de Library of Congress tegen het lijf. Hij werkt op de manuscriptenafdeling en we hadden elkaar een hele poos niet gezien, dus bracht hij mij tijdens de koffie in de personeelskantine op de hoogte van de details van zijn liefdesleven.

'Ik ga al een poosje om met een vrouw die Marlene heet, en die aan de overkant van de straat in het Rayburn Building werkt. Ze is ook getrouwd, dus we proberen elkaar tijdens de lunch te zien.'

'Die gevaarlijke twee uur durende lunch van Washington.' Ik lachte. 'Dat is precies de tijd dat alles geregeld wordt, mensen lunchen beneden en gaan dan naar een kamer boven.'

'Onze lunches zijn gekker,' verkondigde Lewis, met een grijns van oor tot oor. 'Vroeger aten we de gebruikelijke hamburger met patat in Sherrod's, maar Marlene is fitness gaan doen, dus ze suggereerde dat we magere yoghurt zouden nemen en dan naar de overkant van de Potomac zouden joggen.'

'Joggen?' vroeg ik. 'En wat bleef er toen over van het samenkomen?'

'We begonnen elkaar na het werk te zien, maar na een poosje werd mijn vrouw achterdochtig en Marlenes man begon ook vragen te stellen: "Hoe komt het toch dat je zo vaak vastzit in de file?" en "Waarom koop je toch nooit wat als je boodschappen gaat doen?" en dat soort flauwekul.

Dus we gingen gewoon joggen, gingen na het werk naar huis, en werden zo geil als boter.

Op een dag – volgens mij was het Marlenes verjaardag – besloten we te gaan picknicken, en we reden naar het Arlington Cemetery, om daarna te gaan rennen. We zaten in de wagen, ik in mijn korte broek, Marlene in haar Baryshnikov-maillot en haar bodystocking, te drinken en te eten en het ervan te nemen: met krab gevulde champignons, gemarineerde kikkerbilletjes, brie, stokbrood en pinot noir.'

'Wat decadent!'

'Een verjaarsfeestje op het kerkhof,' zei Lewis.

'Een beetje ironisch,' merkte ik op.

'Het was voorjaar! Overal bloemen. Zoemende bijen. Opstijgend sap. Met al dat sap en de zon en de pinot noir hielden we het niet langer. Ik legde mijn handen op Marlenes dijen, zij stak haar vingers in mijn broekspijp. Ik wreef haar poesje, ze kneep in mijn pik. Ze deed haar maillot uit, ik trok mijn korte broekje uit.

'Op het kerkhof van Arlington? Op klaarlichte dag?'

'Jazeker. We kregen het te pakken, en het was lekker ook. We hebben gewoon de portieren opengezet en op de bank geneukt.'

'Heeft niemand jullie gezien?'

'Jawel, er kwamen een paar vrachtwagens voorbij en een paar helikopters, maar dat kon ons niets schelen. Eigenlijk was het een kick, de gedachte aan al die jongens die toekeken, dus we werden exhibitionistisch: eerst befte ik Marlene en toen ging ze op me zitten, daarna stak ze haar kont uit de deur en likte ik die ook.'

'Lewis, dat is niet waar!'

'Jazeker, het was de beste neukpartij die we ooit hebben gehad.'

'Man, jij moet je tot je manuscripten beperken!'

HEET KAARSVET

Pero, chica, la mujer estaba loca, begon Tony. 'Volslagen, helemaal krankjorum.'

'*¿En qué sentido?*' vroeg ik, om hem te prikkelen.

'Ze was helemaal gek op kaarsen, net als die meid in de eerste film van Spike. Overal kaarsen: dressoir, bureau, tafels, boekenkast. *Por todas partes*. Toe dan maar, *me digo*. Ik kan het wel hebben want ik ben echt gek op die vrouw, weet je. We hebben elkaar leren kennen op de makelaars-opleiding en ze leek me helemaal te gek: donker pak, bril, aktetas – ze kon zo uit *Ebony* zijn weggelopen. *No era exactamente guapa*, maar ze had een rijke zinnelijkheid, die deed me wat.'

'*¿Y qué te pasó?*'

'*Pues, vamos a su casa*, een donker huisje aan de rand van Cherokee Park, en al gauw lagen we in bed. *Y entonces* pakt ze een kaars, blaast haar uit en steekt haar in haar poes. *Me mira intensamente*, al die tijd keek ze me aan en ging ze met die kaars tekeer. En ik werd weer *mirándola* op-gewonden, ze bevochtigde haar lippen met haar tong, pakte haar tepels beet, en begon te roepen *con placer*! Ik zit daar met een stijve, en zij staat op het punt klaar te komen, *la chingada*!'

'Was dat het?'

'*¡Claro que no!* Het ergste komt nog. Ze pakt dezelfde kaars, nat van haar *jugo*, en steekt die weer aan. En als het kaarsvet heet is, begint ze dat, *gota a gota*, op haar borsten te druppelen. En telkens als er zo'n heet druppeltje haar huid raakt, kreunt ze zachtjes: "Oh. Ah." Dat is verdomme het raarste wat ik ooit heb gezien.'

'Zeg dat wel.'

Een weekendje Londen

'Hé, Dolores.' Dat was Edward, hij belde uit New York. 'Ik ben vrijdag teruggekomen en ik belde even om te horen hoe het met je gaat.'

Het was na elven en ik lag al half in slaap in bed, maar ik werkte me weer op, want uit het geluid van zijn stem kon ik afleiden dat Edward iets wilds had meegemaakt.

'Je gelooft nooit wat mij in Londen is overkomen.'

'Nee, vertel op.'

'Wel, ik zat me met mezelf te bemoeien op een bank op Trafalgar Square, ik las de *Times*, toen er een oudere man naast me kwam zitten. Hij was klein en zag er elegant uit: grijs haar, nieuw pak, goede manieren. We raakten aan de praat en ik vertelde hem dat ik in Londen was voor onderzoek naar Egyptische kunst voor het museum waarvoor ik werk in New York.

We hebben ruim een uur zitten praten, van het een kwam het ander. We konden echt goed met elkaar overweg, dus hij nodigt mij uit om 's avonds bij hem te komen eten.'

'En ben je gegaan?' vroeg ik.

'Jazeker. Ik werd als het ware gefascineerd door de oude man. Hij had een heleboel gereisd – Nova Scotia, Madagaskar, Belize – en had een heel mooi leven gehad.'

Edward trekt als vanzelf mensen aan. Hij is een grote teddybeer, met zo'n warme, open manier van doen, dat zelfs mijn moeder nog gek op hem zou zijn geweest.

'En wat is er gebeurd?'

'Nou ja, zo ongeveer halfacht die avond komt zijn chauffeur naar mijn hotel in een grote Rolls. Hij rijdt me naar buiten, het platteland op, draait een ronde oprit op, zet de wagen neer voor het grootste buitenhuis dat ik ooit heb gezien: vijfenvijftig kamers, niet meer te tellen hoeveelheden badkamers, overal antiek, schilderijen aan de muur, ontelbare bedienden.'

'Daar voel jij je wel thuis, hè?' vroeg ik, denkend aan Edwards appartement aan Park Avenue met oosterse tapijten, mahonie parket en echte Romare Beardens.

'Ja, wat dacht je! Hoe dan ook, we gingen eten en er komt een jongedame binnen, ziet er Zweeds uit, blond haar, blauwgrijze ogen, benen tot onder haar oksels. Voordat ik nog kan vragen: "Is dat uw dochter?" zegt de heer Smythe (want zo heet hij): "Mag ik u voorstellen aan mijn vrouw."'

'Hoe oud was die vent?' wilde ik weten.

'O, een- of tweeënzeventig, maar zijn vrouw zag eruit als omstreeks dertig. Hoe dan ook, we gingen zitten om te dineren: zes of zeven gangen met spoom tussendoor. Na het eten verdween zijn vrouw (ik geloof dat ze Greta heette) en Smythe en ik bleven nog wat zitten nakaarten over renaissancepoëzie. Ongeveer een halfuur later gaat de deur open, en daar komt Greta binnen in een lange groene, tulen nachtpon met niets eronder. Onder die doorzichtige nachtpon zag je alles: roze tepels, zachte huid, rond buikje, bosje zeewier.'

'En wat zei jij?'

'Wat kon ik zeggen?' vroeg Edward. 'Ik deed mijn uiterste best niet te kijken, en nog uiterster mijn best om geen stijve te krijgen. En toen zei Smythe, zo zachtjes dat ik hem amper kon horen: "Ik zou graag willen dat u mijn vrouw neukt." "Wat zou u graag?" vroeg ik, ongelovig. "Ze heeft het nog nooit met een zwarte man gedaan, en ik kan haar niets weigeren. Ik ga een paar dagen naar Parijs, ik heb het personeel vrijgegeven voor het weekend, dus het huis is van u. U zou mij echt een hele grote dienst bewijzen."'

'Waarschijnlijk wilde hij alles via de monitor volgen,' suggereerde ik.

'Denk je dat?'

'Ja, die man kon hem niet overeind krijgen, dus kreeg hij een kick van het toekijken hoe iemand anders een nummertje met zijn vrouw maakte.'

'Hoe dan ook. Schat, het waren de wildste paar dagen die ik ooit heb meegemaakt. Die vrouw kon alles, behalve aan het plafond hangen. We hebben overal geneukt – in de bibliotheek, op het balkon, bij het zwembad – op alle momenten van de dag en de nacht. Ze kreeg er nooit genoeg van. Zodra ik me omdraaide, lag zij alweer tegen mij aan te rijden. Of met mijn pik te spelen.'

De fantasie van iedere man – de onverzadigbare vrouw, dacht ik bij mezelf. Arme Edward!

De dierenwinkel

Ik liep vorig voorjaar op een conferentie tegen Alexander op, die ik in geen jaren had gezien. We waren zo blij dat we elkaar weer zagen dat we de ochtendzitting oversloegen en in de bar gingen zitten pimpelen.

'Meid, je ziet er prachtig uit,' begon hij. 'Als we niet zulke goede vrienden waren, zou ik je moeten versieren,' vervolgde hij met een lichtje in zijn ogen (Alex kon elke vrouw uit haar onderbroek praten, zelfs in zijn slaap, maar hij was gewoon mijn type niet).

'Je bent ook geen steek veranderd, Alex. Nog altijd een oogje op de vrouwen. Vertel me eens wat je hebt meegemaakt sinds ik je de laatste keer heb gezien.'

'Ik heb je verteld van Rita, hè?'

'Rita wie?'

'Die uit Cuba, die op de hoek van Lenox Street en 142nd Street woonde. Die heeft al mijn aandacht getrokken en dat doet ze in feite nog steeds. Al mijn onderricht en onderzoek zal haar worst wezen, bij haar is het eenrichtingsverkeer, en ze heeft een repertoire van trucjes waar geen eind aan komt. Zij zou het handboek voor seksueel plezier en spelletjes kunnen schrijven.'

'Houd je van haar, Alex?'

'Dat weet ik niet. Waarschijnlijk niet, maar ik kan haar niet uit mijn hoofd zetten. Daar heb ik de grootste moeite mee. Neem nou die keer dat ik naar Miami verhuisd ben om bij haar in de buurt te zijn. Er was een boodschappenjongen – een Cubaaanse neger, knap, gespierd – die elke dag boodschappen kwam brengen. En toen we naar Boston waren verhuisd, mag je raden? Dezelfde jongen komt weer net zo regelmatig terug. Toeval? Maak dat de kat wijs.'

'Ze klinkt niet erg als jouw type.'

'Maar wat kan ik eraan doen? Ik heb een zwak voor haar. En dan was er nog die keer in de dierenwinkel.'

'Dierenwinkel?' vroeg ik.

'Ja, waar ze exotische dieren verkopen, en Rita was wel de meest exotische. Op een dag gaat ze naar die dierenwinkel in de buurt van de Commons en spreekt met de eigenaar. Ze weet niet eens hoe die vent heet, weet ze nog steeds niet. Het volgende wat ze weet, is dat ze achter in de winkel boven op een kooi ligt, met haar jurk tot haar middel opgetrokken.'

'Nee toch!

'Jazeker!'

'Heeft ze je dat verteld?' Ik kon het niet geloven.

'Stoot voor stoot. Hoe ze voordat ze het wist dwars over die kooi was gaan liggen en hoe die vent zijn broek naar beneden had en zijn jongeheer in haar schoof. Ondertussen keken de honden en de katten in de kooi daaronder naar haar mooie kont, gingen als gekken tekeer en deden pogingen door die tralies heen te komen, want van die vrouwelijke lucht werden ze helemaal gek. Ik kan ze hier horen: die man hijgend en stomend, Rita kreunend en grommend, en die dieren blaffend en miauwend – dat moet een gekkenhuis zijn geweest!'

'En ze kende die gozer niet eens?' vroeg ik, hysterisch lachend om het tafereel dat Alex me had geschilderd: loopse honden, een man met een stijve en Rita geil. Dat was wild!

'Welnee, maar dat is typisch Rita. Trekt haar rok op, duwt haar slipje naar beneden en neemt het ervan. Het kan haar niets verdommen dat het halftwaalf in de ochtend is in een dierenwinkel in de buitenwijk, en dat er een kale vreemdeling van middelbare leeftijd op haar ligt.'

Alex had eindelijk zijn wederpartij gevonden!

Een fotografisch geheugen

Morgan is schrijver en verzamelt mensen zoals entomologen kevers verzamelen – om ze op een speld te prikken en onder glas tentoon te stellen. Morgan heeft rare, verdraaide verhalen.

We zaten op een avond te telefoneren, leugens te vertellen en verhalen uit te wisselen toen hij zich plotseling herinnerde: 'Op de middelbare school had ik twee baantjes: ik werkte in een pornowinkel en ik maakte foto's. Op een zaterdag komt er een man, van het professionele type – grijs flanellen pak, een paisley das, manchetknopen – de winkel binnen om te overleggen met mijn maat, Sam. Achteraf

vroeg Sam me: "Wil je dit weekend wat bijverdienen?"
"Tuurlijk man, wat moet ik doen?"

"Weet jij nog van die vent die hier vanmiddag was?"
"Jawel." "Hij wil twee man voor een klus, een ervan moet
fotograaf zijn," zei Sam. "Klinkt goed. Doe ik aan mee," zei
ik. "Oké, we zijn aangenomen. Ik kom je om tien uur
halen."

Sam komt klokslag tien uur voorrijden en wij door
Chicago naar de rondweg. Na ongeveer een halfuur rijden
komen we bij een huis dat helemaal donker is, behalve aan
de achterkant in één kamer.'

'En was jij niet nieuwsgierig wat daar moest gebeuren?'
vroeg ik.

'Ja, maar Sam was niet erg spraakzaam totdat we bij dat
huis waren. Toen vertelde hij me wat de bedoeling was. "We
gaan inbreken in het huis van de professor en zijn vrouw
verkrachten," verklaarde hij. "Wat gaan we doen?" riep ik
en ik zag al handboeien en tralies in mijn hoofd. "Niet zo
hard, idioot! Dat willen zij."'

Dit verhaal werd met de minuut idioter.

"'Alles wat jij moet doen is foto's maken terwijl ik haar
naai," voegde hij eraan toe. Sam kroop naar het verlichte
raam, brak het glas voorzichtig, kroop over de vensterbank,
en ik meteen achter hem aan. De professor zat gewassen
met een schone pyjama in bed *De geschiedenis van de Pelo-
ponnesische oorlogen* te lezen. Wat zeg je daarvan?'

'En keek hij niet eens op?'

'Welnee. Niet één keer. Zijn vrouw lag naast hem te
slapen of te doen alsof, dus Sam liep naar haar toe en
draaide haar op haar rug. Ze bood nog wat weerstand, Sam
gaf haar een paar tikken, niet te hard, en noemde haar met
alle namen die er zijn voor hoer en teef. Ik sta aan de kant
van het bed foto's te maken met mijn Minolta 500, en ik zie
dat de professor een stijve krijgt, maar hij blijft stug door-
lezen en slaat de bladzijden om, alsof hij niks kan horen
of zien.

Sam doet zo langzamerhand echt zijn best met die

vrouw. Hij heeft haar nachtpon opgetrokken en haar benen gespreid, en hij betast haar hele lijf. Zij wordt nat, hij krijgt een stijve. Eigenlijk hebben we alle drie al een stijve: Sam, de professor en ik. En de dame, die haar beste dagen gehad heeft, ligt te kreunen: "O, alsjeblieft, hou op," en te roepen: "Stop. Stop. Je doet me pijn," maar met een blik alsof ze er elke minuut van genoot. Nou ja, en ik was natuurlijk doodsbenauwd dat ik in lachen zou uitbarsten, zo maf was het.'

'Een geënsceneerde verkrachting!' riep ik uit. 'Daar heb ik nog nooit van gehoord!'

'Tja, je weet niet waar sommige mensen een kick van krijgen. Maar dit keer zat Sam toch diep in de dame, en ze schokte en rolde alle kanten op, en de professor lag zich af te trekken, en ik stond maar af te drukken. Meid, we hadden op de nationale televisie moeten zijn. Het was me een schouwspel!'

De volgende dag kreeg Sam een blanco envelop met drie nieuwe honderddollarbiljetten voor hem en eentje voor mij. Ik dacht bij mezelf: Goddorie, ik ben goed voor honderd dollar per uur.'

'En hoe vielen de foto's uit?' vroeg ik.

'O Jezus, ik was zo opgewonden dat ik vergeten was een rolletje in mijn camera te doen.'

Natte zoenen

Frank Lamont Phillips

'Wat voor meisje zul jij worden, schat?' sprak haar moeder vaak tot haar. 'Lief schatje. Mooie baby. Mooie, mooie baby.'

Zij vond zichzelf helemaal geen mooie baby, los van het feit dat wellicht alle baby's mooi zijn.

'Wat voor meisje ga jij worden, schatje?' vroeg ze haar dochter, en ze wachtte een lacherig ogenblik tot de zuigeling zou antwoorden. In haar huis vol speelgoed had ze zich afgevraagd wat voor moeder ze zou zijn. Zij wilde de moeder zijn die haar moeder voor haar was geweest, maar niet de dochter die zij vreesde te zijn geweest.

'Laat ik niet merken dat jij buiten loopt te hosselen en te voeteren, voeteren en hosselen,' placht haar moeder te zeggen met een lach in haar stem.

Soms vroeg ze zich af of ze er goed aan had gedaan het met hem uit te maken. Soms dacht ze dat hij verliefd op haar was. Aan de andere kant wilde hij haar misschien gewoon neuken om iets te hebben om over te schrijven.

'Wat kun jij voor me doen behalve mij neuken? Je hebt me al geneukt. Waarom koop je niet wat voor me? Geneukt kan ik overal worden. Koop iets voor me. Ik zou nieuwe kleren kunnen gebruiken.'

Ze dacht meer aan hem dan had gemoeten. Ze vroeg zich af of hij zou bellen en wat voor idioots hij in dat geval weer zou zeggen of haar zou proberen te laten doen. Soms leek het wel of het enige normale wat hij wilde, haar bekijken was, en hij deed dat met ongewone intensiteit, die nog sterker leek doordat zij er nooit achter kon komen waaraan hij dacht. Ze vroeg zich af of zij, in het geval hij belde, nee zou blijven zeggen, en als ze dat deed, of hij zich daar dan iets van aan zou trekken, hoe vaak ze het ook zei.

Op een avond plaatste hij zuigzoenen over haar hele hals en op haar borsten. Ze zou met sjaaltjes moeten gaan lopen, maar ze kon die zuigzoenen niet verbergen voor de andere vent met wie ze intiem was. De andere vent. De voornaamste vent. Ze liet haar voornaamste man buitenshuis slapen, en vree met hem in alle kamers van haar huis. Zij en haar moeder hadden in dat huis gewoond, en vervolgens had zij met haar man in dat huis gewoond.

'Jij bent niet goed lekker,' zei ze toen ze in de spiegel keek en de kersrode sporen op haar donkere huid zag. 'Jij bent gevaarlijk. Met jou weet je niet waar je aan toe bent.'

Hij zei niks. Hij stond haar aan te kijken, terwijl ze naakt voor de badkamerspiegel stond, wankel op haar tenen. Ze hadden op een atletische manier gevreeën over de hele vloer van de woonkamer. Hij had haar bij de schouders vastgehouden en haar van de bank getild. Zij mocht graag hard neuken, bot op bot, tot ze kletsnat en slap werd, haar haar helemaal bezweet, en de hele kamer suggestief stinkend.

'Het stinkt hier,' zei ze dan als ze hadden gevreeën. Als ze naar hem keek, dan leek hij door haar heen te kijken, zoals hij soms ook dwars door haar heen leek te neuken. Hij was een rustig neuker, op het lawaai na dat hij met haar veroorzaakte, als hun natte huid als handgeklap pletste, plakkerig werd en dan weer loskwam. Hij placht af en toe met haar op normale gesprekstoon te spreken, met bijna apodictische intonatie, om haar te vragen naar orale of anale seks, naar lippenstift op haar tepels. Hij leek haar te interviewen als zij met hem neukte, vroeg haar van alles en nog wat, en reageerde niet op haar antwoorden.

Ze was net zo naakt als hij – naakter eigenlijk, want hij had nog zijn enorme erectie op haar gericht. Ze meende het echt, was echt boos, maar ze kon het niet helpen, ze moest ook lachen.

'Luister jij wel naar me? Wanneer heb jij al die zuigzoenen bij mij gemaakt?' Ze greep zijn erectie, die zoals hij graag mocht zeggen, hard was als plastic uit het straaltijdperk.

Hij deed het beklede deksel van de pot naar beneden en ging erop zitten. Zij liep met zijn erectie in haar hand met hem mee tot hij haar bij de armen pakte en zij schrijlings op zijn benen ging zitten, waarbij ze zijn erectie in haar niet helemaal gerede vagina stopte, tot die zeer deed op een manier dat zeer doen goed voelt.

Hij mocht haar graag bekijken, of als hij niet bij haar was, graag denken aan haar bekijken: aan de middernachtelijke duisternis van haar huid, de wulpse welving van haar rijpe lijf, het wellustig tuiten van haar lippen, het betoverende, uitnodigende aan haar hele gestalte. Hij mocht aan haar denken als hij aan zijn bureau over haar zat te schrijven, en hij spon gecompliceerd verwikkelde metaforen en vergelijkingen tot lange, ontroostbare, decadente gedichten of verhalen over deze of gene kameleontische burgerlijke schone.

Haar ogen waren amandelvormig, met zware oogleden. Ze leken net de dromerige ogen van een kind, of de wijd opengesperde van een pop, die je moet sluiten met bedtijd. Haar stem had soms iets fluitends, krasserigs, meisjesachtigs, maar meestal was zij even zwoel als Memphis in augustus, zo heet en plakkerig dat zelfs naakt voor de open deur van een koelkast gaan staan of ijsklontjes op je huid wrijven niet de likkende tong van de hitte konden bekoelen. Ze leerde haar hoofd achterover gooien en langs haar neus naar de mensen kijken, ze geamuseerd beschouwen. Ze oefende knipperen met haar oogleden, en deed op haar manier het klaaglijk handenwringen van fictieve zuidelijke schonen na.

Haar achterwerk was fors en peervormig, hij was er gek op, vooral omdat het zo lekker veerde. Omdat zij thuis niet graag kleren droeg en met genoegen naakt voor hem paradeerde, kon hij haar kont bekijken als ze uit haar comfortabel grote bed stapte om meer wijn te gaan halen of naar de wc te gaan.

Hij viel voor haar toen hij haar in het kerkkoor waar zij beiden lid van waren, hoorde zingen. Zij leek bijna tenger op de plek waar zij in de koorbank stond. Zonder hoge hakken was ze niet groter dan één meter vijftig, maar ze had de hooghartigheid van zo'n Afro-Amerikaanse prinses, opgegroeid in een van de grote, geluk uitstralende huizen aan South Parkway, wier ouders – en die vrouwen hadden altijd een vader en een moeder – vrije beroepen hadden, in glimmende buitenlandse wagens reden, die als haaien door de zwarte gemeenschap sneden, ongevoelig voor de jaloezie en de spot waar zij aanleiding toe gaven.

Quinscia was niet zo'n prinses van Parkway, al had ze dat best willen zijn. Ze was jaloers op die lichthuidige schatjes, voor wie echt werk vreemd was. Dat luxe volk liet het breed hangen, en hoewel ze er op school bevriend mee was, waarbij ze door zulke kennismakingen op de hoogte raakte van hun manier van doen en hun gedachten, ze werden in haar deel van de stad niet geduld. Hoewel haar moeder 'iemand' was, was er een duidelijke scheidslijn tussen arrivistische bourgeoisie en mensen wier wortels amper rooskleurig leken. Wat ze verder ook zou zijn of worden, ze zou altijd donker van huid blijven. Ze zou altijd een gewone negerin zijn, kort van stuk, met brede heupen, wier haar nooit lang genoeg zou zijn. Een gewone negerin met grote ogen en een verlegenheid die ze probeerde te verbergen. Ze zou altijd dikke lippen hebben en wortels die teruggingen op bijstand, sociale woningbouw, katoen plukken, meiden die onverdunde sterke drank dronken en mannen die de blues zongen of ze hun vrouwen bezorgden.

Gewapend met een doctoraal sociale wetenschappen en de wil niet alleen goed maar ook luxe te leven, om iemand te zijn binnen de verstikkende beperking van Memphis' zwarte gemeenschap en wat aan de weg te timmeren, probeerde zij burgerlijker te zijn dan de bourgeoisie, dure kleren en wagens te hebben, te worden gekend en erkend. En toen kwam ze hem tegen.

Hij noemde haar No. Ze heette Quinscia Noelle Dottry-Winston, en hoewel hij haar naam vaak in de mond nam, was zij toch meer in zijn ogen, op een (volgens hem) mooie, excentrieke, bijna exotische manier, een nieuw gezicht ('het enige wat lekkerder is dan een goeie poes is een nieuwe poes'). Ze schokte met haar schouders als ze zong, keek naar de koorleden, van wie ze de meesten goed kende, dan weer naar haar bladmuziek, veranderde haar toon en haar houding, wierp hem een megawatt-glimlach toe.

Hij kwam naar het koor met Belinda Davis, die met hem op de middelbare school had gezeten. Vrijwel niemand sloeg aanvankelijk acht op hem. Hij was zo stil dat de paar leden die hem, rustig maar aandachtig, achter in de kerk hadden zien zitten, meenden dat hij verlegen was. Hij drong zich aan Quinscia op door haar *De kleur paars* te lenen.

'Hier, ik zal mijn telefoonnummer erin zetten, dan kun je me laten weten wat je ervan vond,' zei hij.

'Nou, dankjewel,' zei ze. 'Ik wil het graag lezen. Ik heb het nog niet te pakken kunnen krijgen. Hier is mijn kaartje. Of wacht even. Ik zal mijn privé-nummer er achterop schrijven, dan kun je...' Plotseling hield ze haar mond en keek naar Chloe Edmondson, de koorleidster. 'Hier,' zei ze en gaf hem haar kaartje voordat ze met Chloe ging babbelen.

Het duurde een paar weken voordat hij haar belde.

'Hoe zou ik me jou niet herinneren?' vroeg ze. 'Ik vond het leuk wat je in de kerk zei, en ik vind het heel leuk dat je me dat boek hebt geleend. Ik zal het je terugbrengen.'

Hij zei niets.

'Ben je in orde?'

'Ja. Ik denk het wel. Ik ben een beetje gedeprimeerd. Ik heb het gevoel dat ik in een afgrond kijk en ik betrap mezelf er de hele tijd op te denken hoe uitnodigend de bodem ervan is.'

'Zal ik naar je toekomen? Ik kan zelf ook wel gezelschap gebruiken.'

Hij aarzelde even en antwoordde ten slotte: 'Graag.'

Ze kende de nieuwbouw al waar hij woonde, zo'n twintig minuten van haar huis over de snelweg. Tot zijn verrassing was zij er in nog geen uur. Hij hoorde haar bij de deur, en toen hij naar beneden ging om open te doen, stond ze daar onder een paraplu in een stortbui.

Ze lieten haar paraplu beneden in de woonkamer opengeklapt achter en gingen naar boven, naar de slaapkamer. Zij leek te huiveren, dus hij draaide de verwarming twee keer op, en al snel was het warm genoeg om alles uit te doen wat ze uit kon doen zonder onbescheiden te lijken.

Toen hij begon te praten over schrijven en over vrouwen met wie hij uit was geweest, wier naaktfoto's of half ontklede portretten deels slordig over zijn dressoir verspreid stonden, begon Quinscia zich af te vragen of zijn pik even groot was als zijn woordenschat.

'Ik denk dat ik vrijgezel blijf,' zei hij.

'Lukt dat dan? Ik bedoel, er is begeerte en obsessie, en jij lijkt een van die twee of allebei te hebben voor alles wat mooi is. Wanneer ben jij voor het laatst met iemand naar bed geweest? Of neuk je soms met onze hippie, Belinda?'

Hij keek haar aan en glimlachte een beetje. Ze kon het buiten horen plenzen. Ze pakte zijn arm. Ze had met hem zitten praten over haar stukgelopen relatie.

'Wie is de vader van je dochter? Waar ben je afgestudeerd? Je ziet er moe en bezorgd uit. Is alles goed met je?'

Eindelijk kuste hij haar. Eerst nog plagerig. Toen hongerig. Bij de derde keer vrat hij haar op. Langzaam trok hij haar kleren uit en ze sloot haar ogen toen hij haar slipje in zijn broekzak stopte. Hij daalde al kussend langs haar lijf af. Hij spreidde haar benen, opende haar vagina met zijn tong, kuste haar diep, plaagde haar clitoris met zijn tong, kwam toen helemaal naar boven naar haar mond om haar natte zoenen te geven, vol van haar eigen lucht.

Toen ze voor het eerst vreeën, voelde zij zich een vogel

gevangen tussen zijn handen, fladderend in de struiken. Ze vree met hem met haar benen welkom wijdopen, haar enkels rond zijn oren, met harde, wanhopige inventiviteit. Even eerder had hij haar bij het middel gebogen, zijn middelvinger in haar anus, haar knieën bij zijn oren, haar vagina even wijdopen als haar mond terwijl zijn tong erin en eruit schoot, tegen haar clitoris tikkend als een gejaagde bezoeker die op de bel stond te rammen tot ze zou komen.

Haar baby sliep toen de telefoon ging. Ze wist dat hij het was. Ze wilde hem zeggen te komen, en zijn beste pik mee te brengen, want ze wilde dat hij haar aan het matras zou vasthameren. Telkens als zij vreeën stak hij weer een andere natte vinger in haar anus, of wreef met zijn duim over haar clitoris terwijl hij haar borsten opvrat. Als hij haar kont in haar hand had en tussen haar benen likte tot ze kwam, wist ze dat het niet lang meer zou duren of hij zou naar haar mond komen met nog meer natte zoenen.

Uit: *Echo of Lions*

Barbara Chase-Riboud

Mannen verlangen naar hun vrouwen. Vaak wordt de donkere schuur in de nacht plotseling warm van bekende geuren en winden die mij omwaaien, van denkbeeldige, verafgelegen savanne, opspringend als uit een hinderlaag langs de Kawara. Ik denk dat ik thuis ben. Mijn blikken zwerven in de verste hoeken en een tengere figuur, de naakte gestalte perfect afgetekend in het maanlicht, komt gestadig op mij af. Zij glimt als een vuurvlieg, haar adem is damp in de rokerige lucht. Verdaasd maar niet verschrikt sta ik op en loop achter haar aan, struikel over de matrassen van de andere mannen. Ik bereik een open plek, een onvolledige kring die vrijkomt in het verwarde kreupelhout van de rivieroever. De kring van mos is zacht onder de voeten, sponsachtig, en de kristalheldere rivier slokt ons beiden stilletjes op. Ik glip onder haar drijvende gestalte, mijn armen omhelzen vochtige, met palmolie ingesmeerde huid, mijn handen grijpen haar donkere driehoek en haar verlichte borsten, die als kleine piramiden het oppervlak doorboren. Haar duizenden vlechten waaieren uit rond haar hoofd, de veelkleurige kaurischelpen weerkaatsen het maanlicht. Haar katogen gaan open en haar adem streelt mijn gezicht als zij zich omdraait en een eind weg zwemt. Maar steeds weer vang ik haar gewichtloze lijf en trek haar stroomafwaarts, streel haar ledematen, haar flanken, haar borst, terwijl ze in mijn armen wentelt en draait. Ik duik, neem haar met me mee,

werp mij op dat draaiende lijf, steeds dieper meegetrokken door de lauwwarme onderstroom. De stroom gaat nog steeds tegen onze bewegingen in, en wij banen ons een weg naar het slijk van de bodem, verbindend en loskoppelend in gewelddadige stuiptrekkingen tot zij mij met een zucht loslaat en mijn gehele ik in haar nest opbloeit, mijn slang haar binnenste delen raakt, onzer beider kreten van genot tegelijkertijd bepaalt, terwijl haar lijf zich nog in mijn armen kronkelt. Weer doorboor ik haar, karn de troebele wateren, en wij grijpen elkaar als worstelaars, laten elkaar los, haar armen boven haar hoofd, haar lichaam krom als een boog, haar adem fluitend door haar heen, kussen van liefde en kreten die de lucht klieven als wij schokken, verbonden in een boog, stil in beweging, zinkend naar de rivierbedding, glinsterend in gefiltreerd maanlicht. Haar lichaam stoot blindelings naar beneden schietend op het mijne, ik barst in haar, gebrul in mijn oren als mijn keel explodeert van haar naam.

Uit: *Woman Story*

O.R. Dathorne

Er waren drie blote meiden aan het baden in bruin putwater

Ze kon zich het ritueel wel herinneren. Eerst kwam de oude grootvader uit de hut. Meestal was dat omstreeks een uur of tien. Eerst ging hij zitten aan de rand van de put en keek naar de lucht. Het was of hij de tijd met zijn oog, zijn enige ziende oog, mat. Ze kon zich hem slechts herinneren met dat ene oog, toen zij en de andere meisjes uit de buurt nog heel jong waren, en hij ze meestal bekeek alsof hij een soort ziener was, met als enige taak in het leven ze te bekijken, te behouden, ze in te zuigen met zijn ene ziende oog en ze dan in de donkere kas van het andere te bewaren.

Als de oude grootvader met zijn rechterhand over de zwengel ging, streelde zijn linker de pomp, zoals je een kind, een heel jong kind, zou strelen. Zijn vingers leken dan nergens meer knokig of krom. Vanwaar zij stond te kijken, door de glazen ruit, zag ze de lange, stevige handen van een jongen die de krul van de zwengel streelde. Een, twee, drie. Een, twee, drie. De oude grootvader begon de kleine betonnen bak bij de put met water te vullen. Weer was zijn beweging gestaag. Hij scheen niet eens aandacht te besteden aan wat hij deed, de bewegingen waren soepel en regelmatig, de ene volgde de andere op, terwijl hij de bak vulde. Het water was lichtbruin, met iets van schuim aan de rand van de bak. Ze kon het niet horen spatten, maar ze zag het water in de bak eerst met belletjes rijzen, zich vervolgens zachtjes, anoniem verplaatsen om zich te voegen bij de rest van het water in het kleine bassin. Daar stond het stil, alsof het was gestorven.

Wij waren drie blote meiden, aan het baden in bruin put-water

Op zo'n dag was ze naar buiten gekomen, nadat het put-water was bezonken en de oude grootvader nergens meer was te bekennen. Zoals gebruikelijk waren Fola en Shade bij haar.

'Hij is weg!' zei Fola. 'Hij is weg!'

'Weg waarheen?' had ze gevraagd.

'Terug naar zijn schaduw,' had Shade onbeschaamd ge-antwoord.

'Hij kan ons nu niet zien,' hield Fola vol.

'Hij heeft geen ogen nodig,' had Shade gewaarschuwd. 'Hij heeft geen ogen nodig om ons te zien. Hij kan ons ook zien als hij niet kijkt.'

'Hoe bedoel je?' had ze gevraagd.

'Niks. Ik bedoel helemaal niks als ik praat. Het komt er gewoon zo uit.'

'Laten we er ingaan,' had Fola gezegd. Eerst hadden ze om het idee gelachen. Maar er was niemand in de buurt, tenzij je een mangoboom en een man met één oog wil mee-tellen. Toen hadden ze zich uitgekleed. Eerst had Fola haar omslagdoek losgeknoopt en op de grond laten vallen. Toen trok ze aan haar blouse. 'Daar,' verklaarde ze. 'Ik ben klaar. Mijn borst is zo plat als een plank. Hier, moet je mijn tepel-tjes zien, en mijn benen zo recht en zonder kuiten. Ik ben klaar!'

Toen ontkleedde Shade zich. Shade trok haar hoofddoek af en zei: 'Moet je kijken, mijn gevlochten haar staat recht overeind.' Toen maakte ze haar jurk los en legde die over een tak bij de mangoboom. Ze vervolgde: 'Als ik rondkijk, puilen mijn ogen uit.' Shade keek naar Fola en het andere meisje en zei: 'Ik wil jullie allemaal opvreten.'

Ze was de laatste, ze had achterover in het gras liggen

kijken naar Shade en Fola. Toen wrong ze zich langzaam uit haar rokje, met haar benen in de lucht, terwijl Shade toe-keek. 'Ik heb altijd gevonden dat mijn handen te lang en te mager waren.' Ze keek naar Fola, richtte toen haar vra-gende blikken op Shade. 'Nou weet ik dat ze in twee rechte lijnen omhoog kunnen wijzen. Ik kan al een heleboel. Ik ben klaar!'

'Wij hebben de koppen en de lijven van onze moeders,' had Shade gezegd. De anderen leken zich een beetje te schamen.

'Kom op.'

Ze was naar Shade toe gelopen als in een droom. Ze had haar handen op Shades schouders gelegd en haar borsten gevoeld. 'Die zijn vol.' Toen had Shade haar linkerhand naar Fola uitgestrekt. 'En jij hebt sappige ronde tepels.'

Shade nam ze allebei mee naar de rand van de kleine be-tonnen bak, alle drie keken ze erin en zagen zich met elkaar dansen in het water dat maar ietsje bewoog, met onmerk-baar ritme: een, twee, drie, een, twee, drie, heel langzaam. Het bruine putwater klotste rond hun lijven, speelde met Fola's oksels en spatte in haar gezicht. Ze kon Fola bijna proeven. In het midden hield Shade ze stevig vast, tegen het water, verankerd in het beeld van de mangoboom, en hoe-wel ze langzaam bewogen, leken ze voortdurend te worden opgeslorpt door Shades omhelzing. Toen ze erin stapten, liepen ze naar het midden, vormden een kring, tot Shade iedereen een minuut of twee, misschien drie, naar zich toe-trok. Vlak bij hen borrelde en spatte het water, en hun ver-wrongen beelden leken op die van oudere vrouwen, maar ze hielden vast, klampten zich aan elkaar, ademden leven in het water, hijgden zwaar, sloten hun ogen, floten tussen hun tanden door.

En toen gilde Shade, lang en hard, het doorsneed de lucht, deed het ogenblik in de tijd bevriezen. Het was een aanhoudende kreet, bijna een serenade, maar toen waadde Shade door het water en trok ze nog dichter naar zich toe. Toen ze opkeken, stond de oude grootvader met zijn hoofd tegen de kruin van de mangoboom en zijn sandalen aan de rand van het bassin. Hij zei niets. Zelfs toen ze er uit-kwamen, sprak hij niet. Hij keek naar de dansende bellen in het water, de vluchtige beelden die erin gebroken werden, en hij draaide eventjes zijn hoofd toen ieder meisje naar haar kleren griste en wegstoof. Ze liepen te giechelen.

Drie blote meiden waren aan het baden in bruin putwater

Heerlijke smerigheden

Piri Thomas

De metro kwam razend tot stilstand en allerlei mensen duwden en schoven zich in gelijkvormigheid. De deuren gleden dicht en de metro sleepte zich het station uit, alsof hij zeker van zijn bestemming was. Ik keek eens om me heen. Iedereen verkeerde in zijn eigen privé-wereld ondanks de dicht opeengepakte lijven. Ik stond klem tussen een Chinees en een mollig mokkel. De Chinees keek ik niet aan, maar bij die *chica* was dat wat anders. Haar kont ging heen en weer, van links naar rechts. Die wrijving tegen mijn buik lokte een reactie uit, en de reactie werd ritmisch begeleid door de beweging en de razende gekte van de trein.

Ik probeerde aan andere dingen te denken, zoals cowboyfilms, limonade en 'geest boven lichaam'. Af, af, stijve paal, beval ik, dat mokkel gaat denken dat ik een of andere perverseling ben in plaats van een aardige, gewone Portoricaan. Ik schoof wat achteruit, van haar vandaan. 'Sorry,' mompelde ik.

Brew stond de metroreclame te lezen, dus kon hij niet zien wat er met mij gebeurde, opgehangen tussen de Chinees en het mokkel met de zachte kont. De metro stoof vooruit en het zachte hoopje romp kwam hard tegen mijn onschuldige jongeheer. Verdomme, dat heeft ze zeker gevoeld, dacht ik met iets van medelijden. Het is te hopen dat die teef niet de longen uit haar lijf begint te gillen.

Dat deed ze niet. Ze draaide zich alleen om en lachte

veelzeggend. Het was een verdomd libertijnse glimlach. Ze ging ook niet aan de kant, en ik kon voelen hoe mijn jongeheer het zich tussen haar dijen gemakkelijk maakte. Ze duwde hard tegen me aan en liet zich met de trein mee rollen. Ja man, ik deed dus maar hetzelfde. De trein roetsjte zoevend tot stilstand bij 42nd Street en de deuren gleden open. Niemand stapte uit, in plaats daarvan wilden er nog meer mensen binnen, en de druk van de toegenomen benauwdheid deed mij in een hoek van de trein belanden. Het zachte geval voor me kwam dezelfde kant uit. 'Sorry,' zei ik.

'Geeft niks,' zei ze lief. 'Ik moet gewoon even mijn evenwicht zoeken.'

Ik duwde weer achteruit tegen de Chinees en die duwde in zelfverdediging terug tegen de vijand. Ik hield mijn gewicht lang genoeg naar achteren zodat het meisje haar gewicht kon verplaatsen en zich naar mij toedraaien. Ze leek te blozen en ze lachte.

Verder zeiden we niets. Het grote gewicht kwam weer terug en drukte ons weer dicht tegen elkaar. Ik voelde haar borsten stevig tegen mij aan, en mijn jongeheer, die zijn grote vinger tussen haar dijen stak. Zo samengedrukt lieten we ons in die opgehangen nabijheid voortrollen. Ik keek haar aan. Ze had haar ogen dicht. Ik liet mijn heupen een langzame, malende beweging maken, mijn hand haar gang gaan en in die libertijnse borsten knijpen. De hele godverlaten wereld was vergeten in dat flitsende tafereel van duwen en dringen, de mallemolen van een metrorijtuig.

We raasden het station van 14th Street binnen. Gauw, gauw riepen onze lijven, en zoef – meisje en ik en trein kwamen tegelijk op het station aan.

Ik voelde haar rillen en huiveren toen ik overkookte. De trein minderde vaart en we hielden stevig vast. Ik mocht haar smoeltje wel, haar mooie bakra-smoeltje. Ze had haar ogen nog steeds dicht, en haar tanden stonden aan één kant in haar onderlip.

De trein stopte en de geopende deur braakte mensen uit, waardoor de druk afnam. We werden het perron opgeveegd en gescheiden door de zich her en der verspreidende menigte. Ik probeerde haar nog een keer aan te raken, maar de losgebroken dam van mensen vergrootte de afstand tussen ons.

Ik probeerde te kijken welke uitgang ze nam, maar alles wat ik opving, was een zoekblikherkenning van haar, achteruit kijkend naar iemand. Ik kwam op het idee haar naam te roepen. Maar ik wist haar naam niet, en ik kon niet gewoon gaan roepen: 'Hier ben ik, mooi bakra-meisje.' Ze verdween, ik hoorde een stem: 'Piri! Hé man, hier ben ik. Waarom sta je die kant op te kijken?' Dat was Brew. Hij grinnikte en zei: 'Hier sta je naar mij uit te zien en ik sta pal achter je.'

'Ja Brew,' sprak ik verstrooid, 'vind je dat niet maf?' Ik voelde me wat zwak, zoals je je voelt als je door een metrorooster iets ziet glinsteren. Volgens jou is het iets waardevols, maar je kunt het op geen enkele manier te pakken krijgen. Dus je troost je door te zeggen: 'Nou ja, waarschijnlijk was het maar een ringetje of zo,' en je zult nooit weten of het er echt wel heeft gelegen.

Brew gaf me een vriendschappelijke por. Ik dook weg en gaf hem een paar nepporren en Brew kwam terug met een stoot. We hielden op voordat het ernst werd, sloegen onze handpalmen tegen elkaar en gingen lopen. Brew sloeg zijn arm om mijn schouder, ik sloeg mijn arm om de zijne. Ik vroeg me af hoe dat meisje in de trein heette.

Een uur en een kleine dertig minuten later liep ik het pad op naar het huis in mijn wereld. Ik floot zoals gewoonlijk en hoorde mama's stem.

'Moet je eten voordat je wassen gaat?' vroeg mama.

'Later mam. Ik wil eerst douchen,' zei ik. Ik kleedde me uit en stapte onder de douche en liet het water op mijn huid los als een schot hagel.

Mijn onderbroek was stijf en krakerig van de grote spanning op mijn snikkel, dus zeepte ik de broek in en spoelde hem en gooide hem in de wasmand. De herinnering aan dat treinritje wekte mijn jongeheer weer. Ik vroeg me af of het mokkel zich nog kon herinneren hoe lekker het was, en of ze haar vriendinnen zat te vertellen hoe ze een geile Portoricaan in een metrorijtuig tegen de wanden op had laten klimmen door haar blanke scheur alleen maar tegen zijn zwarte pik te wrijven. Ik fronste. Ik dacht 'zwarte pik' en dat betekende dat die meid het waarschijnlijk had over 'nikker' in plaats van 'Portoricaan'. Ik zag al haar vriendinnen al aan haar lippen hangen en elk woord wegen...

'Weet je, die nikkers hebben natuurlijk pikken die twee tot drie keer zo groot zijn als die van een blanke... Ik zeg jullie, meiden, zelfs door mijn jurk heen had ik het gevoel dat ik hem half in me had...'

Ik sloot mijn ogen tegen de zeep en zag haar gezicht duidelijk voor me, haar ogen dicht en haar tanden bijtend op haar onderlip...

'En toen hij mijn borsten greep, begon ik bijna te gillen, maar ik wilde niet dat hij ermee ophield...'

'O jee, ik zou het besterven als ik het was,' zei een van de luisterende mokkels.

'Dat gebeurde ook bijna,' zei mijn mokkel. 'Ik voelde me helemaal trillen en die zwarte jongen het gewicht van zijn geval helemaal tegen mij aanzetten, dat ik voelde mijn knieën knikken en ik weet bijna zeker dat hij ook klaarkwam, want hij zakte als het ware tegen me aan.'

'En wat gebeurde daarna?'

'De trein stopte en ik werd met hem samen eruit geveegd. We raakten gescheiden. Ik ben blij toe, want ik zou hem niet nog eens iets tegen me hebben willen horen zeggen, nadat ik al praktisch met hem naar bed was geweest.'

'Doe niet zo gek, dat is niet hetzelfde als wat je met je man doet.'

'Dat weet ik, maar dan toch, hij was een *kleurling* en dat heb ik wel gehad. Ik heb nog een keer omgekeken, voor het geval hij me volgde, en toen zag ik hem over de hoofden van de menigte uitkijken alsof hij iemand zocht. En ik heb me nog nooit zo voor mezelf geschaamd als in die ene seconde.'

'O, maar dat hoeft helemaal niet. Het was gewoon een van die lekkere smerigheden die je af en toe uithaalt.'

'Je snapt het niet. Ik schaamde me omdat ik aandrang kreeg om naar hem terug te lopen.'

Ik bukte me en draaide de kraan dicht, tevreden met het einde van mijn mentale productie van *Belle en het zwarte beest*. Maar diep van binnen voelde ik me hitsig en behoorlijk pissig over die rare wereld met al die rare mensen erin.

Oudejaarsavond

Yana West

Om middernacht Eastern Time, als ze op Times Square beginnen af te tellen, kun je me wijd openen en je tong met de
klok meedraaien, in mijn klit bijten en de sappen laten
komen. Terwijl jouw speekselvloed op gang komt gaat het
aftellen door, en tegen de tijd dat je tong klaar is met het
natte, geile, sappige gelik en geknabbel rond de ringen van
de beide kleine schaamlippen, zal ik klaar zijn voor je
harde, kleverige pik, die dan twaalf uur kan slaan.

Ons feest is nog maar amper begonnen. Om middernacht Central Time begin je mijn rug te verkennen, te
masseren en te kussen vanaf de haren in mijn nek. Dan
bevochtig je je vingers met room uit mijn druipende poes,
tekent een klok op mijn rug, en zet je grote wijzer op de
plek die jij het liefste wilt. En omdat dat de plek is waarnaar
jij voor zover ik weet, altijd hebt verlangd, zal ik mijn kont
opheffen om je stoot op te vangen.

Voor Mountain Time gaan we vierentwintig uur terug.
Maar laten we beginnen met een bad voor twee. Een badkuip vol olie en zeep om onze lijven te wassen als voorbere-
ding op onze volgende liefdesviering. Dit uur in water is
precies wat ik wil, elke seconde elke vierkante centimeter
van jou aanraken en inwrijven. Als we gaan staan en de
douche aanzetten om het water over mijn rug te laten
stromen, als ik elke vierkante centimeter van je goudbruine
lijf kus en streel, dat ruikt naar pepermunt en glimt van het

wrijven en schrobben met oliën die in je huid zijn gedrongen, als ik aan je borst lik en knabbel, zal ik je lange, dikke gouden paal in mijn hand nemen om hem te kneden en je voorhuid op en neer te schuiven tot het een paar seconden voor middernacht is. Als ik dan naar beneden zak, langs je strakke lijf, met kussen en beten in je lekkere, heerlijke, zalige flanken, over je buik, naar jouw dal vol zwart krulhaar, maak ik mij op om jou diep in mijn mond te nemen om twaalf uur middernacht Mountain Time.

En terwijl we met de klok mee teruggaan om op Pacific Time te komen, blijf ik zuigen en zuigen tot je langs mijn mondhoeken loopt en mijn eigen poes overstroomt van kletsnat sap, helemaal klaar voor die paar laatste minuten, als je die harde, stevige en altijd zo machtige paal pakt en mij langzaam binnendringt, rond en rond gaat, dan elke wand met diepe, harde stoten raakt, en ten slotte zo diep doordringt dat het pijn doet, maar ik zal je wel vertellen hoe je me moet berijden, mij berijden omdat ik er niet genoeg van kan krijgen. En als onze viering afloopt, besluit jij dat je laatste triomfkreet zal opklinken als je mij van achter neukt. En als de klok drie uur slaat, verkent jouw lange harde pik de binnenste gewelven van mijn liefdestunnel, doet hij alsof hij nieuwe paden uithakt en oceanen oversteekt waarvan ik het nooit mogelijk had gehouden ze over te steken, maar hoe meer je die hoeken bezoekt waarvan ik dacht dat een man er niet mocht komen, zal ik ontspannen en vol verwachting elk ogenblik van het nieuwe jaar afwachten.

Pottenpoten

SDIANE BOGUS

Omdat pottenpoten de geslachtsorganen van de lesbische liefde zijn, kan het net zo choquerend zijn ze te zien als een penis door een open gulp, of brutaal (heerlijk) als het zien van de plotseling ontblote borsten van een wijf.

Die handen, die je was ziet opvouwen in de plaatselijke wasserette, die uitgestoken worden, grijpen, ingeblikte etenswaar in de supermarkt vastpakken, kunnen heel goed de blootgegeven genitaliën zijn van een of andere pottenminnares. Vaak zijn ze van onze minnaressen, en diezelfde handen komen uitgestrekt tot onze bedden om te tasten, te wrijven, te kietelen, glad te strijken, rimpels van genot over onze lichamen te sturen, en vaak nemen wij diezelfde handen, vol kostbare vingers, in onze mond, om hun schoonheid en hun heiligheid op ons af te laten stralen en vingerlingus te doen. Wij sabbelen met eerbied op die handen die heftige hitte bij ons kunnen veroorzaken, dezelfde handen die enkele uren daarvoor een stompzinnig formulier tekenden of een stuur vasthielden. Hoe kunnen we in godsnaam dag na dag, jaar na jaar, onze minnaressen hun spul zo aan de wereld laten tonen? Hoe kunnen we in goed moreel bewustzijn onze minnaressen hun naakte pottenpoten mee laten nemen naar een bar, uitsteken naar een biertje en dat voor geile lesbische ogen beetpakken? We weten allemaal dat wij naar handen kijken. We kijken hoe groot ze zijn, we kijken hoe sterk ze zijn, we zoeken ervaring, we zoeken

79

handigheid, bewijs van bedrevenheid, van techniek. Maar misschien verbeeld ik me dat maar. Misschien verbeeld ik me dat lesbo's de handen van hun minnaressen aanbidden, hun minnaressen om hun handen kiezen. Misschien is dat helemaal niet zo. Ik heb er zelf nooit over nagedacht. Ik bedoel, sommige vallen op een gezicht, of benen, of een kont. En ik? Ik ben een potenwijf. Als ze pottenpoten heeft, dan is ze mijn wijf.

Onlangs nog gingen mijn minnares en ik naar een manicure, mijn eerste professionele. De schoonheid aan de andere kant van de tafel pakte de hand van mijn minnares, legde haar met de palm in haar eigen omgekeerde hand. Ze spreidde de vingers wijd en begon de hand in te wrijven met lotion, tot aan de arm. De manicure masseerde en ging in bijkans pornografische streling met haar eigen beringde hand over de arm van mijn minnares, zachtjes, met zinnelijke zekerheid elke molecuul lotion in de poriën van haar arm en hand werkend. Ze deed dat met beide handen, en ik liet haar het privilege haar gang te mogen gaan met mijn dijk, mij afvragend wat ze zou denken als ze wist dat ze voor de lesbische gemeenschap een masturbatienummer aan het opvoeren was voor zes dollar. Mijn eigen grofheid wond me op. En toen ze dat procédé herhaalde, besefte ik dat ze er genoegen in schepte, en ik werd jaloers, ik haatte haar flirtende verkrachting van mijn dijk. Ik zat te koken en mijn minnares blikken toe te werpen. Ze wist het. Ze wist het en ze vond het o zo lekker om zo grondig te worden bemind. Opeens zag ik een foto van het oude Madge voor me, uit het spotje van Palmolive, en het werd allemaal glashelder, waarom die burgertrutten naar Madge dromden om zich een manicure met zeep te laten geven. Het was haar pottenpotenliefde waar ze om verlegen zaten. De arme, misleide Palmolive! Hoe dan ook, hier lagen de tien viriele vingers van mijn minnares uitgestrekt als een naakte vent voor een geisha en iets in me was trots en tegelijkertijd pissig. Hoe goed waren die handen voor mijn huid als hun aanraking magisch vuur ontstak in mijn voeten, het haar op mijn armen overeind zette, mijn clitoris tot kramp en explosie bracht! Hoe durfde deze onbeschaamde geldwisselares mijn geliefde voor mijn ogen te masturberen! Hoe durfde ze zo onachtzaam om te springen met de genitaliën van de lesbische liefde die hier naakt voor haar lagen. Daar zat ze, veilig in haar (naar ik aannam) heteroseksualiteit, zonder het te weten een hoer, tot genoegen van mijn dijk. Ze had eens moeten weten!

Toen ik aan de beurt was, was ik zo opgewonden geworden dat ik letterlijk piepte van genoegen. Dit intieme gefrutsel, al dan niet betaald, was zalig, een van de weinige echte genoegens in het leven die nog niet verwaterd zijn. Ik, thans het voorwerp van jaloezie, ontspande me en liet de manicure, die een menselijk wezen werd, een wijf dat, zonder er het flauwste vermoeden van te hebben, de liefde met mij bedreef, haar gang gaan en ik genoot ervan.

De handen die mijn haar glad strijken, mijn huid strelen, mijn dijen grijpen, op mijn liefdesknopje drukken, die tussen de satijnen bereidwilligheid van mijn schaamlippen glijden, kunnen niet door het plebs van alledag worden bekeken. Die horen thuis in handschoenen of mitaines en wellicht, nu er toch zoveel wijven zijn die zich als lesbo's profileren, kunnen er witte, zwarte of bruine leren handschoenen worden gebruikt als symbool van onze intieme seksualiteit, en tussen ons kan tenminste het idee dat wij minnaressen van dijken zijn door ons allemaal worden erkend.

Mijn heiligste orgasmen kwamen door de peilende greep van de pottenpoten van mijn minnares. Ik zou niet graag hebben dat ze zomaar in het wilde weg elke Jan, Piet en Klazien zouden aanraken, niet mijn pottenpoten.

Dildo

Toi Derricotte

Ze had een maatje XL van rubber voor zichzelf gekocht, gevormd uit een echte stijve penis, met alle gezwollen aderen en details van de textuur van de huid. Hij was vijfentwintig centimeter lang en haar duim en wijsvinger konden hem amper omvatten. Hij had ballen, roodachtig donker, als het ware puisterig dik, zonder achterkant, als een masker.

Ze had de doos snel mee naar binnen genomen, want die stond bij de voordeur. Godzijdank was ze eerder thuis dan haar man en kinderen! Ze merkte met opluchting dat de afzender iets onschuldigs vermeldde, als Halcyon of Aquafris... Wat het ook was, het deed in de verste verte niet denken aan vrijelijk stromend vrouwelijk geil. Ze scheurde hem open. Nog nooit in haar katholieke leven had ze zich toegestaan te dromen! Zeker, ze had ooit een vibrator gehad, een lang ding, waar een batterij in moest, en die ze niet in zich had durven stoppen uit angst dat hij haar zou elektrocuteren. Ze had hem een paar keer gebruikt, maar al gauw begon hij te roesten bij het vakje voor de batterij, waarschijnlijk van het wassen. Dat was tien jaar geleden geweest. Maar later, toen het seksueel contact met haar man steeds minder frequent en minder opwindend werd, en nadat ze een affaire had afgebroken – doodsbenauwd voor aids en katholiek schuldgevoel – had ze een catalogus aangevraagd.

In de doos zat een tweede doos, met een levensgrote, verbluffende foto erop. Ze haalde de dildo eruit en toen ze de rubberen, niet al te stijve stijfheid ervan betastte moest ze lachen – alsof ze een godin was die van een afstand hoofdschuddend op zichzelf neerkeek. Natuurlijk rende ze naar boven om hem te proberen, en ze was niet teleurgesteld! Ze schrok van de snelheid waarmee ze reageerde, want ze hoefde niet eens eerst opgewonden te raken. Ze gebruikte glijmiddel, stak hem erin en kreeg een orgasme – een heel diep orgasme – in ongeveer een minuut, zelfs al had ze haar clitoris niet aangeraakt.

Daarna begon ze zich zorgen te maken. Ten eerste was de doos zo groot dat ze haar niet zomaar in de vuilnisemmer kon stoppen. Haar man zette die altijd buiten. De foto van die dildo verborg niets. De doos was te dik om te verscheuren. Ten slotte keerde ze hem binnenste buiten, wikkelde er stevig elastiek omheen, propte hem toen in de vuilnisemmer en deed het deksel een paar keer open om er zeker van te zijn dat de foto haar niet aan zou staren.

Ten tweede merkte ze, toen ze het huis even later verliet, dat de luiken voor het keukenraam deels openstonden. Ze was zo opgewonden geweest bij het openen van die doos dat ze vergeten was de luiken te sluiten! Haar buurman was misschien buiten geweest om sneeuw te ruimen. Ze ging naar buiten om dat na te gaan en ontdekte dat je – als je snel liep – slechts een flits van de keuken kon opvangen. Hij was vast niet blijven staan om te kijken! Nou ja, als hij dat wel had gedaan, dan had hij gedacht dat het iets was wat door haar en haar man was besteld. Het leek minder beschamend als het voor echtelijke doeleinden was bestemd.

Maar er waren nog andere zorgen. Zou ze zo uitgerekt raken dat haar man het zou merken? Zou ze bij gevolg minder genieten van seks met hem? Zou ze er helemaal gek op worden, en het een paar keer per dag gaan doen? En wat als er iemand thuiskwam? Wat als de werkster hem zou vinden, of de babysitter? Wat als haar moeder hem vond? Ze verborg hem tussen haar truien in de logeerkamer. Maar als ze nu eens doodging? Wie zou dan haar lade uitspitten om de truien te scheiden in die naar vrienden en die naar het Leger des Heils gingen?

En als haar man hem vond, zou hij zich dan gekwetst en verraden voelen? En als haar zoon hem vond, zou hij dan afkeer en walging voelen? En als het haar moeder was, zou die dan wellicht een hartaanval krijgen? Haar moeder was niet meer met haar vader naar bed geweest sinds haar geboorte. Ze zag het gezicht van haar moeder al – alsof de dildo uit de la zou springen en haar levend op zou eten!

Ze kon het haar man natuurlijk gewoon *vertellen*. Maar hoe moest ze dat dan onder woorden brengen? 'Ik geniet echt wel van seks met jou, maar ik moet iets extra's hebben. Het ligt in de tweede la van het dressoir in de logeerkamer. Als ik sterf, zorg er dan voor dat je hem pakt vóór mijn moeder.' Moest ze hem laten zien? Zou hij een demonstratie willen? Dat kon heel slecht uitpakken voor hun seksuele leven, dat weliswaar niet perfect, maar op z'n minst, laten we eerlijk wezen, menselijk was.

Misschien zou ze voordat ze stierf de noodzaak ontgroeien, biechten en hem eruit gooien – zoals Kafka zijn aantekeningen had verbrand. Maar waarschijnlijk zou ze op de jongste dag ermee moeten verschijnen, voor de complete hemelse schare – Johannes de Doper, Petrus, Paulus en alle heiligen, Bartolomeüs, Linus en Anacletus, de profeten en zelfs de zuivere engelen, die er ongetwijfeld de smoor in zouden hebben na tot het besef te zijn gekomen van wat zij *niet* hadden gehad om slimmer dan wij en onsterfelijk te zijn.

Wat Siedah op non-actief zet

Reginald Martin

Een lange, nooit verzonden brief van Siedah

Siedah Jackson, in de war door haar plotselinge handicap, waardoor zij niet gelukkig kan zijn met haar relaties en haar werk niet kan afmaken, besluit door middel van een aantal brieven aan zichzelf terug te gaan in haar emotionele en erotische verleden. Zij hoopt bij zichzelf het 'waarom' van haar nieuwe impotentie te vinden – en vooral waarom haar geest plotseling – en idioot genoeg – seks is gaan verbinden met liefde. Ze moet er achterkomen, anders wordt ze gek. We schrijven mei 2018 en het is bedrukkend vochtig – en heet – in New Orleans.

ZONDAG
Voor jou

Het is moeilijk te beschrijven wat mij is overkomen, waardoor ik de persoon ben geworden die ik thans ben. Vroeger had ik van niemand iets nodig en daar word ik 35 en klabots: plotseling wil ik liefhebben en bemind worden in de stomste cinematografische zin van het woord, omdat hij in een droom tot me kwam en het gevoel was zo lekker dat ik wist dat voor een meisje als ik dat nooit ergens genoeg van had dat die nieuwe gevoelens en die droom beter waren dan de oude gevoelens buiten de droom en ik wist dat ik die nieuwe wilde houden.

Wat doen we eigenlijk hier met dat ietsepietsie tijd dat

we hebben? Wat doen we hier überhaupt? Doen we eigenlijk wel iets van belang, zelfs de rijken en de machtigen? Of zijn we hier slechts een minuut als nachtvlinders, en vertrekken we en daarmee uit? Nee, dat is absurd. Al dat instampen van geometrische formules, dat gekreun, dat geklop tegen onze wenkbrauwen voor niets... niets van blijvende betekenis... niets gedaan om enige betekenis aan de nachtvlinders te geven die na ons komen. Toen, op dat moment, voelde ik dat heel mijn leven – mijn totale leven – volslagen absurd was, zonder een spatje reden.

Het is zo godvergeten zinloos om op mijn leeftijd voor geld te leven. Ten eerste kun je er nooit genoeg van krijgen. En als je klaar bent met het te verzamelen, dan ziet niemand je eigen leegheid duidelijker dan jijzelf want je weet dat niemand in deze wereld ooit zoveel geld op een eerlijke manier heeft verkregen, en eerlijkheid was wat je op de plank had laten staan samen met je wonderpan. Tja, toch is dat het punt dat ik heb bereikt, dat ik leef voor steeds meer en meer geld.

Dus bedacht ik dat het iets blijvends moest zijn waar je tijdelijk jezelf aan kunt geven, en op een ochtend werd ik wakker en dit keer waren mijn ogen niet nog steeds dicht, ik wist dat het iets was: 'Love is like a walk down Main Street' zong Al Green, en ik kreeg zin om die tekst als motto voor de dag te kiezen.

Ik begreep nu dat ik zoveel wil zeggen en dat er zoveel manieren zijn waarop ik dingen wil zeggen dat ik niet weet hoe ik deze brief vanavond nog afkrijg. Ik zal mezelf wat tijd moeten gunnen. Momenteel ga ik dit zwetende, naakte lijf onder een ijskoude douche stoppen, mijn hoofd onder de sproeikop steken en mijn droom nog eens drie- of vierhonderd keer overdenken. Of misschien blijf ik gewoon maar een poosje met deze droom in bed, ik ben toch al naakt en zo.

MAANDAG

Ze zeggen dat sommige dingen beter niet gezegd kunnen worden, en ik denk dat dat wel klopt want God weet dat ik dingen heb gezegd die ik graag zou terugnemen en weer in mijn strot zou duwen. Maar omdat ik je nog niet ken, en niet weet of ik je ooit zal kennen, ga ik ervan uit dat ik gewoon zeggen kan wat ik op mijn lever heb, en als jij later mijn openheid tegen mij wilt gebruiken, om mij weer dicht te laten klappen, dan denk ik dat ik gewoon dat risico moet nemen want ik moet het toch vertellen.

Liefde is lachen. En een van die lachjes die je lacht als je dat niet verwacht en waar je geen eind aan kunt maken. In het leegste en gemakkelijkste deel van mijn leven, in een tijd dat ik om succes te hebben alleen maar uit de discotheek moest blijven en niet naar bed moest gaan met de mannen van blanke vrouwen, als koele briesjes binnen kwamen waaien van de Golf in hartje juli met haar hitte en mijn appartement voor de makelaar twee keer zoveel waard werd, op het punt dat mijn meest gestresste dagen voornamelijk bestonden uit de keuze tussen mijn grijze of mijn zwarte hoge hakken, en elke tekening en elke blauwdruk die ik maakte, meteen raak was, en mijn collega's niet jaloers genoeg waren om ook maar iets slechts over mij te vertellen, toen het lelijkste deel van mijn lijf mijn vierentwintig karaats diamanten ring was, en toen de Saints eindelijk in de Super Bowl terecht waren gekomen en die hadden gewonnen, kwam jij in een droom tot mij en kon ik jou niet weerstaan.

Hebben mijn behoefte en mijn verlangen je bezworen? Heb ik jou laten komen om mij te laten komen? Of had je buiten al gestalte aangenomen en kwam je tot mij omdat je me voelde en vloog je recht in mijn vlam? Schat, je weet dat mijn afstandelijke houding alleen maar gaas is waarachter ik me verberg, en al kun je dat niet afbreken, dat hoeft ook niet. Je kunt me wel te pakken krijgen door de scheuren.

Dus als je me wilt verwonden, dan weet je dat dat niet moeilijk is, maar wat ik echt, echt van je wil, is me er doorhalen en een eind maken aan de halve persoonlijkheid die ik nu ben.

Ooit, toen ik twaalf was, ging ik naar de winkel. Ik had mijn blauwe matrozenpak aan met de grote, witte losse kraag en de onderscheidingstekens van de marine erop. Op mijn rug zat een grote blauwe katoenen strik die rond mijn middel hing en opsprong rond mijn toch al ronde achterwerk. Ik droeg al cup D en mijn benen waren beter dan die van mijn moeder. Ik koesterde twee grote verlangens in het leven, naar Disney World gaan en de nacht doorbrengen in de suite van Michael Jackson, daarbij al zijn jelly beans en zijn mokkaijs opeten, en het andere verlangen, daar mocht ik van mijn ouders niet eens aan denken.

Dus ik loop door St. Charles Street en ik fluit een of ander deuntje en ik zie een paar jongens. Met jongens mocht ik niet praten, van jongens mocht ik geen telefoontjes ontvangen, jongens en jonge meisjes, dat paste niet bij elkaar, jongens wilden maar één ding en dat was slecht en ik werd verondersteld dat evenmin te willen, jongens, dat begon met dezelfde letter als jammeren, jasses en jeugdpuistjes, en ik mocht alleen denken aan goede dingen zoals God, geluk, gezelschap, geslaagd en... gaas.

Jongens zaten me altijd te pesten omdat ik nooit iets tegen ze zei en ik was zo lief en zo schattig. Geen van ons had geweten wat met zichzelf te doen als ik ze hun zin had gegeven, maar ik weet zeker dat ik mijn best had gedaan om er achter te komen wat ik moest doen. Bovendien was het gewoon hartstikke gemakkelijk om mijn neus op te trekken voor jongens, want ze verrieden zichzelf altijd. Jongens zijn zo doorzichtig. Als ze je willen, dan vertellen ze je dat, en daarmee hebben ze meteen al een achterstand opgelopen. En omdat ze allemaal op elkaar lijken, was ik constant als een meisje in een speelgoedwinkel met alle geld en alle tijd van de wereld. Maar je moet met speelgoed spelen voordat je weet of je het leuk vindt of niet en papa had me verteld dat ik maar beter niet in mijn hoofd kon halen met die speelgoedjongens te spelen, en dat hij mij anders zou straffen.

Dus ze begonnen zoals gebruikelijk en zeiden dingen als: 'Zo zo, waarom mag ik niet wat voor je kopen in de winkel, mooie meid,'en 'Hé schat, mag ik met je meelopen?' en 'Zeg Siedah, wat moet ik ervoor doen?'

Meer dan jij kunt, dacht ik toen bij mezelf als eerste antwoord, maar ik dacht altijd het tegenovergestelde als tweede antwoord. Maar ik zei nooit een woord.

En ik liep maar door en ik gooide mijn kontje in de lucht. Maar ik moet er die dag uit hebben gezien als mezelf, want die dag, toen ik mijn hoofd in mijn nek gooide, zag ik ze allemaal op me afkomen rennen en voordat ik het wist, stonden ze in een kring om me heen – niet dat ze me echt bedreigden, maar ze waren volslagen het slachtoffer van hun eigen testosteron en van mijn matrozenpakje, en ze begonnen me uit te dagen.

Ze zeiden dingen als: 'Waarom praat je nooit met ons?' en 'Je weet niet meer dan ons hoor, meisje, je bent alleen een stuk mooier,' en 'Waarom kom je in de klas of tussen de middag nooit bij ons zitten? Of voel je je te goed om zelfs met ons te eten?' en 'Waarom doe je zo nuffig?'

En toen begon ik te huilen en een van die jongens zei: 'O, o' en toen renden ze allemaal weg de ene kant op en ik rende de andere kant op.

Maar wat ik niet kon, wat ik ze niet kon vertellen, was dat ik stond te huilen omdat ik met ze mee wilde rennen, met hen. Maar dan zou iedereen in de wereld mij hebben laten vallen, zij en ikzelf incluis. Ik was zo in de war want ik was gewoon niet zoals ik verondersteld werd te zijn.

Ja wat wil je, ik had al die seksuele energie al sinds ik negen was, en ik wist gewoon niet wat ik ermee aan moest. Maar ik had het gevoel dat mama net als ik moest zijn geweest toen ze klein was, want ik was op een dag buiten op het erf aan het spelen toen ik dertien was en ik zag dat ze door het raam naar me stond te kijken, en plotseling komt ze naar buiten, grijpt me en neemt me mee naar haar gynaecoloog, om op mijn linkerbil een van die toen nieuwe gefaseerde ovulatieremmende plaatjes te laten plakken, en ik wist niet eens wat dat was tot ik vijftien werd. Ik dacht gewoon dat ik ergens lek was geslagen of zoiets. Maar die hele tijd heeft me diep aan het denken gezet over hoe mama eigenlijk was, en wat ze altijd verondersteld werd te zijn, want ze was amper dertien jaar ouder dan ik.

En ik zag jongens langs het erf of naar school lopen op wie ik echt echt heel gek was en ik dacht dat ik met ze wilde vrijen en ik wist dat ik daar heel onhandig in zou zijn, maar dat ik dat wel met hartstocht goed zou maken.

Maar over mijn schouder stond mijn gemeenschap mij altijd te vertellen dat goede meisjes daar niet eens aan dachten, laat staan het deden, en tegelijkertijd vertelden ze me dat negerinnetjes sowieso allemaal hoertjes zijn, waardoor ze mij onder druk zetten om op mijn kut te gaan zitten teneinde te bewijzen dat er iets niet klopte, wat van meet af aan al een leugen was. In tegenstelling tot wat in films wordt voorgesteld en wat je meent op straathoeken te zien, zijn Afro-Amerikanen de meest puriteinse mensen van de Verenigde Staten, omdat ze altijd proberen volgens of tegen stereotypen in te leven in plaats van zichzelf te zijn.

En als ik naar links keek, stonden daar mama en papa om me te vertellen dat ik zoiets helemaal niet kon voelen tot ik 21 was en dat als ik zoiets voelde dat maar beter kon zijn voor een man met een goede baan voor altijd en eeuwig amen, en aan mijn rechterhand stonden mijn vriendinnen die allemaal nog kaatsbal wilden spelen en Disney Channel bekijken, en al die jongens die hun lelijke pré-puberale tongetjes uitstaken en het mij te gemakkelijk maakten, en vóór mij in de spiegel stond ikzelf, helemaal in de war en boos op mezelf omdat ik naar maatstaven van mijn gemeenschap een achttienjarige jongen was, gevangen in het lichaam van een dertienjarig meisje. Ik dacht dat ik zou ploffen.

Dus toen ik er op mijn vijftiende eindelijk achterkwam waar dat plaatje voor was, werd ik even zwijgzaam als Amon, en niemand heeft ooit geweten dat ik eindelijk de kans kreeg mezelf te vinden, en ik was gelukkiger dan ik ooit was geweest. Eindelijk had ik een plek waar ik met mijn gevoelens heen kon, en liefste, ik bracht er alles heen wat ik er maar heen kon brengen.

Ik nam oma in vertrouwen over dit hele gedoe vlak voordat ze vorig jaar stierf, en ze begon te lachen en spoog haar pruim in een koffieblik van Maxwell House, nam me bij de hand en zei: 'Kijk eens hier schatje, ik snap ook niet waarom ze tegenwoordig zolang wachten voordat ze het doen. Waarom denk jij dat wij van mijn generatie op het platteland allemaal met elf of twaalf jaar trouwden? Liefje, mijn dinkie van plezier is niet op een werkende vulkaan zitten. Je moet die lava stromen laten om haar af te koelen. Maar je moet dat niet aan die rare mammie van je vertellen. Arm kind! Ze is maar dertien jaar jonger dan ik, maar ze is zo onnegerachtig geworden dat ze zich als je 't mij vraagt, verbeeldt dat de smurfen haar hierheen hebben gebracht op een paddestoel.'

En nou moet je me zien, nachtelijke beminde. Al dat heerlijks dat me zolang zo gelukkig heeft gemaakt, is op zichzelf gewoon niet genoeg meer. Ik wil ook jou er nog bij.

WOENSDAG

Ik kon je vandaag niet uit mijn hoofd zetten. Toen ik de Porsche in de garage zette, heb ik de radio aan laten staan en ben achterover aan jou gaan liggen denken.

Fantasieën zijn altijd beter dan de werkelijkheid. En zelfs als de werkelijkheid overeen blijkt te komen met je verlangens, dan is zij af en toe toch nog aardig schrikwekkend. Het is zo moeilijk om je uit de werkelijkheid terug te trekken, moeilijk er vat op te krijgen. Maar in mijn fantasie en mijn wagen beminde jij mij op de manier waarop ik bemind wil worden.

Het is een hele eenvoudige vergelijking, maar de meeste mensen hebben er de grootste moeite mee. Hier volgt ze... eh...

Stap 1: jij beminde mij net zoveel als je jezelf beminde... eh...

Stap... eh... 2: je wilde dat het mij goed ging in het leven, en geen van je eigen onzekerheden zou jou het verlangen kunnen bezorgen mij te na te komen... eh...

Stap 3: je hebt je altijd herinnerd waarom het spelletje uiteindelijk ging: elkaar plezier bezorgen, niet elkaar tot onze eigen ouders te maken en oud te worden en te sterven.

...eh... Stap 4: je was er altijd als ik je nodig had.

En Stap 5: je hebt altijd met me gevreeën alsof het de laatste keer was... eh...

DONDERDAG

Mijn plan van aanpak is heel eenvoudig: je vinden, je neuken, en altijd van je blijven houden. Ik ben echt gek op die levens verdiepende gevoelens op een dag als vandaag, vervuld van het tegenovergestelde ervan.

Ik ken een heleboel vieze woorden, maar het smerigste en meest onmenselijke is w-e-r-k. W staat voor het weggooien van mijn menselijk potentieel door slaaf te zijn voor superieuren die nog geen kwart van het werk verzetten dat ik verzet en die ik nooit zie, E staat voor het eindeloos geld maken voor mensen die net zo hard meer geld nodig hebben als ik meer tieten, R is voor het rennen als een konijn in een tredmolen die nooit stopt omdat je een microbe eerlijkheid in je ziel hebt en K staat voor kameraden die me haten omdat ik zwarter, knapper, slimmer ben en meer geld maak omdat ik harder werk.

Hoe dan ook, ik weet dat dit je allemaal niets kan schelen, maar ik ben bang dat ook dat zal gaan behoren bij mij beminnen. Je weet hoe het gaat. Je moet gewoon af en toe iemand hebben als klankbord.

VRIJDAG

Ik kan niet uitmaken of dit nou de beste avond zou zijn om met je door te brengen of dat dat zaterdagavond is. Ik denk misschien wel vrijdag want dan zouden we de werkweek weg kunnen dansen en ons dan later terugtrekken en wat... lezen. Ik heb vandaag op het werk een gedicht voor je geschreven, maar dat lees ik je niet voor voordat ik er ook een van jou krijg.

ZATERDAG

Weet je, ik was onlangs bij nieuwbouw betrokken. Iemand wilde de muren van een oude gesloten club laten staan en daar een pizzatent bovenop zetten. De club was op de eerste verdieping van het gebouw, dus ik ging naar Storyville om te kijken of de onderbouw sterk genoeg was om balies, ovens, koelkasten, jukeboxen, dat soort dingen te kunnen dragen. Die was sterk genoeg, maar ik had de pest aan het werk aan die nieuwbouw. Ik werd helemaal claustrofobisch in die oude tent.

Het vernis op het hout van de dansvloer, of eigenlijk de hele vloer, was bekrast en versleten. Die stadse dansvloer-guerrilla's hadden gewoon een grote ruwe kuil in het midden van de club uitgesleten. En ik dacht: we gaan elk spoor van die kuil uitwissen, elk spoor van al die pret. En ik kreeg het te kwaad en ik begon te dansen, ook al klonk er geen muziek.

Zo'n 'nieuwbouw' heeft me nooit iets gedaan, behalve dan de hoogte van mijn bankrekening beïnvloed. Ik weet het niet. Ik kan het niet uitleggen.

ZONDAG

Ik mis je. Kom op... of laat me met rust.

Wij worden samen beregoed

P.J. Gibson

Wilamina en Geoffery gingen een zure bom halen bij Mr. Bob's Corner Store en namen heel kieskeurig de langste, dikste, hardste en zuurste. Toen staken ze de straat over en gingen onder het rijke lommer van een van de oude bomen zitten om hun zure bom te eten en de problemen van de wereld te bespreken. Wilamina at zure bom en besprak de problemen van de wereld. Geoffery keek naar Wilamina's lippen en de manier waarop zij het sap en de kern van de augurk opzoog door het gaatje dat ze met een snel scherp beetje had gemaakt. Hij bekeek haar, hoe ze harder en harder zoog tot het bovenste derde van de augurk leeg en helemaal flets was geworden. Dan hapte ze erin en kauwde erop tot het weg was. Vervolgens babbelde ze weer een poosje voordat ze weer aan de augurk begon te zuigen, lang en hard. Ze merkte dat hij steeds minder en minder was gaan zeggen en steeds meer tijd aan haar besteedde, kijkend naar hoe zij haar zure bom at.

'Wat?' vroeg ze.

'Wat wat?' luidde zijn reactie.

'Wat zit je me zo aan te kijken?'

'Wij worden samen beregoed.' Hij lachte en hapte in zijn zure bom.

'Samen goed... hoe dan?'

'Je weet best waar ik het over heb.' Hij keek haar diep in de ogen.

'Als ik wist waar jij het over had, zou ik het je niet hoeven te vragen.' Ze wist het best, maar ze wilde dat hij het hardop zou zeggen.

'Jij wilt geen jongen hebben als minnaar.'

'Hoe weet jij dat ik een minnaar nodig heb?' Ze zoog het sap uit de zure bom.

'Jij hebt een goede minnaar nodig. Dat kan ik aan je lippen zien.'

'En wat maakt jou zo alwetend, Geoffery Tanner? Wat weet jij trouwens überhaupt van beminnen? Hoe kun jij praten alsof jij zoveel van vrijen weet? Je bent zelf nog geen zestien. Dat is bepaald niet wat ik een man noem, weet je.'

'Wij worden samen beregoed.'

'Wil je daarmee ophouden.'

'Jij wilt helemaal niet dat ik daarmee ophoud... jij wilt dat ik met iets begin waar we allebei lol aan hebben.'

'En hoe weet jij dat ik daar lol aan ga hebben? En begin nou niet over hoe ik mijn zure bom eet.'

'Jij gaat er lol in hebben omdat ik beter ga zijn dan wat je ooit hebt gelezen of gedroomd.'

'Jij bent een grote kletskous, Geoffery Tanner.' Dat zeggende stond ze op. 'Als jij geen kabesa vol hersens had, zou ik nog geen dag met je door willen brengen, maar jij hebt een kabesa op je schouders en daarom luister ik naar je. Maar jij weet helemaal niks over wat goed gaat zijn tussen jou en mij.' Hij stond op, duwde Wilamina zachtjes tegen de boom en kuste voorzichtig haar lippen.

'Jij hebt mooie lippen, Wilamina.'

Ze was sprakeloos. Hij had zachte lippen en zijn adem was zoet. Zijn adem was zoet en hij had een zure bom zitten eten. Dat was niet logisch. Ze bleef roerloos tegen de boom staan.

'Wij worden samen beregoed.' Hij ging dichter bij haar staan en dit keer plantte hij een sappige zoen in haar mond. Zijn tong zocht de hare, leerde de hare. De hare reageerde. Hij lachte en liet haar weer los. Ze zei niets, maar ze keek hem aan alsof ze hem nu voor de eerste keer zag.

Geoffery pakte Wilamina bij de hand en liep het park door, door de laan tussen Tilmer Street en Javitts Street, tot ze bij Riverside Lane en de smalle steeg kwamen die parallel liep aan Riverside Lane en Otis Drive. Daar, weggestopt in een hoek tussen twee grote eikenbomen, stond een vervallen cederhouten tuinhuisje. Het stond een meter of tien van het huis van zijn oom James en werd het 'schrijfhok' genoemd. Geoffery stapte door de dichte groene haag heen op de deur af. Hij opende de deur van het 'schrijfhok'. Wilamina stapte naar binnen. 'Neem jij altijd je meisjes hier mee naartoe?' vroeg Wilamina terwijl ze naar de boekenkast liep.

'Zoiets doe ik helemaal nooit. En ik heb hier nog nooit eerder iemand mee naartoe genomen.' Hij trok de jaloezie naar beneden.

'Dan ben ik bijzonder.'

'Heb je daar een probleem mee?' Hij vond de woordspelletjes leuk die ze met elkaar speelden.

'Van wie is dit hok?'

'Van mijn oom.'

'En jij kunt hier zomaar naar binnen?'

'Ze zijn de stad uit. Ik pas als het ware op de tent. Je weet wel, de lichten aan- en uitdoen en dat soort werk.'

'Wat voor soort werk?' Ze hield van de woordspelletjes die ze speelden.

'Het soort werk waardoor ik me lekker voel.'

'En waardoor voel jij je lekker?'

'Met jou vrijen gaat ons allebei lekker doen voelen.' Hij had er het volste vertrouwen in dat ze met hem op de Schots geruite sofa zou belanden.

'Hoe weet jij zo zeker dat ik jou ga laten doen wat jij wilt gaan doen om ons allebei een lekker gevoel te geven?'

'Omdat jij mij net zo hard wilt als ik jou.'

'Is dat een citaat uit een boek, Geoffery Tanner?' Ze lachte. Ze had een mooi lachje.

'Wij worden samen beregoed, Wilamina. Waarom wil je dit zo rekken? Je krijgt er nog spijt van als je er achterkomt wat we hadden kunnen...' Ze legde hem het zwijgen op.

Ze wist niet of ze hierdoor gekwetst werd, door deze onge-
voeligheid, zijn haast of door het feit dat hij de romantiek
van het ogenblik teniet had gedaan.

'Wacht even. Jij denkt dat je, omdat je goed zoent, een
sleutel hebt van een schuilplaats zodat je een geheim onder-
onsje kunt organiseren, en een oom en tante die de stad uit
zijn, dat ik daar dus blij mee moet zijn, mijn onderbroek
moet uittrekken, en jou mij als een merrie laten berijden?
Maar zo gaat het niet gebeuren, hoor. Als jij de helft hebt
van het gezond verstand dat je volgens mij een uur geleden
nog had, dan ging je niet zoiets stoms zeggen als: "Waarom
wil je dit rekken? Je zult nog spijt krijgen als je er achterkomt..."' Ze had gelijk. Hij had er een potje van gemaakt.
Hij was het verschil vergeten tussen jongen zijn en man zijn,
namelijk geduld. Hij bood zijn verontschuldigingen aan.

'Het spijt me. Ik had het mis. Je hebt gelijk. Wil je een
cola?' Hij liep naar het oude koelkastje dat ooit in de
keuken van tante Candy had gestaan.

'Heb je wat citroen erin?'

'Nee, maar ik heb wel ijs.'

'Graag. Veel ijs. Ik ben heet.' Ze glimlachte. Ze speelde
met hem, en met dat woord 'heet'. Ze ging op de sofa zitten
en sloeg haar benen over elkaar, waardoor ze haar sterke,
stevige dijen onder haar kuitbroek toonde. Hij kwam naar
haar toe met een glas vol ijs en een groot blik cola.

'Soms doe ik als een zestienjarige.' Hij ging naast haar
zitten.

'Maar je bent zestien.'

'Jawel, maar ik weet meer dan de meeste zestienjarigen.
Ik weet beter.'

'Ik wil gewoon niet snel worden afgewerkt als aan een
lopende band. Ik wil niet dat mijn eerste keer er een wordt
van "even gauw, dank u wel mevrouw". Snap je wat ik bedoel?'

'Ik ga jou beminnen als een man, Wilamina. Wij worden
samen zo beregoed dat het nooit geen "even gauw, dank
u wel mevrouw" gaat worden.' Hij kuste haar. Zijn tong

gleed haar mond binnen. Ze sloeg haar armen rond zijn nek en trok hem zachtjes tegen zich aan. Hij legde zijn arm achter haar rug en gidste haar liefdevol in liggende houding op de sofa. Ze kon het hard worden van zijn mannelijkheid voelen, die drukte op het kloppende ritme van haar schaamlippen. Zijn mond smaakte nog altijd zoet. Zijn tong leidde de hare nog steeds. Hij gleed met zijn lippen over haar hals, kuste haar zachtjes.

'Je zet me geen zuigzoenen, hè?'

'Dat doen alleen jongens,' antwoordde hij en vervolgde zijn kussen tot hij beland was bij de bovenste knoop van haar mouwloze madrashemd. Zijn zachte, warme handen zochten hun weg langs haar rug naar het knoopje en de rits achter in haar broek.

'Als jij geen voorbehoedsmiddel hebt kan ik je dit niet laten doen. Ik wil nog eindexamen doen.'

'Ik ben je ver voor, Wilamina.' Hij deed een greep tussen de kussens van de sofa en trok er een verzegeld voorbehoedsmiddel uit. Wilamina ging rechtop zitten.

'Hoelang heeft het daar gelegen?'

'Dat heb ik er net neergelegd.'

'Waar heb je dat vandaan?'

'Uit een pakje. Ik heb een pakje met drie erin.'

'En waar bewaar je die? In je kontzak? In je portemonnee? Jij gaat geen condoom bij mij gebruiken dat je in je kontzak of je portemonnee hebt gehad. Ik weet wat er gebeurt met condooms in kontzakken en portemonnees.'

'Wat dan?' Hij kon zijn oren niet geloven. Een ogenblik geleden ging het allemaal zo lekker en nu... 'Wat gebeurt er dan met condooms in kontzakken en portemonnees?'

'Die worden heet en oud en dan drogen ze uit, en dan dienen ze nergens meer voor en dan doen ze het niet meer, en dan wordt de vrouw zwanger, en ik wil niet zwanger worden want ik wil niet worden als Alison... Ik wil nog...'

'Eindexamen doen. Dat heb je me al verteld.'

'Dus...'

'Dus... wat?'

'Waar was dat voorbehoedsmiddel voordat jij het daar tussen die kussens hebt gestopt?'

'In de winkel. Ik heb ze vorige week gekocht. Ik heb ze hier mee naar toegenomen en ik heb ze hier verstopt...' Hij liep naar een plank van de boekenkast. 'En daar heb ik ze neergelegd, achter mijn boeken. Die twee planken zijn van mij. Wil je dat zien? Ik heb mijn naam in mijn boeken staan.'

'Jij was van plan mij hiermee naartoe te nemen? Dit was helemaal niet spontaan?'

'Ja, dat was het wel. Maar een man moet voorbereid zijn. Ik kan die dingen thuis niet bewaren, mijn moeder doorzoekt mijn spullen. Oké? Ben je nou tevreden? Ze zijn niet oud. Ze gaan niet barsten, en jij gaat niet zwanger worden. En dit hele gedonder is waarschijnlijk wat de boeken noemen een oefening in...'

Ze legde hem het zwijgen op, door haar tong diep in zijn mond te steken. Ze namen elkaar op de koelte van de vloer, op het badstoffen tapijt dat de moeder van Geoffery's tante Candy nog had gemaakt. Dit was het begin van veel gestolen ogenblikken die de twee bij het ontdekken van hun vrijage zouden delen. Ze werden, zoals Geoffery had voorspeld, samen goed. Juf Dorothy had het hem goed geleerd. En hij had het Wilamina goed geleerd, en wat zij samen hadden was gewoon... goed.

Belofte van stijfheid

N. Nourbese Philip

Diah lag op haar rug naar de duisternis van de kamer te kijken, want ze was plotseling wakker geworden met het gevoel dat iets haar had gewekt, maar alles was muisstil. Er was geen verschil tussen de duisternis van de kamer en de duisternis die ze door het open raam zag. Alleen de sterren hielpen haar te herkennen waar de kamer ophield en het raam begon. Naast haar ademde Ben zachtjes. Het lichamelijk verlangen naar hem was even plotseling als sterk: ze voelde haar buikspieren samentrekken en verstijven – de begeerte naar hem leek daar te beginnen en zich naar beneden te verspreiden over haar kut, waar ze het bekende gevoel van door haar heen slaande golven kreeg, als die spieren zich met hem erin samentrokken en ontspanden. Ze betastte haar clitoris. Die was hard, terwijl de lippen van haar kut heel zachtjes trilden. Ze was nat voor hem – langs haar dijen, langs haar benen en langs haar lichaam naar haar tepels, die nu tintelden – de zin in hem verspreidde zich, nu eens stroomde hij traag als melasse, kruipend langs haar benen, dan weer sprong hij van het ene lichaamsdeel naar het andere – van clitoris naar borst, naar mond – zelfs haar tong voelde begeerte, en ze voelde dat elk stukje van haar lijf zijn eigen typische soort begeerte had. Het verlangen van haar kut verschilde van het verlangen van haar lippen, maar tezamen vermengen die uiteenlopende begeertes zich tot zij zich één grote klont begeerte en lust voelde. Ze raakte Bens rug aan. Ze legde haar hand op zijn pik en begon hem zachtjes te strelen, waar hij naar één kant gekruld lag. Toen ze hem streelde, voelde ze hem eerst rillen en toen heel geleidelijk aan stijf worden. Ze bleef strelen, ritmisch en langzaam, en al snel had ze in haar hand de stijfheid – van zijn pik. Het was een stijfheid, niet te vergelijken met welke andere stijfheid dan ook – alle uitdrukkingen die in calypso's en bluesliedjes en in wat mensen schuine moppen noemen, werden gebruikt, kwamen in haar op – boomstam, paal, lans, mast – die waren allemaal treffend en toch ook weer niet – die dingen waren allemaal levenloos in hun stijfheid. De stijfheid die ze nu in haar hand had, waarbij ze haar vingers op en neer over het oppervlak bewoog, was een levende stijfheid met een belofte stijf en niets anders dan stijf te zijn, en die belofte hield ergens verband mee – iets wat haar of Ben oversteeg. Die belofte van stijfheid behoorde tot het volk – die maakte Bens pik tot een deel van hem en toch ook geen deel van hem. Het was als bij een vrouwenbuik als die gezwollen was van een kind – zij had mensen de buik van een zwangere vrouw zien bekloppen met een vertrouwelijkheid die ze nooit onder normale omstandigheden aan den dag zouden hebben gelegd. Zij zelf had het gedaan als haar vriendinnen zwanger waren, had gewreven over de buik en het geslacht van de baby voorspeld. Zwangere buiken behoorden tot het volk, de stam, niet in de betekenis die 'recht op leven'-roepers en tegenstanders van abortus eraan hechtten, want wie gaf hun het recht een vrouw de wet voor te schrijven – het was meer een gevoel van dat de buik aan anderen toebehoorde om te delen op een ogenblik in de tijd dat voor hen allen gemeenschappelijk was – waar ze allemaal even bij stil moesten staan. Dus de lans die ze nu in haar hand hield, behoorde in haar belofte van stijfheid tot het volk, maar er was geen lans ooit zo zacht, bekroond met zo'n fluwelen punt. Diahs hand vervolgde haar lieftallige maar stevige streling, ze stelde zich al voor dat ze op een man afliep en zijn lul beklopte met de suggestie dat die van het volk was. Zij moest zich inhouden om niet in schaterlachen uit te barsten, toen ze de duidelijke grenzen van haar analogie zag tussen zwangere vrouwenbuiken en mannen-lullen. Diahs hand ging sneller over Bens pik, die nu bij elke aanraking rilde en huiverde, terwijl hij daar zachtjes lag te ademen en haar voor de stijfheid liet zorgen, terwijl zij nog natter werd van het verlangen naar hem. Ze hield nu op met strelen, drukte zich op, wierp een been over Ben heen, en rolde over hem heen zodat zij nu op hem lag. Ze richtte zich op en voelde zijn lul tegen haar kont wrijven, en toen hief ze haar heupen op, verplaatste haar gewicht naar achteren en begon zakte langzaam op hem neer – hij kreunde zachtjes, een geluidje onder uit zijn keel. Zij wilde toen ze zich liet zakken elke centimeter van hem voelen, dus af en toe drukte ze zich weer op zodat ze dezelfde afstand twee, drie keer, steeds maar weer, aflegde. Ze wilde niet dat hij iets deed, hij moest slechts zichzelf daar aan haar blijven aanbieden – de belofte van zichzelf en het volk, aanwezig in de onverdraag-lijke stijfheid die ze tussen haar benen voelde. Hij leek te voelen wat ze wilde, want in tegenstelling tot een normale vrijage deed hij geen poging actiever te worden. Ze ver-plaatste zich op hem, eerst met gespannen geluidjes in rond-gaande bewegingen, toen op en neer, en nog steeds bleef Ben liggen, een gewillige partner die zijn pik en zijn heerlijkheid aan haar aanbood. Diah wist niet waarom, maar het was van belang dat Ben nu even niet reageerde, misschien streek dat de relatie tussen hen glad. Diah pakte haar shag en haar vloeitjes van het nachtkastje – Ben bleef stijf in haar toen ze een sjekkie rolde en dat aanstak. Telkens weer bewoog ze haar heupen, en voelde daarbij Ben als reactie in haar kloppen. Ze nam lange, langzame trekken van haar sjekkie – ze had nooit gedacht dat gelijkheid erotisch kon werken, maar de eerste keer dat ze met een vriendin had gevreeën, had ze een kick gekregen van de schok, veroorzaakt door het ontbreken van een machtsfactor – de gelijkheid tussen hen – en hoe liefhebbend en weinig seksistisch haar minnaar ook was, toch bleef daar dat punt van verschil – dat nu in haar zat – zo aantrekkelijk en toch zo vreeswekkend. Als om dat verschil te benadrukken en er wellicht aan voorbij te gaan, groef Diah zich nu in Bens kruis en voelde het zachte puntje van zijn penis diep in haar tikken, ze hoorde zichzelf zachte, kreunende geluiden maken. Snel doofde ze haar sjekkie en nu was ze jaloers, ze wilde zelf proeven – ze wilde haar heerlijkheid proeven. Ze rolde van hem af en zei dat ze hem wilde afzuigen, haar sappen van zijn lul wilde zuigen en ze sloot haar mond over zijn belofte van stijfheid. Zijn geluiden volgden haar ritme, ze proefde zichzelf wild en pittig langs zijn hele lengte, en toen ze hem schoon van zichzelf had gezogen, drong hij weer bij haar binnen. Dit keer begonnen ze te lachen en te lachen toen ze samen naar huis reden, zij met haar handen op zijn billen en af en toe de achterkant van zijn ballen strelend om hem van genot te doen kreunen, hij steunend op zijn armen terwijl hij zich bij haar naar binnen ramde, eenieder de ander opzwepend, waarbij hun onderling gelach en geroep bronstgeroep met antwoord werd, totdat Diah zich los van haar lichaam zag, Diah en Ben observerend, met gezonde vreugde de duisternis verlichtend. Toen ze na afloop naast elkaar lagen, was ze dankbaar voor de koele bries die door het raam kwam, en het zweet op hun lijven droogde. God zij dank voor de belofte van stijfheid, dacht ze, en grinnikte bij zichzelf. Haar vingers lagen verstrengeld met de zijne en ze tilde ze naar haar lippen en kuste ze. Hij beantwoordde het gebaar. Ze pakte haar shag over hem heen.

'Blijf toch bij me, Diah – ga nou niet terug naar Canada. Het is niet billijk dat jij gaat terwijl we dit samen hebben – hoe kun je nu weggaan?'

'Ik weet het niet – laten we er morgen over praten.'

'Dat is goed, morgen.'

Een Stradivarius voor drie penningen

R. POPE

Het was drie jaar, twee maanden, zeventien dagen en een uur geleden sinds ik een echt lekkere wip had gemaakt. Wat zit ik nou toch te lullen, en waar heb ik het over? Het was zolang geleden sinds ik überhaupt voelbaar contact van enig belang met wie dan ook had gehad. En die laatste wip, duizenden uren geleden, was niet eens een lekkere, voor zover ik me kon herinneren. We leden allebei aan overgewicht, geflirt van een paar maanden dat eindelijk bekroond werd, was niet wat je noemt uniek, en er was geen geestelijk licht, zeker niet in mij, om het onvergeeflijke te vergeven – zoals dat hij met een voet in het graf van impotentie stond, of misschien vereisten de vrouwen bij wie hij elf kinderen had verwekt, niet echt topprestaties, en waren ze tevreden met gewoon een product. Het was echter niet geheel en al zijn fout dat de wip niet goed was. Ik was in het stadium vlak voor uitdroging na orale excessen op marathonschaal. Ik dronk gevaarlijke brouwsels van bourbon, wodka, gin, whisky, brandy en goedkope wijn met passievrucht en limonade, of zuurbloesem, limoen en rum. Ik at alles wat maar te maken had met decadentie – een hoop zetmeel, vet, zout, hete pepers en suiker, en flikkerde dat ook door mijn drankjes. Ik rookte. God, of ik rookte. Ik had een kruidentuin. Ja natuurlijk, het normale spul stond er, zoals tijm, basilicum en laurier, maar de glorie van mijn tuin was wiet, die vrolijk en lieflijk bloeide in mijn tuin. Maar ook wiet kon mij geen sympathie doen opvatten voor een slappe pik die probeerde zich een weg te banen door een droge ruwe tunnel.

En ik had vergelijkingsmateriaal, waardoor ik wist wat een goede wip was. Ik had inderdaad tweeënzestig mannen gekend in die drie jaar, twee maanden, zeventien dagen en een uur voordat het Ene mij overkwam, het inbreken en de onthulling van een gevaarlijk deel van mijzelf waarvan ik het bestaan al vermoedde. Ik denk vaak aan het Ene. En het komt over me als ik reden heb om mezelf te vermaken, omdat er niemand anders op dat moment is om te doen wat ik nodig gedaan moet hebben. En als je het goed gedaan wilt hebben, hebben ze mij geleerd, doe het dan maar zelf.

In mijn appartementje trok ik mijn bezwete kleren uit op zoek naar ananas, banaan en aardbei om te mengen met wat wodka, limoensap en een paar druppels peeressence. Ik vond alles, en maakte in mijn beste drinkglazen drie flinke porties voor de diepvries. Ik zou tenminste gezelschap hebben, in mijn hallucinaties wellicht zelfs een orgie. Met mijn kleren uit moest ik nu beslissen hoe ik het beste en het snelst in het nirvana kon komen, en mogelijk een poosje in slaap voordat het weer aan de orde zou zijn de volgende dag te leven. Als ik kabeltelevisie had gehad, dacht ik, had ik naar iets minder banaals kunnen kijken dan blanken die tussen satijnen lakens liggen te wriggelen, op hun rendez-vous met de verboden vrucht. Of als ik een video had gehad, had ik misschien naar iets fatsoenlijks kunnen kijken van mijn eigen wellustige keus: *Deep Throat, Achter de groene deur, Choklit Chile gaat een avondje uit, De jongeman die een ouwe hoer was* of *Beter één lul in de hand dan tien op de vlucht*. Maar er waren slechts absurdums op de buis, en ik had zin in iets intiems om te bekijken en te voelen, wat me boven het hoofd hing als iets ongenoemds uit het schemergebied.

Het klonk alsof er een onweersbui begon, maar ik herkende het al snel als verlegen kloppen. Wie kon dat zijn? Ik verwachtte niemand. Het kijkgaatje gebruikte ik maar niet, alles wat ik gezien zou hebben, was de bovenkant van een krullenkop. Op een aangename zondagnamiddag, na een goed gesprek en voordat ik, mijzelf en ondergetekende zich over zouden geven aan de 323 manieren die ik kende om te wippen, was het laatste wat ik nodig had plaats en tijd met een krullenkop.

'Heb jij een vuurtje?' Het was Bobby, Pops' neef, de mooie rustige, met maar één grote zichtbare imperfectie. Nadat ik hem een boekje lucifers had gegeven dacht ik dat hij zou vertrekken, maar hij leunde zonder ergens tegenaan te leunen, schatte mijn bruikbaarheid en liet zich ontvallen: 'Mag ik even blijven?'

'Waarom ga je niet even zitten om bij te komen. Het is heet en plakkerig buiten, en als mijn rechteroog mij niet bedriegt gaat het regenen. Ik zie eigenlijk een onweersbui aankomen. Niks om gekkigheid mee te maken.'

Hij ging op de lange sofa zitten, trok zonder zich te haasten aan zijn Salem, inhaleerde diep en blies rookkringen. Ik bood hem wat van het fruitig heerlijks dat ik uit de vriezer haalde. Hij keek ernaar, zei dat het een damesdrankje was en vroeg om een biertje.

'Jij wordt net zo vet als ik als je aan dat bier blijft lurken. Ik zou dat mooie lijf van jou niet graag willen zien verslappen voordat je veertig bent. Volgens mij ga jij er met je veertigste nog best uitzien, en misschien zelfs op je vijftigste nog.'

'Hoe kom je daarbij?'

'Je schouders, je lijf, en je hebt een echt lekker kontje.'

Als hij had kunnen blozen, zou hij dat gedaan hebben, toen we beiden glimlachten en een bepaalde stilte herkenden die meestal valt als mensen niet weten wat ze moeten zeggen of doen, omdat ze hebben gezegd wat ze bedoelen en omdat ze bedoelen wat ze hebben gezegd. Ik voelde het achter in mijn nek een beetje tintelen, en mijn ademhaling werd onregelmatig. Daar zat ik het verdorie al te doen, en ik wist niet eens dat ik het deed. Uit boeken had ik heel goed geleerd hoe ik moest flirten, ik speelde een glansrol in mijn fantasie als ik in de spiegel keek en me voorstelde wat ik moest zeggen tegen deze of gene jongen die ik eens wilde proeven. En zelfs al was hij niet geïnteresseerd in de daad, het spelletje was leuk, en alle vrouwen moeten altijd zoveel mogelijk plezier hebben.

'Wat doe jij om je te vermaken?'

'Dat hangt van het type en van de tijd af,' zei ik terwijl mijn ogen enkele centimeters toegingen.

'Ik reis, lees, schrijf en praat veel met mensen. Ik heb een hoop plezier, als ik geen gedonder heb met onduidelijk liggende verhoudingen.'

Ik begon net het belang te voelen van alleen nog maar gladde zetten doen. Als deze episode ergens op uit moest lopen, en ik had nog steeds geen verzachtende noodzaak dat te laten gebeuren, was het minste wat ik wilde bereiken een gelukkige grijns tegen de tijd dat ik zou wegdoezelen, als het me al zou lukken om te slapen. Soms is een hele goede bedachte wip beter dan de werkelijkheid. En ik wilde met zijn gedachten wippen en hem het verlangen geven meer, veel meer over mij te weten te komen. Verdomme, als je niet meer ijdel mag zijn, wat blijft er dan nog over?

'Hoe oud ben je?' vroeg ik met mijn beste radiostem.

Mijn hele houding zakte in en mijn mond vloog open toen ik 'negenentwintig' hoorde.

Dat was de genadeslag! Negenentwintig en dan nog een krullenkop! Het enige wat die godverdomme nog nodig had, was een paar gouden tanden voor in zijn mond. Ik had in bed gelegen met getrouwde heren met status, piloten, professoren, politieagenten, uitzendkoks, een paar misleide geluksvogels die het gevoel hadden dat ze grote vissen waren in kleine vijvers, en een verzameling intelligente, goed in de slappe was zittende boeven. Vrijwel allemaal hadden opmerkelijke eigenschappen die mij van meet af tot ze aantrokken, maar geen van hen deed rare dingen met zijn haar en zijn tanden. In het openbaar.

De hitte, vocht, drank, energie en spanning als gevolg van nieuwe ontmoetingen en nog nieuwere relaties kwamen allemaal tegelijk over me heen. Ik wilde alleen zijn, niet alleen weg van Bobby, maar alleen met de gedachten die bij me opkwamen over deze jongen wiens schone in sandalen gestoken voeten zich in mijn versleten tapijt nestelden alsof ze daar thuis waren. Ik ben beslist niet voor jonge jongens, en ik wantrouw de meeste mannen van mijn eigen leeftijd. Ik overdacht wat het was om tweeënveertig te zijn en de ellende te kennen die ik van mannen, mezelf, het leven in het algemeen en de uitgestrektheid van het niet in het bijzonder kende. Ik was vastbesloten dat ik dagelijks zou proberen mijn leven minder ingewikkeld te maken en dat hield ook in dat ik zo ver en zo snel mogelijk van banden af moest, ook al hadden ze allerverschrikkelijkst lekkere liefdesknotsen en lullen als Stradivariussen. Ik had niets tegen de hond, maar van zijn vlooien moest ik niets hebben. Ik deed een hoop dingen om mijzelf te gronde te richten, maar relaties aanknopen met jonge jongens hoorde daar niet bij.

'Wat kunnen wij samen voor lol maken?' vroeg hij waarbij zijn mond een en al schalksheid werd. En voor het eerst keek ik – keek ik echt – naar zijn gezicht. Zijn ogen waren helder en stralend waar het wit moest zitten, zijn huid was glad en vertoonde geen sporen van scheren, die lippen die naar mij lachten leken handgemaakt door een vakkundige, ervaren pottenbakker die vervolgens een andere klei had aangemaakt voor de bijna perfecte tanden, zonder honderd procent gouden kronen en diamanten tips vooraan. Ik keek hem strak aan, terwijl ik op mijn knieën zakte en mijn handen in mijn heupen zette. Dat is een postuur dat alle echte negers kennen. Meestal is het een onneembare stenen muur die alleen kan worden geslecht door volstrekt respect, begrip en liefde, of het betekent: 'Ik kan alle mogelijke spelletjes met je spelen, maar volgens mij moet je wel even weten dat ik meestal niet erg goed ben in spelletjes.' Ik wist dat de volgende zet voor mij zou zijn.

'Waarom spelen we geen poker? Als we de regels hebben vastgesteld, bepalen we wat de inzet is, en dan kunnen we stoppen en het toch nog als lol beschouwen. Het probleem is wel dat ik geen kaarten heb.' We besloten persoonlijke dingen over elkaar te raden, en de verliezer zou dan aan de genade van de winnaar zijn overgeleverd.

'Je hebt in de bak gezeten, hè?' vroeg ik langs mijn neus weg. Hij trok niet meer aan zijn sigaret, zijn hoofd schoot achterover, zijn ogen waren elektrisch. Had ik iets verkeerds gezegd? Iets achter de schittering in zijn oog kwam mij bekend voor. Ik had die blik in vele zwarte ogen van alle leeftijden gezien, vooral van hen die leefden van hun slimheid en je in elke situatie meteen naar de keel vlogen.

'Ja, ik heb een jaar of tien geleden gezeten voor gewapende roofoverval, ver van hier, toen ik leep, lui en doortrapt was.' Ik zag zijn kaakspieren ontspannen, toen vervolgde hij: 'Jij probeert wel meteen even alle kaarten op tafel te krijgen, voor dat je er geen in huis hebt. Nou, wat moet ik voor je doen voordat ik kan gaan winnen?'

'Ik wil dat jij me vertelt waarom een knap negenentwintig jarig prachtexemplaar als jij die vette troep op je kop hebt.'

'Monkey wilde krullen zetten en ze wilde ze eerst op mij uitproberen.'

'Geloof ik, ik geloof ook dat ze je niet echt mag. Wie is ze trouwens?'

Waarom, bij alles wat heilig is in de naam van Stootwijk tot Wippenstein, zat ik in mijn privé-ruimte met deze jonge kurkentrekkerharige, voormalig veroordeelde gigolo? Had mijn zweet soms alle grijze materie die discretie en gezond verstand betrof, geabsorbeerd?

Zijn beurt.

'Het is vast lang geleden dat iemand jou een echt goeie beurt heeft gegeven, hè?' Er zat een gat waar ik volgens mij mijn gezicht had moeten hebben. Was het soms te zien dat ik al ruim drie jaar droog stond, dat ik al drie jaar lang twijfelde of ik wel in staat zou zijn die magische sexerobics te doen waarover ik gelezen had en die ik mogelijk had geprobeerd met een van de meer libertijnse van de drieënzestig mannen die ik had bemind, getolereerd, gevreesd, of door wie ik was verleid vóór de huidige droogte?

'Ja, daar heb je me, dat klopt. Het is lang, heel lang geleden, maar mijn hoofd stond niet echt naar het overwegen van een relatie.'

'En nu dan?' Hij fluisterde bijna. Drie zwangere woorden.

'Ik ben op zoek, maar niet al te hard.'

'Dus je vermaakt jezelf. Doe je dat vaak?'

'Niet heel vaak, maar ik ben blij dat ik weet hoe het moet, als ik dat wil.'

'Nou ja, bij de laatste vraag was jij de verliezer, dus nou wil ik dat je me laat zien hoe jij dat doet.'

Ik huiverde en stond als genageld aan het dikke tapijt in mijn no-nonsense machtige negerinnenhouding. Ik zat niet echt verlegen om een herhaling van het vlinderend gedrag dat zo kenmerkend was voor de tijd tussen mijn achttiende en mijn veertigste: ik had tot die tijd niet heel veel problemen met het vinden van een goeie wip. Maar intens leven pleegt je af te fakkelen als je niet iets doet zoals zorgen voor lichaam en geest, maar vooral voor je geest. Ik heb iets van een hond in me, iets wat op gevaar kluift als op een bot, iets wat zich lekker voelt in de rol van pionier, voyeur en verscheidene persoonlijkheden tegelijk. Zo ben ik aan die drieënzestig heren gekomen. Meestal was ik gewoon nieuwsgierig en vond ik dat ze iets onweerstaanbaars hadden. Desalniettemin heb ik achttien jaar gewacht om eindelijk eens te gaan wippen. Ik ben zelfs getrouwd omdat ik de hele tijd wilde wippen, en ik wilde niet uit hoeven gaan naar die trieste en geaffecteerde jachtpartijen van jonge beroeps, om mezelf te onderwerpen aan allerlei belachelijke salontafelholligheden, dat alles in de naam van actief of passief schoorsteenvegen. Maar toen het huwelijk zijn trieste gang was gegaan, raakte ik geobsedeerd door fleppen. Ik liet van Eve's Garden nieuwe speeltjes komen – ik had mijn andere drie vibrators opgebruikt, dus ik moest een nieuw setje hebben, en ik wilde ook nog wat handgemaakte condooms. Die had ik toevallig die zondagmiddag niet in huis.

Tijdens mijn loopsheid, die ruim twintig jaar duurde, ging ik overal heen waar ik meende goede gesprekspartners en toekomstige metgezellen (wippers) te zullen vinden: geparfumeerde tuinen waar Afrikaanse onderkoningen feestvierden, goedkope vluchten naar oorden waar steeldrums volop speelden terwijl limbodansers toeren uithaalden en reggaebands vloeibare seks over hoognodige dromen uitgoten. Ik zocht naar de intelligentste mannen – dat zijn de beste minnaars. Vergeet het maar om met domme mensen te wippen. Dat is echt niet de moeite waard, tenzij je gek bent op soap, en melodrama je erotisch prikkelt. Twee keer werd ik in gezelschap van domme mensen met mijn elementaire noden geconfronteerd. Er waren er waarschijnlijk meer, maar ik heb een selectief geheugen als het gaat om wippen: ik 'ononthoud' de smerige, alsof er niets was gebeurd.

De eerste stommeling hield zijn pet en zijn sokken aan in bed, en zijn kleefkracht was lamentabel. Op een keer klopte mijn dochter onverwacht aan (ze had naar de film moeten zijn) toen die idioot op het punt stond naar de sterren te vertrekken – het was volle maan. Ik was zo weinig onder de indruk dat ik niet eens zorgde voor die helpende hand die doen alsof heet. Toen ik weer naar bed kwam na mijn dochter te hebben opengedaan, was hij weg. Ik vond hem gehurkt op de vloer in de wc, met zijn petje op, en zijn sokjes zagen er buitenaards en wezensvreemd uit. Zodra mijn dochter weer weg was, heb ik hem er uitgehaald en hem verzocht weg te kruipen en gewoon dood te gaan, of misschien terug te kruipen in de baarmoeder van zijn mammie, omdat hij daar thuishoorde: misschien zou hij eindelijk ophouden met groeien. Ik zei dat ik niemand zou vertellen dat hij gek was. Ook dat was een leugen.

De andere stommeling deed aan winti en wisi. Hij placht zijn post te ontvangen, die tegen het licht te houden, achter zijn rug te steken en dan drie keer rond te draaien voordat hij die opende, om er zeker van te zijn dat de kwade geesten waren misleid. Soms lagen we tot diep in de nacht te praten en onthulde hij mij waarom zoveel bevriende roddelaars in zijn omgeving hem 'Doctor Love' noemden. Hij werd verondersteld krachtige drankjes te hebben om zowel het snode als het zuivere uit te halen. Ik kwam er achter dat de smerige, gemeen uitziende troep in halveliterflessen, gewichtig in een hoek van zijn woonkamer op een rijtje, bestond uit rum, gekookte pinda's en paddestoelen. Dat ik in godsnaam bij zo'n wintiman betrokken raakte, toont nu juist dat ik soms niet in staat ben weerstand te bieden aan risico's en het onwaarschijnlijke.

Op een avond waren wintiman en ik op weg naar kaap Kont. Ik mag graag aan mannen likken en zuigen en op ze blazen, of ze nu hun kleren aan hebben of niet. Maar deze kalkoen bleef in zijn blootje de lakens om zijn borst houden, al wreef hij over mijn schaamhaar, voor mij een dodelijk gebied. Ik ben er gek op. Ik stak mijn hoofd onder de dekens en begon me met mijn tong een weg te banen naar het midden van zijn lijf, af en toe pauzerend om dan met bewegingen van een schilder te likken, maar ik voelde hem zich schrap zetten toen ik in de buurt van zijn navel kwam. Daar begon ik heel lichtjes te blazen, tot ik de haren rond zijn lul tegen mijn wangen voelde kietelen. Ik bracht mijn ellebogen en heupen in positie om naar beneden te kunnen glijden, en daar springt hij me plotseling uit bed en begint te roepen: 'O nee! Dat doe je niet met mij! Dat is slecht! O wat is dát smerig! Waar heb jij geleerd zulke dingen te doen? God o God, hoe kun jij dat doen?!' Doctor Love verdween die avond uit mijn leven, en ik geloof dat ik, omdat hij de laatste was met wie ik meer dan eens seks had gehad (ik begrijp nog steeds niet waarom), volop tijd kreeg na te denken over de noodzaak en de methoden om domme mensen te mijden.

Afgaande op flarden van zijn verleden die hij mij kenbaar had gemaakt, en het gemak waarmee hij met ons gesprek zat te spelen, was Bobby niet opvallend stom. 'Als je drieënveertig bent en je hebt ruim vijfentwintig jaar gewerkt, dan ben je toch bijna toe aan je pensioen, of niet? Wat moet je met al dat geld?'

Ik begon te lachen, maar er ging ook een bel rinkelen en er begon een lampje te branden. Ik was blij dat ik mezelf niet zo had verdoofd dat ik nog steeds mijn eerste gedachte en mijn derde oog kon vertrouwen. Aha! Hier had ik iemand voor mij die op mijn personeelslijst zou staan als ik ooit voldoende moed zou hebben madame te worden. Maar al mijn klanten zouden vrouwen zijn, en in een chic vraaggesprek zou ik achter leeftijd, hobby's en gewenste specialiteiten komen. Wie weet zouden sommigen een negenentwintigjarige met een krullenkop vragen die diep, zacht en lijzig praat. En ook steeds liever. Ik zou mijn zaak 'Rent A Dick' noemen.

'Moet ik jou laten zien hoe ik mij vinger?'

Het duurde niet langer dan vijf seconden voordat ik zwakjes 'nee' fluisterde, maar daarvóór was de binnenkant van mijn weelderige dijen al tintelend warm geworden. Ik voelde de spieren van mijn honingpotje spannen, zoals ik ze laat functioneren als ik de sexercities doe waarover ik gelezen had. Het verschil was dat dit 'wenken' bijna onwillekeurig ging.

'En als ik je niet laat zien hoe ik mij vinger, wat wil je dan, wat kan ik verder nog doen?'

'Je kunt zeggen dat we samen lol kunnen maken, en de rest van de avond besteden aan elkaar genot bezorgen. Je kunt zeggen dat je dat wilt.'

'Ik ben oud genoeg om te weten dat ik niet alles kan hebben wat ik wil, zeker niet in deze tijden met ziektes van de duvel en zijn teef.' En zonder erbij na te denken vervolgde ik meteen met: 'Heb jij toevallig condooms?' 'Nee.' En weer was het stil.

Liet ik deze kans op een beurt glippen? Niet slechts de kans op een opwindende ontdekking in een glazen lift met bol plafond of het trappenhuis van een hotel, maar het risico mijn leven te verliezen voor een middag van mogelijk enkele uitersten in hedonisme? Mogelijk. En wat moest ik als hij niet eens goed was? Hij keek door mijn kleren heen en door mijn behoefte een integer privé persoon te zijn, met te allen tijde controle over alles. Hij verstoorde mijn wonder.

'Ik ben goed. Je hoeft je nergens zorgen over te maken. Praat maar met me. Zeg maar wat je wilt. Je kunt het allemaal krijgen.'

Wel verdomme! Er zijn nu eenmaal risico's aan lang genoeg leven om te kunnen denken dat je alles wat lullig en smakeloos is al hebt gehoord, van: 'Zeg schat, onder wat voor teken ben jij geboren?' tot 'Ik ben kader, wat ben jij en waar werk je? En o ja, even terloops, ik heet Michael. Na het neuken wil ik graag kennis met je maken, als we een afspraakje kunnen maken. Ik heb mijn agenda bij me.' Het is niet zo moeilijk cynisch en blasé te worden van dat soort flauwekul. Zo meende ik dat Bobby's houding van samen close harmony onder de schemerlamp voortvloeide uit zijn jeugd en zijn beperkingen. Niets van wat hij zei, nam ik letterlijk. Ik dacht alleen aan de momentele daling van de barometer. Gedurende slechts enkele momenten.

'Ik moet een douche nemen.'

'Mag ik meekomen?' vroeg hij en zijn wangen verschoven waardoor het volgende geintje aan het daglicht kwam, de indruk van kuiltjes. Ik zei nee, ik had tijd nodig om na te denken. 'Niemand zou tijd nodig moeten hebben om na te denken over lekker voelen,' zei hij.

Ik kneep mijn ogen onder de douche zo hard dicht dat mijn oogleden staken en bleven plakken. Ik perste om een visioen, om een of andere aanwijzing van binnen uit. Maar ook al sprak mijn eerste gedachte tot mij, die mij maande mij niet kandidaat te stellen voor het avondnieuws een paar maanden of jaren later, negeerde ik die waarschuwing. Ik had veel meer behoefte te worden opgewarmd, vastgehouden en geneukt dan ik die zondag had om redelijk te zijn. Ik moest iets met mij laten gebeuren.

Ik draaide de kraan uit, droogde me snel af en ruimde de badkamer op, die ik hem met stralende lach ter beschikking stelde. Terwijl hij baadde, leegde ik twee sachets lavendel in mijn bed en zette wat klassieke sexy blues op. Ik voelde me zenuwachtig, zoals altijd als ik stout of riskant ging doen, zoals die keer dat ik met een van mijn fotografieleraren opsteeg in een vliegtuig, zogenaamd om te kijken of vlieglessen wat voor mij zouden zijn, om vervolgens te worden betrapt op de fabuleuze werkelijkheid van wippen in een cockpit. Het was turbulent en het was lekker. Hij kwam kletsnat uit de badkamer, met pieken en al. Ik genoot van de lenige, precieze symmetrie van zijn lijf. Hij wreef de handdoek door zijn haar, naar beneden en rond al die oogst die negenentwintig jaar had staan groeien. Ik kon merken dat hij van baden hield – hij nam de tijd en achter zijn kokette wangkuiltjes lag extase op de loer, toen hij de voorhuid van een van de langste *pudendas* die ik ooit heb gezien terugtrok! Heel even leek hij op de amateur honkballer die hij beweerde te zijn, toen hij zijn benen schrap zette en ietsje bukte om beter zijn lid te kunnen pakken en masseren, dat nog lethargisch was en zich niet verzette tegen de man met de hand. Hij gooide zijn hoofd achterover en schudde het zoals ik zo graag rastafari's in de hitte van hun bonkende reggae zie doen, of als ze met hun lange dreadlocks uit een zeebad opduiken. Ik was verrukt door deze voorpremière, en mijn warme, ronde gezicht en lichaam waren vervuld van een bijna onverdraaglijke verwachting.

Tegelijkertijd kraakte en bliksemde het voordat de donder rolde, en was daar de glans van zijn pik, die leek getroffen voordat hij een lichtende mahoniekleur aannam. Wat een festijn dit fysiologische wonder te mogen aanschouwen, deze gift, die een enorm onderscheid maakt tussen leven en dood.

De donder rolde zwaar en het gebouw trilde. Van onder zijn dikke, prachtig gebogen wenkbrauwen wenkte en leidde hij mij: 'Waarom kom je niet.'

'Waarom zou ik? Ik geniet van wat ik zie.'

'Vergeet dat. Kom.'

Dit was geen tijd meer voor geklets – praten over haar,

gevangenisstraf, honkbal, mijn werk of het weer. De reden van dit wonder, deze seconden, dit ene wat op het punt stond te gebeuren, waren wijzelf. Hij vatte het samen in dat klinkende bevel: 'Kom.'

Ik stond op en liep naar het lijf dat mijn ogen gedeeltelijk hadden verslonden. Ik was ruim een kop kleiner dan deze prachtige Shaka, koning der Zoeloes, en ik drukte mijn lippen onmiddellijk en vanzelfsprekend en meteen en gemakkelijk op zijn borst. Hij pakte mijn schouders, kuste er een, draaide mij voorzichtig rond, zette me tegen de kastdeur, schoof me tegen de knop. Lange vingers van een van zijn handen omvatten mijn kin en hieven haar op. Van de ander ontvingen mijn hals en schouders troostende strelingen om de hittevonken te bestrijden die mij net onder de huid staken.

Toch kuste hij mij niet, zoals eenieder zou verwachten, en ik was zo betrokken bij zijn choreografie dat ik de schok die erop volgde, niet kon weerstaan. Ik voelde een zijdezacht zuigen, net in het kuiltje van mijn linkerknie. Hij had mij tegen de uitstekende deurknop van de kast gezet. Toen hij zich zonder moeite en sierlijk daarheen boog dacht ik alleen aan de moed die nodig was om ouder te worden en om nog te genieten van die flarden plezier, nog te krijgen in tijden die verder te veel in negatieve mogelijkheden verloren gingen.

Hij raapte mij helemaal op, behalve die paar pond bovenlijf en hoofd. Voorzichtig legde hij mij midden op mijn bed, teder maar beslist. Amper hoorbaar en zonder onderbreking of hartenklop of een vleugje adem zei hij: 'Ik moet je bestijgen. Dat wil ik. Dat moet ik.'

Hij glipte naar binnen door mijn vochtige keel, wriggelend, wriggelend. En voordat ik 'meer, meer' kon zeggen hield hij plotseling op. Hij liet mijn haar los dat hij had zitten strelen en leidde zijn Stradivarius tussen mijn benen, ging er nooit helemaal in, maar plaagde, een centimetertje hier, twee ouderwetse duimen daar. Hij hield net als ik van de wrijving van krulhaar tegen mahoniehouten lul, en de vloeistof die volop uit mijn grot begon te stromen, gaf hem de toegevoegde verzekering van alles wat hem de hele middag al had geleid.

Als een olympisch zwemmer dook hij in mij, zocht zijn baan slechts in een fractie van een seconde. Toen, toen de vloed de zijne was, functioneerde hij alsof hij mijn tunnel had gemaakt en elke richel en de grenzen van mijn diepte kende. Af en toe rekte hij zich op zijn rug, om dan weer op mij en in mij te rollen om zich ervan te overtuigen dat ik niet te veel op adem was gekomen en te helder was geworden na de verwarring en de begoocheling die hij mijn geest toedichtte.

Noch de rollende donder noch de bliksem noch de azalea's die nu genoten van een bui, noch de eerdere, aangename middag met buren wogen op tegen onze verbintenis. Dit had niets doelmatigs. Er was maar heel weinig tijd en er was geen reden om na te denken.

Wij zochten naar middelen om een primaire honger te stillen, en toen we die vonden, voedden we elkaar met graagte. Ik beet hem, hij kneep mij, hij zoog mij, ik drukte hem uit. We bedachten een nieuwe taal van keelklanken, geschikt voor twee mensen op een regenachtige zondagmiddag tegen de avond.

Vier uur na het moment waarop ik de deur had opengedaan en hem een vuurtje gegeven, kromde hij zijn rug als een grote kat en kwam op zijn knieën overeind. Ik heb veel dansers en atleten die sierlijke rol uit gespannen houding zien maken.

'Ik moet gaan. Monkey komt vanavond terug.'

'Hm. Je bent waarschijnlijk al te laat. Maar je moet haar niet afzeiken. Wie weet, gooit ze jou eruit en dat zouden we toch niet willen laten gebeuren, wel?' Er kon geen lachje af.

Zonder een blik op mij gleed hij de badkamer in en was in seconden terug, trok zijn broek over zijn gespierde dijen en zijn gebeeldhouwde kont. Ik gooide een Afrikaanse paan om mij heen en ging bij de deur staan om hem uit te laten in de stomende, druilerige nacht. Hij bukte en kuste me op mijn voorhoofd en mijn lippen voor hij vertrok.

Ik gooide de paan open, strekte mijn naaktheid op de vloer en rook aan mijn armen waaraan zijn zalige lucht nog zat. Ik ging met mijn vingers door mijn delta, mijn kruis, en proefde ons vocht dat nu plakkend zoet was overal in mijn haar en op mijn dijen. De muziek die ik hoorde, was getinkel van dennennaalden die tegen de ramen sloegen, in het geweld van een zomerse bui. Ik psalmodieerde een mantra, ademde tot aan mijn matrix, en wist niets meer tot ik wakker schrok van de telefoon.

Het was halftwee in de ochtend. Ik heb de pest aan telefoontjes laat op de avond, die betekenen meestal slecht nieuws. En daar had ik geen behoefte aan, maar goed, ik had een jaarportie goeds gehad, amper een paar uur geleden.

'Hallo?'

'Gaat het goed met je?' Het was Bobby.

'Ja. Ik dacht even diep na hier op de vloer, en genoot van de regen, maar volgens mij ben ik ingeslapen.'

'Mag ik terugkomen?'

'Wel... wie weet. Wanneer wil je...'

'Nu.'

Mijn rug, knieën, dijen, nek, borsten, lippen en poes deden zeer. Ik zei ja.

Ik hoorde hem een paar minuten later rennen om de vette regendruppels te ontlopen. Zodra ik de deur opendeed, begon hij zijn kleren uit te trekken. Hij zag het grote stuk stof op de vloer en trok me met woeste hartstocht op zich, terwijl hij zichzelf op ervaren wijze draaide en in mij loodste. Hij goot de fruitige verrukking die op de koffietafel stond over mijn lijf, druppelde grote druppels op mijn tepels en op de heuvel boven mijn driehoekje, likte mij en keek af en toe naar mijn gezicht dat extatisch vertrokken stond.

Hij kneedde mijn buik en borsten met bijzondere aandrang en toen verving zijn gehele formidabele gewicht zijn handen en was hij een enorme keukenmachine die mij kneedbaar en licht als bladerdeeg maakte. In mij was hij heet als kobaltblauw. Zijn behemoth was ontwapenend, maar hijzelf was een toonbeeld van volmaakte kunde, terughoudendheid en zorg. O zo zacht, misschien een of twee keer in een halfuur vroeg hij dan: 'Geniet je ervan? Moet ik iets speciaals voor je doen?'

Mijn gekreun en geschok en de klemmende druk van mijn dijen en heupen rond zijn kont, zijn middel en oren, zodat hij gemakkelijk diep in mij kon komen en blijven, vormden mijn antwoord. Ik kneep zijn lichtende boomstam en mijn spieren tot hij het uitriep, smekend als een blueszanger stijf van de coke: 'O, o, mama, mama, lieveling, houd niet op!'

Monkey kwam kennelijk laat thuis, dus vertrok hij weer om halfvier. Ik zakte op bed in elkaar.

Om zeven uur was hij er weer, vroeg om een penning voor de metro om naar zijn werk te kunnen. Die gaf ik. Om acht uur die avond vroeg hij of hij langs mocht komen. We gingen van bil. De volgende ochtend om halfzeven kwam hij langs om nog een penning voor openbaar vervoer te vragen. Hij zei dat Monkey boos was omdat hij nogal vermoeid had gedaan sinds zij terug was van het bezoek aan haar zuster, dat weekeinde. Ze zei dat ze zijn geld inhield om te voorkomen wat hij verder aan het doen was buiten zijn pik stoppen in gaten waarin die niet thuishoorde. Of ik ook nog een dollar over had voor een hamburger tussen de middag? En nog een penning om die avond weer terug te komen?

Hoeveel hoofdstukken zomers, tijdelijk leven zijn nodig om een nieuwe dag te zien, te bereiken, een nieuw begrip van het onvermijdelijke – dat niet eeuwig duurt, ook niet dat Ene dat mij drie dagen lang overkwam. Inclusief penningen, die op een gegeven moment op waren.

Uit: *Long Distance Life*

Marita Golden

Eden Bar en Grill en de winkels er direct omheen waren nog
intact, ongeschonden. Uit Eden Bar en Grill hoorde Esther
het geluid van Aretha's extatisch trieste bekentenis *Since
You've Been Gone*. Toen ze de deur opendeed, smeekte
Aretha's stem *Take me back...* Het restaurant was leeg en
Aretha's stem weergalmde hol en eenzaam. Het zonlicht viel
met Esther de ruimte binnen. Ze hoorde het gezoem van
ventilatoren. Ergens had ze verwacht Forty Carats te zien en
zelfs Geraldine, maar wat ze in de duisternis het eerste zag,
waren posters aan de muur, posters van de Temptations,
Gladys Knight and the Pips, foto's van James Brown, Jimi
Hendrix, Marvin Gaye.

Maar wat Esther het meest verraste, was het feit dat de
tent leeg was. Het interieur was van kleur veranderd en bestond nu uit een gemeen fluorescerend mengsel van heldere
kleuren. Boven haar hoofd draaide een bal die een schittering van sterretjes over de vloer strooide. Een schildering
van een gogo-danseres besloeg een hele muur. En het gedeelte dat ooit voornamelijk gebruikt werd voor diners was
veranderd in een dansvloer. Bij de bar stond een jongeman
met een trui met daarop de tekst *Nation Time* voor de
spiegel die de hele muur besloeg en deed zijn haar met een
plastic Afro-kam. Esther liep naar de bar en toen de jongeman klaar was met zijn kapsel vroeg ze: 'Is Randolph
Spenser er?'

'Zeker, die zit achter. Wil je hem zien, zuster?'
'Ik ben een vriendin van hem. Zeg maar waar hij zit.'
'In zijn kantoor.'
Een zijdeur bij de keuken voerde naar een smal gangetje.
Esther klopte op de deur.
'Wie is daar?'
Ze wist niet zeker wat ze moest zeggen, dus deed ze gewoon de deur open en liep naar binnen.
'Wel heb ik ooit!' riep Randolph, gooide de pen die hij gebruikte om zijn boeken te controleren neer en sloeg van verrassing zijn handen tegen zijn gezicht. 'Kom binnen. Kom binnen,' zei hij, stond op en trok Esther van de deur het kantoor in. Randolph staarde Esther onzeker aan, zijn begeerte kampte met zijn zelfbeheersing. 'Ga zitten. Ga zitten,' zei hij ten slotte, daarbij het sofaatje ontruimend dat vol lag met papier en boeken en een jas. 'Wanneer ben je teruggekomen?' vroeg hij.
'Gisteren,' loog Esther. Ze wilde niet dat hij er achterkwam dat ze een week had gewacht om hem te gaan opzoeken.
'Je ziet er...' zei hij, haar inschattend, met zijn blikken van haar gezicht naar haar benen.
'Ik ben wat aangekomen.'
'Heeft je geen kwaad gedaan.'
'De tent lijkt veranderd.'
'De tijden zijn ook veranderd. Ik moest bijblijven.'
'Hoe is deze tent aan de rellen ontkomen?'
'Ik zat thuis televisie te kijken. Ik zag winkels van vrienden in vlammen opgaan. Ik ben in mijn wagen gesprongen en ben hier naartoe gekomen met mijn spuit. Ben voor de deur gaan staan en heb iedereen uitgedaagd op het idee te komen een steen of een molotovcocktail naar de tent te gooien. Ze begrepen het, ze zijn me voorbij gerend naar verderop.'
'Hoe gaan de zaken?'
'Wat dacht je? Matig, erg matig. Die rellen waren de nekslag. Gewoon de nekslag. Wie wil nou zijn zaterdagavond

in een wijk doorbrengen die eruitziet als Hiroshima? Er druppelt wat volk binnen op vrijdag- en zaterdagavond. Dan komt er hier een gogo-danseres en die schudt een beetje haar vormen. Maar het zal nooit meer zijn zoals het was. Die tijden zijn voorbij. Ik denk er zelfs over de zaak van de hand te doen. Ik weet alleen niet of ik een koper kan vinden. De locatie is van de ene dag op de andere in waarde gehalveerd.'

Het geluid van zijn stem – het ritme, de intensiteit – kalmeerde Esther, en ze leunde achterover op de sofa.

'Ben je klaar ginder?' vroeg hij langzaam, en hij keek Esther aan alsof hij op geen enkele manier ooit genoeg van haar kon krijgen.

'Ik ben klaar. Mama heeft me verteld wat je voor Logan hebt gedaan.'

'Was je dat vergeten dan? Ik ben zijn vader. Ik heb niet meer gedaan dan toen jij hier was.'

'Waarom ben je gescheiden?'

'Toen de jongens het huis uit waren, leek er gewoon geen reden meer om nog te blijven. Dat wisten we allebei. Ik heb haar het huis laten houden. Ik betaal nog steeds het laatste stukje hypotheek.'

'Bloedgeld?'

'Ze heeft het verdiend.'

Esther zag Randolphs buikje, de wijkende haargrens, de geduldige ogen, en wist dat ze nog van hem hield. Randolph drukte een sigaret in een asbak uit en zei gewoonweg: 'Meid, ik heb geen moer uitgevoerd sinds jij weg bent gegaan, ik heb alleen maar op jou zitten wachten.' Esther pakte zijn hand en gaf zich met een blik aan hem over. Randolph zei met schor, diep gefluister: 'Kom mee, laten we gaan.'

Rustig, huiverend van begeerte, reden ze naar Randolphs huis – een klein onderkomen aan een rustige straat met bomen in noordoost, niet ver van waar hij met Marie had gewoond. Toen hij de auto voor het huis zette, zei hij tegen Esther: 'Ik heb erover gedacht een flat te nemen, maar ik bleef denken aan jouw terugkeer op een dag en ik wilde een onderkomen dat groot genoeg zou zijn voor ons allemaal. Ik zwoer bij mijzelf dat we een echt gezin zouden zijn voordat het voorbij was. En dat is ook mijn doel, dat wij dat zijn.'

In het huis, vol onbestemd meubilair, dat aanvoelde alsof het nog in bezit moest worden genomen, een huis dat even eenzaam was als de man die het zijn thuis noemde, nam Randolph Esther mee naar boven. Snel deed hij de deur achter zich dicht, als om te voorkomen dat zij zou ontsnappen. Esther ging in haar roze blouse waaronder ze geen beha droeg op bed zitten, met haar blauwe rok waaronder haar dijen wachtten op Randolphs hand. Randolph knielde op de vloer naast het bed en kuste Esther, waarbij zijn tong haar mond opengroef, en zijn handen haar haar, hals en schouders ruw streelden. Hij knoopte haar blouse los, en zijn handen waren zo begerig dat ze frutselden als die van een onvoorzichtig kind. Randolph liet zijn handen op haar borsten rusten, die net als de rest van haar voller waren, stralender dan vroeger. Hij hield haar borsten in zijn handen en leunde naar voren met een grom om er flink aan te zuigen, terwijl zijn handen het knoopje achter op haar rok braken, en zijn handpalmen achter het dunne laagje stof van haar slipje gleden. Esther viel achterover op bed en duwde haar heupen op, gidste Randolphs handen toen hij haar rok en slipje uittrok. Nu zag hij alles van haar, de delen die hij zo had gemist en waarnaar hij zo verlangd had, en hij keek zo vol begeerte naar haar dat hij zich afvroeg waarom hij niet plofte. Daar waren haar chocoladebruine huid en haar kont – een volle negerinnenkont, geschapen om te berijden – waarnaartoe hij zich nu vooroverboog, om haar te kussen, zo dankbaar was hij voor het zien ervan. Randolph staarde gefascineerd naar haar vagina, verborgen onder toefjes haar, even slordig en koppig als zij. Hij begroef zijn gezicht in haar en ze rook naar zachte eau de cologne en zweet en Ivory-zeep en verlangen naar hem en ze smaakte beter dan meestal en daar was haar hand in zijn broek, die hem bevrijdde, en hij wilde haar kussen, daar, altijd, en daar was haar mond op hem, perfect passend, en beminnend zoals hij haar beminde, haar altijd had bemind, haar nooit had opgehouden te beminnen en hij riep: 'Nooit ophouden. Nooit meer ophouden,' zo snel klaarkomend, zo vol, dat zij niet alles van hem kon opnemen, en liet gaan, en toch weer haar vingertopjes hem liet ontdekken toen hij tevreden en gelukkig tegen haar hals zakte.

Randolph wist dat Esther niet zou geloven dat hij bij haar afwezigheid van dit ogenblik had gedroomd, er zelfs van had gedroomd toen een andere vrouw, gewoon een vrouw met wie hij de tijd verdreef, naast hem lag. Hij was bijna vijftig en de jaren hadden hem de betekenis van dromen wel geleerd. Hij wist dat zij hem niet zou geloven als hij haar zou vertellen hoe hij zich amper naam en gezicht van de andere vrouwen kon herinneren, zo weinig hadden ze hem gezegd. Maar niemand geloofde dat mannen een hart hadden, zelfs niet de vrouwen die ze beminden. Dus lagen ze de rest van de dag en die avond in bed, sliepen in elkaars armen, af en toe bewogen door een gelijktijdige, volmaakte hartstocht. En voor het eerst sinds Randolph in dat huis was gekomen, beschermde het hem als een thuis.

Discrete verpakking

CONSTANCE GARCÍA-BARRIO

De omslag van de publicatie zinderde van de kleur. Golven openstaand oranje en pompend paars zwommen op de achtergrond, en op de voorgrond lag een zeer aantrekkelijke jongedame, naakt, zo gelegd dat je de scheiding van haar welvingen zag. De ogen van de man schitterden van verwachting toen hij de publicatie opensloeg.

'Fleur uw ontbijt op,' luidde de advertentie op pagina 1, 'met ons erotisch eierdopje.' Vlak boven die woorden stond de foto van een houder voor een gekookt ei. Die had de vorm van een smakelijke dame zonder onderbroek, in een handstandje met gespreide benen. Het ei paste netjes in haar gat. De tekst ging als volgt verder: 'Op veler verzoek brengen wij binnenkort een model met twee reservoirs. Iets duurder, maar bevat ook twee keer zoveel voedingswaarde.'

Op de tegenoverliggende pagina stond: 'Maak van het dagelijks corvee van tandenpoetsen een vrolijk avontuur. Probeer onze heerlijke tandpasta, thans verkrijgbaar in twee fantastische smaken: "Vrouw vooraf" en "Vrouw erna". Kruis het betreffende vakje aan op uw bestelformulier.'

Orville Q. Mother zat wellustig de pagina's van de publicatie te beduimelen. Wat hij in de hand hield, was de catalogus, vers van de pers, van zijn eigen postorderbedrijf, Moeders Wijsvinger. Die Wijsvinger wees na jaren financiële onzekerheid eindelijk in de richting van welstand voor Orville. De opbouw van de zaak tot het punt dat hij zich een gladde professionele catalogus had kunnen permitteren, was een gigantische klus geweest. Orville genoot van zijn triomf zoals je dat doet van goede wijn – met veel waardering en weinig voldoening. Maar het lot had al lang geleden bepaald dat hij nooit in zelfgenoegzaamheid zou verzanden. Dat was ten dele te danken aan Orvilles instelling, maar er was ook nog een andere reden. Orville Mother leek op een kikker, in zijn gezicht en voor de rest.

Als piepjonge man benaderde hij wel eens een meisje om haar te vragen: 'Heb je zin...?' maar nog voordat hij zijn zin af had, wees zij al naar het dichtstbijzijnde plompenblad. De paar meisjes die Orville wel leerden kennen, vonden hem sensationeel. Met een zwaai van zijn pols en een draai van zijn duim kon hij ze net zo gemakkelijk een slim apparaatje bezorgen als een darmen verdraaiend orgasme. Heel onderhoudend als je hem eenmaal had leren kennen. 'Orville de Vinger' noemde ze hem allemaal. Maar weinig meisjes kwamen zo dicht bij hem dat ze zijn talenten konden ontdekken. Zodoende was Orvilles adolescentie letterlijk nogal hard – van begin tot eind uitpuilende ogen en een uitpuilende broek. In die jaren leerde Orville dus de noodzaak van surrogaat voor vrouwelijk gezelschap uit de eerste hand, of liever gezegd met beide handen, want Orville was dubbelhandig, en vond voor bepaalde doeleinden de rechterhand even bevredigend als de linker.

Al in een eerder stadium had Orville beseft dat hij, wilde hij Moeders Wijsvinger tot een succes maken, niet alleen die handige maar ook geldelijke gewiekstheid nodig had. Hij zou moeten berekenen, uitgeven, gokken. Hij kon niet anders met zoveel concurrentie. Hij had knappe handen, een haarscherpe intelligentie en vrijwel geen financiën. De grote gevestigde bedrijven hadden massaproducten, met dienovereenkomstige mentaliteit en miljoenen winst. Moeders was een pygmee onder de enorme postorderbedrijven voor heren, maar, zo redeneerde Orville, hij kon op de stelten van zijn slimmigheid gaan staan en dan toch op gelijke hoogte met ze komen. Moeders zou het maken door anders te zijn.

Het bedrijf zou de gebruikelijke artikelen voeren, maar dan met buitengewoon veel zorg gemaakt, plus veel ongebruikelijke artikelen, zodat de naam Moeders synoniem zou zijn met kwaliteit, bevrediging en onderscheiding. Orville huurde een groot souterrain in een van de rustigere straten in het zakendistrict van de stad en zette daar zijn toko op. Zijn strategie was te beginnen met kleine artikelen, klein maar interessant en duur. Hij investeerde alles in die eerste lading goederen – zijn weinige spaargeld en een hele hoop verbeeldingskracht. Om te beginnen bood hij een postzegelsponsje te koop aan in de vorm van een vrouwenhoofd met lijf. Je tilde de bovenkant van het hoofd eraf en gooide daar dan een eetlepel water in. Dat druppelde dan naar de hoogrode spons in de opening aan het bruikbare einde, en dan kon het dametje een paar honderd postzegels de baas. Ook had Orville een opwindende potloodslijper bedacht. Het apparaat had de vorm van een wellustige meid, waarvan een mollige arm de handgreep vormde. Die armen waren seksueel zo suggestief dat ze, als het potlood erin werd gestoken en geslepen, niet alleen een punt maakten aan het grafiet maar ook in de broek van de gebruiker.

Zelfs in zijn meest optimistische ogenblikken had Orville zich niet zo'n enthousiaste reactie op zijn producten kunnen voorstellen. Moeders Wijsvinger werd binnen enkele dagen een grote bak vol cheques, bestellingen, dozen, touw en effen pakpapier. Er volgde een orgie van postzegels likken, van de ochtend tot de avond, om de producten bij de klanten te krijgen. Orville moest een assistent inhuren, een doeltreffende en zwijgzame jongeman, vol straatwijsheid. Prompte en precieze uitvoering van de bestellingen, zo verklaarde Orville hem, was een cruciaal punt teneinde de klant te bevredigen. Geen bevrediging, geen verkoop. De jongeman was niet gek. Zeker, hij wist dat je in dit soort business wel eens tegen iets onaangenaams op kon lopen – beledigende telefoontjes, smerige brieven, en wellicht af en toe een demonstratie. Hij besefte ten volle, zo zei hij, dat je bereid moest zijn onorthodoxe dingen te doen. Zeker. Hij was niet van gisteren en zou morgen ook nog niet doodgaan. Hij persoonlijk was bereid om een neonring in zijn navel te dragen als dat Moeders Wijsvinger zou helpen en zijn salarischeque zou spekken. Orvilles ogen puilden door het succes meer dan ooit uit van opwinding. Hij besteedde veel tijd aan het bedenken van plannen voor zijn geliefde project. Hij wilde een goede plastic pop voor mannen maken. De meeste grote postorderbedrijven hadden die, maar elk model dat Orville ooit had geprobeerd – en hij had zeer uitgebreid onderzoek gedaan – schoot op een of andere manier tekort. Orville begon te experimenteren met uiteenlopende soorten plastic. De verkoop van de andere artikelen bleef stijgen, en hij was blij met de mogelijke foutmarge. Toch kostte het het grootste deel van zijn geduld en al zijn winst om het juiste soort plastic te vinden, een waarlijk overtuigend huidsurrogaat. Toen hij daar eenmaal in geslaagd was, ging Orville over tot de meest delicate fase van zijn werk, het maken van het orgaan van de pop. Orville deed experiment na experiment. Zijn assistent raakte eraan gewend hem razend in hun hoofdkwartier te zien rondspringen. Nauwgezet werk met genot als doel. Na vele maanden perfectioneerde Orville de bevochtiging en kraaide victorie. Om extra zeker te zijn liet Orville zijn assistent de pop proberen. Toen die gillend en schreeuwend klaar was gekomen, voorspelde hij dat de verkoop de pan uit zou rijzen, en maakte van de gelegenheid gebruik Orville om opslag te vragen.

Orville begon zich zorgen te maken over de promotie van zijn pop, met een budget zo groot als een erwt. Zijn assistent, die er veel aan gelegen was dat alles goed zou gaan, suggereerde een paar poppen met helium te vullen, er een reclametekst aan te hangen, en ze op strategische plekken op te laten. Maar de creatie van de pop had Orvilles reserves opgesoupeerd. Hij had gewoon geen geld voor een dergelijk geintje. Op dit punt kreeg hij hulp uit onverwachte hoek. Hij trof op een ochtend een lading paardenmest op het trottoir voor de Wijsvinger. Dat was het werk van het Comité voor Burger Fatsoen. Mensen van het CBF vonden dat Moeders Wijsvinger een schandvlek in de stad was. Zij hadden besloten Orville een tastbare uiting van hun afkeur te bezorgen.

Indrukwekkender dan de mest was de belangstelling die hij trok. Orville en zijn assistent stonden de hele dag reclamefolders uit te delen aan mensen die naar het spul kwamen kijken. De lui van Burger Fatsoen waren woest toen ze zagen dat hun inspanning een averechtse uitwerking had gehad. 'Dat is een scheet in het gezicht van de moraal,' zeiden sommigen. Anderen stelden voor nog meer mest neer te smijten.

Dankzij de mest van Burger Fatsoen werd Moeders Wijsvinger zeer welvarend voor de regio. De vrouw van een man die een pop had aangeschaft – een ergerlijk logge dame –, spuide al haar gif in een brandbrief aan Orville. Die begon met: 'Jij smerige kleine bologige kuttenmaker,' en eindigde met de verklaring dat zij het beledigend deel van de pop had uitgeknipt en dat Orville dat ingesloten kon aantreffen. De brief verzekerde Orville van de doeltreffendheid van zijn product.

Orville kreeg nog meer onverwachte hulp. Er ontstond een gerucht dat het plastic dat bij de poppen was gebruikt, medicinaal was. De poppen waren goed tegen impotentie en tegen infecties, zeiden de mannen. Orville aarzelde geen ogenblik die ontdekking te gelde te maken. Een van de advertenties voor de poppen begon als volgt: 'Doe niet moeilijk over verspilde penicilline, koop een pop van Moeders.'

Orville besloot nog enkele unieke extra's aan zijn pop toe te voegen voordat hij een verkooppraatje zou gaan weggeven van alles of niets. Hij vergeleek de bevochtigingscapaciteit van zijn pop met die van de andere op de markt. Hij was tevreden dat zijn pop zo nat mogelijk werd in zo kort mogelijke tijd. Het was een logische stap van het vochtigheidsvoordeel naar het idee van smaak. Moeders poppen zouden niet alleen de beste spleten hebben, maar ook nog als extra attractie smaak. Keuze in smaak zou op de klant individueel zijn afgestemd: naturel, kersen, sinaasappel, druif, pastrami, beenham, kippenlever en bourbon. Bovendien kon een klant een pop bestellen met zoveel organen als hij wilde, op de plek die hij wilde, en in de smaak die hij wilde. Hij kon bijvoorbeeld een naturel smakende opening op de gebruikelijke plek vragen, maar ook een naar druiven smakend orgaan in de navel, een bourbon oor, een pastrami neusvleugel, een beenham gat in het hoofd, enzovoort, naar eigen keus. De mogelijkheid van keuze aan organen was exclusief iets van Moeders. Voor elk gat stond een vaste prijs.

Bij de promotie van een nieuwe pop besloot Orville Mother maar weer eens op het slappe koord van het risico te gaan dansen. 'Operatie Tantalus' noemde hij dat. Orvilles assistent zorgde, via een bepaalde connectie, voor een adressenlijst van mogelijke klanten. Voor Orville bevatte die vitale informatie als het adres, het inkomen en de smaak. Vertrouwend op zijn kennis van mannen en zijn lot in handen leggend van de PTT, verzond Orville ongevraagd honderden poppen naar mannen van de lijst. Elke pop was uitgerust met een tijdelijk orgaan, met de smaak die bij de klant paste. Het orgaan zou na eenmalig gebruik desintegreren. Was de klant tevreden, dan kon hij een cheque sturen tegen de volle verkoopprijs, waarvoor hij dan een inpasbaar permanent orgaan teruggestuurd zou krijgen. Was hij niet tevreden, dan kon de klant de pop in de vuilnisemmer gooien. Als te veel mensen hun poppen weg zouden gooien, zou Orville failliet gaan.

Toen de poppen eenmaal waren verstuurd, ging Orville geduldig zitten wachten. Er verstreek een week en Orville werd geïrriteerd van het wachten. Nog een week en hij werd er ziek van. Aan het begin van de derde week, toen Orvilles assistent van plan was aan te kondigen dat hij maar eens naar een ander baantje om ging zien, begonnen de cheques binnen te stromen. Daarna was het een dagelijkse zondvloed.

Nu Moeders Wijsvinger schouder aan schouder stond met de grote bedrijven, begon het smerige elleboogwerk. De andere postorderbedrijven ontketenden een grimmige oorlog met de nieuwkomer. Orville merkte van zijn kant dat geld inderdaad wonderen deed. Vrouwen zeiden opeens dat hij 'knap was op een hele ruige manier', terwijl hij daarvoor die 'vent met die kikkerkop' was geweest. Eerder dan geld had deze nieuwe status tot gevolg dat Orville geen zin had het op te geven. Dus maakte hij zich op om op de markt met de rest de strijd aan te gaan. Hij zou de concurrentie door de superioriteit van zijn product verpletteren.

Hij bouwde een gyroscoop in zijn poppen zodat een man ze in alle mogelijke posities kon gebruiken. Daarbij voegde hij nog eens Moeders exclusieve dikke kont. Maar toen Orville orgasmogene afzuiging begon te ontwikkelen grepen zijn concurrenten in. Honderden afzuigmodellen waren uitgestuurd voordat het addertje onder het gras de kop opstak. Plotseling kwamen er uit het hele land verslagen binnen van heren die hun toevlucht zochten tot de eerste hulp. Zij kwamen binnen terwijl ze vastzaten aan afzuigpoppen die gewoon niet meer konden worden afgezet. Dat was nationaal nieuws en internationaal gelach. Orvilles assistent was met een fortuin door de concurrentie omgekocht. Hier een schakelaartje blokkeren, daar een draadje verkeerd verbinden. Het was kinderspel. Toen de waarheid boven water kwam, kon Orville nog slechts zijn assistent bedanken voor de gratis krantenkoppen, de televisietijd, en de golf publiciteit die de concurrentie wegvaagde, op één van de grotere bedrijven na. De slachtoffers van orgasmogene afzuiging hadden zich door de bank genomen uitstekend vermaakt, en waren tevreden met vervanging.

Orville had nu zijn catalogus en een wereldwijde reputatie. Wellicht kwam hij in de verleiding op zijn lauweren te rusten, of nog beter, de dame van zijn keuze erop neer te vlijen. Anderzijds had hij weliswaar hordes nieuwe klanten, maar ook een menigte vijanden. Strijd met dat andere mammoetpostorderbedrijf kon niet uitblijven, nog afgezien van de failliete bedrijven die hem dolgraag de mist in zouden zien gaan. Idem dito bij het Comité voor Burger Fatsoen. Zij hadden hem die affaire met die paardenmest nooit vergeven. Waarschijnlijk waren zij ook verantwoordelijk voor het feit dat de redacteur van de plaatselijke krant een groot artikel schreef over een zogenaamde aanklacht wegens vaderschap, waarin werd beweerd dat Orville de vader was van enkele kikkervisjes en ze niet goed onderhield.

De gemaskerde mannen die Moeders Wijsvinger op een avond binnenvielen, kregen de schrik van hun leven. Ze waren gekomen om adressenlijsten, computers en koopwaar te vernielen. Maar het elektronische oog keek ze aan, de elektrische neus besnuffelde ze. Toen ze allemaal binnen waren, schoten er traliehekken voor deuren en ramen, waardoor ze gevangenzaten. Toen ging het licht uit. Ze stonden even in de duisternis rond te kijken, maar meteen grepen tientallen mechanische handen ze en kleedden ze uit. Zachte wattenschijven vol wild ruikende massageolie kwamen uit het plafond en begonnen ze tartend in te wrijven. Toen de schijven weer terug werden getrokken, schoten er veren uit de muren die ze op heel provocerende wijze begonnen te kietelen. Alle mannen herinnerden zich nog hoe er opnames van zwaar ademen en zalig kreunen begonnen te draaien. Sommigen van hen herinnerden zich hoe er tegelijkertijd overal films van de meest erotische soort werden geprojecteerd – op de muren, de vloer en het plafond. Maar geen van hen kon zich herinneren hoe ze vast kwamen te zitten aan slecht functionerende afzuigpoppen.

De volgende ochtend kwam Orville terug met een leger verslaggevers en televisieploegen, een paar agenten en een grage advocaat. De onfortuinlijke invallers, die al snel werden geïdentificeerd als leden van de gemeenteraad, lagen volledig op apegapen. Zij smeekten van die poppen losgekoppeld te mogen worden. Zeker, Orville zou dat graag doen nadat zij al de vragen van de verslaggevers hadden beantwoord. De raadsleden deden dat maar al te graag. Zij hadden op voorhand een fortuin gekregen en zouden er nog een krijgen na afloop van de klus, om het niet te hebben over de politieke voordelen die hun in de schoot zouden vallen. Zeker, ze hadden zich wellicht terloops ook van de koopwaar bediend.

Sluiters klikten, pennen krasten, cassettes zoemden, en het eindresultaat was een kop in alle grote kranten van de hoofdstad: 'Moeders naait vroede vaderen'. Hoe je dat ook opvatte, het was voorzichtig uitgedrukt.

Uit: *First Person Singular*

Lois Griffith

In Trinidad stond Nigel bekend als een groot calypsozanger, hoewel ik nooit zijn talent aan het werk had gezien tot die vroege ochtend van een Aswoensdag. Mammie liet mijn zuster Miriam en mij nooit naar carnavaleske gelegenheden gaan.

'Ik wil niet dat mijn schatjes voor toeristen tentoongesteld worden en met uitschot in primitieve riten als wilden tekeergaan. Dat hele gedoe rond carnaval is bijna obsceen,' zei ze. Terwijl het hele eiland aan het feestvieren sloeg, drilde zij ons in de catechismus van de vasten, maar ik placht vóór dageraad uit bed te glippen en het staartje van de pret nog mee te pikken. Vermoeide feestgangers, nog dronken van rum en dansend, strompelden over de weg, voor het huis langs, liedjes zingend die ze bij de marsen van de rivaliserende steelbands uit de heuvels hadden geleerd. Trinidanen oefenen het hele jaar voor carnaval. Calypsoscholen kiezen met veel zorg hun thema's, ontwerpen kostuums en componeren liedjes voor de competitie bij de Grand March.

Die ochtend kleedde ik me aan, ging naar buiten om bij de haag van vrouwentongen voor het huis te gaan staan, onder de flamboyant, om nog zoveel mogelijk te zien te krijgen. Met rode aarde bezwaard gaas sleepte over het asfalt, door modderige plassen. Een trouwstoet zoals geen enkele die ik ooit had gezien, paradeerde over de weg. Er was een bruid in het wit en iemand in een zwarte lijkwade.

De rafelige zomen van hun kleren stonden stijf van de modder en sleepten van alles mee. Er was iemand als zigeuner vermomd in fel gekleurde, bouffante kleren. Hij droeg een steeldrum, met riemen aan zijn lijf en terwijl hij het vat bespeelde, zong de man in het skelet:

... jumbidans
ze horen vuur, vuur
in de drum
en kom rennen rennen
naar het vuur, het vuur
van de drum...

En het ritme was een gestage polsslag. Dat was Nigel, in dat skelet. Zijn uitgesmeerde schmink was zo opgebracht dat het leek alsof zijn huid er niet was, en de witte beenderen van de schedel over zijn gezicht heen lagen. Hij zag hoe ik hem stond aan te gapen van achter de heg en grijnsde zijn tandeloze grijns.

Sluit je maar aan, jongen!

Hij had maracas in zijn handen, en al hield de slagwerker op met spelen toen het gezelschap voor mij halt hield, Nigel zette hetzelfde constant pulserende ritme met die kalebassen door.

Sluit je maar aan
pak het vuur, het vuur...

Dat zong hij ook nog en ik kon het niet weerstaan. Mijn bedoeling was ze een eindje te volgen, de weg af naar de kruising, maar de dode pakte mijn hand en ik danste op haar passen en ze wou me niet loslaten. Ten slotte kwamen we bij een hut achter een rietveld, en tegen die tijd was de zon helemaal op, maar wolken joegen elkaar door de lucht na en dreigden open te barsten in een bui.

Ik herinner me die hemel, dat ruisende geluid van de riet-
stengels, de zware muskuslucht van zweet met aarde ver-
mengd, de stem van de oude man die de hut uitkwam om
ons te begroeten.

'Een lekker regentje om jelui schoon te wassen,' zei hij.
Ik hoorde dat dit Nigels broer was.

We dromden allemaal samen in het huis en daar was
Molly, Nigels kleindochter. Haar korte, draderige haar
stond aan een kant omhoog, waardoor haar gezicht een verrast uiterlijk kreeg. Eigenlijk was Molly een mooie meid,
wulps en goed in het vlees, nu ik aan haar denk. Ze zette
eten voor ons op tafel: een sterke maubey punch, stukjes
koude ham en wat *johnny cakes*, zo uit de hete pan.

Molly was nogal weg van me. Ze ging naast me zitten en
bleef maar over mijn wang strelen, mijn hand bekloppen.

'Hij is te mooi voor een jongen.'

Toen ze giechelde, zag ik dat haar tanden heel wit en
gelijkmatig waren. Grote, scherpe tanden. Ze pakte het
vlees van haar bord en scheurde het af als een vraatzuchtig
dier. Ze boezemde me angst in.

Ik kreeg aandrang en zij bracht me naar de doos achter
de hut. Ik moet verward hebben gedaan, omdat ik niet gewend was aan de eenvoud van dergelijke voorzieningen, die
uit niet meer bestonden dan een gat in de grond met vier
muren, een dak en een deur er omheen. Ze hield de deur
open en bleef daar naar mij staan kijken, maar vanwege de
urgentie van de situatie was er geen tijd om te klagen over
het gebrek aan privacy. Zoals het nu ging, miste ik mijn doel
en mijn sandalen kregen het grootste deel ervan over zich
heen, waarop zij begon te lachen.

'Heb je hulp nodig, jongen?' vroeg ze, schitterend met
die tanden van haar.

Ik wilde wegrennen van die plek, van haar vandaan. Ik
was vernederd. Ik maakte me zo goed en zo kwaad als het
ging schoon, maar toen glipte ze langs mij heen en kwam in
het hokje staan.

'Kijk, zo moet het, jongen.'

Ze ging schrijlings boven het gat staan en trok haar rok op. Ik keek toe, toen ze een stroom van tussen haar benen liet gaan, vervolgens een prop maakte van een stuk krantenpapier dat aan een haak aan de muur hing en zich schoonveegde.

'Heb jij nog nooit een meid gezien, jongen?' vroeg ze, nog steeds met haar rok omhoog.

Ik probeerde niet te kijken naar die donkere heuvel die zij met zoveel trots toonde.

'Natuurlijk wel,' loog ik.

'Je kunt het ook aanraken, jongen,' zei ze.

Het haar was stug en vochtig, heel wat anders dan haar gladde dijen.

'Heb jij nog nooit een meisje aangeraakt?'

Ik knikte bevestigend, maar ze had me door en lachend pakte ze mijn hand om die krachtig tegen zich aan te drukken.

'Steek er maar een vinger in,' zei ze. 'Trouw me.'

Ik probeerde mijn hand weg te trekken. Het idee mijn vinger in dat donkere, vochtige gat in haar lijf te steken vervulde mij met vrees en verachting, maar toch voelde ik opwinding en nieuwsgierigheid.

'Ben je bang, jongen?'

Voorzichtig sondeerde mijn vinger de huidplooien voordat hij de opening vond, werd vastgegrepen en opgezogen door die dikke, natte lippen.

'Vind je mij aardig?' vroeg ze en voordat ik kon antwoorden, bedekte ze mijn mond met die van haar en liet haar tong over mijn op elkaar geklemde tanden gaan. Ik trok mij ademloos los, voelde een ongewone bobbel in het kruis van mijn broek. Ik stond buiten het hok, net buiten haar bereik en keek haar in haar grote ogen.

'Je bent een rare jongen,' lachte ze.

Het was begonnen te regenen en enorme druppels spatten op mijn kop. Ik bleef daar maar staan. Toen draaide ik mij om en rende naar de beschutting van het huis, met haar op mijn hielen.

Ik kon het vergeten nog naar huis te gaan met die wolk-breuk, dus ik ging bij ze in huis zitten. Nigel en de steel-drummer hielden de muziek gaande en Molly stond op en danste met de bruid en met de lijkwade zonder mij aan te kijken, al kon ik mijn ogen niet van haar rollende heupen afhouden.

Mammie was woest toen ik eindelijk thuiskwam, en dat was pas in de namiddag. Ze had de politie gewaarschuwd, omdat ze had gedacht dat ik was ontvoerd door dezelfde boeven die een eind hadden gemaakt aan de carrière van mijn vader.

Ik had haar nog nooit zo overstuur gezien. Ze had mijn tante Rani gebeld en beiden begroetten mij in tranen op de veranda.

'Gemeen, ongevoelig joch!' huilde Rani. Ze sneed een tak uit de tuin en stond op het punt mij een pak rammel te geven.

'Doe hem niks! Hij is veilig! Hij is veilig!' jammerde mammie, en knuffelde me.

'Iemand moet deze dwaze, onnadenkende jongen tuch-tigen, anders wordt hij net als zijn vader!'

Hoe kon Rani dat zeggen, mij vergelijken met vader en de ergste herinneringen bovenhalen?

'Ik ben niet als mijn vader!'

Ik schreeuwde tegen haar en ze mikte met de tak op mijn benen. Dik en onzeker te been als ze was, joeg ze me na tot in mijn kamer.

Ik huilde mezelf in slaap en de volgende ochtend riep mammie Miriam en mij bij haar om ons te vertellen dat ze het niet langer uithield op het eiland. Mammie was niet langer van een leeftijd dat het idee van een avontuurlijk, vrijgezellenleven haar opwond, maar toch, ze verkocht het huis en ontwortelde ons. Ik wilde niet weg.

Nigel zag ik niet meer, maar Molly zag ik nog een laatste keer voordat ik vertrok. Ik zag haar op een dag op de markt. Ze liep hand in hand met een donkere bonenstaak van een vent, in het uniform van de koopvaardij. Ik zag hem met haar flirten en hij kocht voor haar een zak *sugar cakes*. Ik weet dat ze me zag, maar ze deed alsof ze me niet herkende. Ik vroeg me af of ze hem haar zou laten trouwen.

Onderricht in het lekkere

P.J. GIBSON

Juf Dorothy, officieel bekend als juffrouw Dorothy Ganges, had in de loop der jaren jonge jongens klusjes voor zich laten doen. Ze liet ze hier het een en daar wat anders maken en gaf ze een paar dollar voor de moeite. Ze was kieskeurig over wie ze in huis haalde. Te luidruchtige, ruwe jongens vroeg ze nooit over de drempel van haar huis te komen. Sommigen zeiden dat ze ze niet binnenliet omdat veel van hen stalen, en ze kostbare dingen had die ze in de loop der jaren had aangeschaft. Wat de meesten wel wisten, was dat ze altijd rustige, intelligente, welbespraakte jonge jongens koos om haar met het een en ander te helpen. Sommigen deden boodschappen voor haar. Anderen harkten blad of maaiden het gazon. Sommigen schilderden de trap en de veranda. Anderen kregen werk in huis. Af en toe een klusje voor juf Dorothy doen was een eer. Ze was een mooie negerin met een lichte, gladde, diep karamelkleurige huid, het soort met een waas van rood dat er hier en daar doorheen komt, en ze had een prachtig lichaam. Zelfs de oudere mannen en vrouwen in de straat waren het erover eens dat ze prachtig gebouwd was. Ze had een man, de heer Ray Locklear. Hij zat in de koopvaardij en was hele tijden weg naar zee. Daarom hadden zoveel jonge jongens een kans gekregen een paar dingen voor haar te doen.

Dorothy was discreet in haar keuze van de jongens die zij in de geurige pracht van haar bed onderhanden nam.

Niet allen die de trap hadden geschilderd, bladeren geharkt of naar de supermarkt waren gegaan, hadden de stevige rondingen van haar borsten mogen betasten of de zoete geur van haar vrouwelijk bosje mogen ruiken. De jongens die dat wel hadden gehad, groeiden uit tot mannen die nooit de zoete geur van vrouw zouden vergeten, die zij in het bed van juf Dorothy hadden leren kennen.

Geoffery's jonge geest was op juf Dorothy voorbereid. De jaren die hij verdiept in verleidelijke literatuur had doorgebracht, de uren dat hij steels naar verboden films had gekeken, met mannen en vrouwen die elkaars lijven verslonden, dat alles had Geoffery voorbereid op juf Dorothy. En toen ze hem naar haar bed voerde en zich opmaakte om dat 'lekkere jonge ding' iets te leren over 'vrouwen en de liefde', deed Geoffery haar uitroepen: 'Ooo lekker ding... Zo lekker, lekker, lekker...' Zij verdiepte zijn kennis en beiden werden bevredigd.

Uit: *The Initiation of Belfon*

Jan Carew

Dikke regendruppels begonnen als wanhopige, onderdak zoekende vreemdelingen op het golfplaten dak te kloppen. De avondbries, van over de rietvelden door het open raam binnenwaaiend, droeg de geur van regen en verre oerwouden de kamer in. Couvade haastte zich naar buiten om haar was te redden van de lijn op het erf.

Er klonk luid gerommel en het zuchten van de wind in de bomen, waarop een donderslag potten en pannen in de keuken aan het rinkelen bracht.

Couvade stond met haar armen vol schone was in de deuropening. Haar blik bleef even op mij rusten, afwisselend vaag en scherp.

'Je ziet er moe uit, Belfon. Met die regen ga jij lekker slapen kunnen.'

Het gele schijnsel van de kale gloeilamp deed haar de glinsterende, koolzwarte ogen toeknijpen, die nu door spleetjes staarden, en een tegelijk raadselachtige en dreigende uitdrukking kregen. De regen klopte als een horde wasvrouwen die aan de rivier hun wasgoed met stokken bewerken, op het dak. Af en toe veranderde een windvlaag het monotone ritme in kwaadaardig gesis.

'Ja, ik kan maar beter gaan liggen,' zei ik.

Couvade maakte twee stoelen aan de bank vast, en bond ze samen met touw zodat mijn twee meter lange lijf zich comfortabel kon uitstrekken.

Ik lag diep in de armen van droomloze slaap toen Couvade mij wekte.

'Belfon, word wakker,' fluisterde ze. 'De kippen maken vreselijk veel lawaai, dat moet een dief zijn.'

Ze gaf me een kapmes en een zaklamp, en met niet meer dan mijn onderbroek aan glipte ik door de voordeur en liep om het kippenhok heen. Toen ik de zaklamp aanknipte, zag ik een gele boa van tweeënhalve meter een poging doen door een gat in de zijkant van het hok te kruipen. Ik hakte de kop van de slang af, trok het nog stuiptrekkende lijf uit het hok en gooide het over het hek, in de wetenschap dat tussen zonsopgang en halverwege de ochtend de zwarte kraaien het tot op het bot zouden schoon pikken. Het regende niet meer en het was alsof de wind en de zondvloed de sterren hadden gewassen, want zij fonkelden als laaghangende hemelse lantaarns met schitterende kristallen glazen.

Ik deed zo rustig toen ik het huisje weer betrad, dat ik er zeker van was dat Couvade sliep, maar toen ik naar de bank wou sluipen, zei zij: 'Kom in mijn warme bed liggen. Je kunt kou vatten met die dauw in de vroege ochtend.'

Ik kroop in haar bed en zij wond haar naakte lijf rond het mijne. Ik hoorde het woordloze lied van Sjangotrommels opklinken uit verre bossen, en de kloppende hartslag van de trommels versmolt met die van mijn eigen hart. Het genadeloze ritme van hart en bloed en trommels werd een onweerstaanbare stroom die onze wezens voedde terwijl wij onze langzame, kronkelende dans uitvoerden, als slangen in het paarseizoen.

De kippen werden dagen verwaarloosd en scharrelden rusteloos rond het achtererf, kakelend en krabbend, gravend naar wormen en insecten. Couvade ging overeind zitten in bed, ging met haar vingers over mijn borst, de randen van mijn buik, mijn dijen, en sprak weemoedig: 'Met wat voor roede heeft de Heer jou begiftigd, Belfon! Het is een instrument van verlossing. Niet alleen is het perfect van omvang, het is ook de vorm ervan en hoe het aanvoelt, en jij zo lief, jongen, zo lief als een vrouw. Jongen, jij bent onder een vrouwelijk teken geboren, vrouwen gaan al jouw levensdagen belangrijk zijn. Belfon, lieveling, wees nooit bang om lief te zijn, een man te zijn met jouw mooie lijf en de hersens die jij in je kabesa hebt, is zoveel als een magneet voor het vrouwdom, en dat is wellicht belangrijker dan die staf tussen je benen, al kan ik je zeggen dat die staf zoeter is dan honing, en om die in mij te voelen, hij raakt plaatsen die al lange tijd waren ingeslapen, en jouw jonkheid en frisheid maken ook mij weer jong, en als hij mijn mond vult, heb ik het gevoel dat ik nectar uit een paradijselijke bron zit te zuigen.' Ik zag haar ogen zich langzaam met tranen vullen en haar mondhoeken begonnen te trillen.

Ik sloot de roep om schuld uit mijn geest en vroeg: 'Waarom huil je, Couvade?'

'Ik huil om het genot van het leven, schat, om het gevoel van hete bloedstroom, en om de gedachte dat op een dag die stroom zal opdrogen, en dat alles wat overblijft, herinnering gaat zijn die mannen en vrouwen doortrekt met wie je het genot deelt, net zoals water in een rotte boomstam trekt. Telkens als ik dergelijke vreugde beleef, begin ik te denken dat iets in me is gestorven, me is ontsnapt naar waar ik er niet meer bij kan, het is net zoals je nooit twee keer in hetzelfde water van een rivier kunt zwemmen... Jij bent zo anders Belfon, jij geeft iedere vrouw het gevoel dat ze bijzonder is... Desalniettemin,' zei ze nadenkend, en ik verbaasde me over het gemak waarmee zij zonder pauze van de ene gemoedsstemming naar de andere kon overgaan. Ze deed me vergeten dat ze naakt was, dat haar chocoladebruine huid zacht was als zijde, dat haar borsten zo sappig waren als rijpe meloenen, en dat we al twee dagen aan het vrijen waren als dansers, gehypnotiseerd door het ritme dat ze ver voorbij de normale grenzen van vermoeidheid had meegesleurd.

'Desalniettemin,' herhaalde ze, 'hoop ik dat het voor jou ook iets bijzonders was.' Ze maakte korte metten met de verzekering die ik zo graag wilde geven en verklaarde droogjes: 'Seks is net als ijs in de zon, het kan je verblinden van schoonheid, straling en glans en je het gevoel geven dat je het grootste juweel hebt gevonden dat ooit uit de aarde kwam, maar na een poosje, en gauw genoeg ook nog, is alles wat over is herinneringen en een plasje.'

Ik stond uit bed op en begon te ijsberen. Ik had mijzelf al wijs gemaakt dat ik verliefd werd op Couvade, dat ik bereid werd mijn studie op te geven en met haar te trouwen, maar zij had die romantische dromen aan diggelen gegooid, als een sloper die een façade opblaast om niets dan stof en leegheid daarachter te onthullen. Het huisje leek me plotseling even beklemmend als een tijgervel, en ik wilde weer ontsnappen naar open ruimte.

'Weet je wat, ik ben nog nooit zo lang binnen geweest sinds ik tien was en de mazelen had.'

'Dan moeten we naar buiten,' zei Couvade, 'ik wil niet dat je het gevoel krijgt dat ik je opsluit in een liefdekooi.'

Ik onderzocht haar gezicht om te kijken of er geen spoor van ergernis op te zien was. Maar het was even ondoorgrondelijk als een Caribisch duivelsmasker. Ze stond op en rekte zich als een ocelot. Ik sloeg mijn armen om haar heen en tilde haar op. 'Laat me los!' zei ze woest, maar ze had me een vertrouwen bezorgd dat ik nog nooit eerder in de aanwezigheid van vrouwen had gekend. Ik zag de hartstocht in haar donkere ogen ontvlammen, branden als een gasvlam. Haar lichaam wilde eerst niet meegeven, maar toen gaf ze zich wild over. Toen de duisternis ons eens te meer verraste, openden we de ramen van de woonkamer en lieten het sterrenlicht binnenstromen.

Lief dagboek

R.H. Douglas

Maandag, 15 november 1976

Lief dagboek,

Na veel wikken en wegen ben ik gisteravond eindelijk gezwicht voor mijn hartstocht. Ik nam een warm bad en speelde met het zinnelijke gevoel. Mijn therapeut had gezegd dat ik mij volkomen ontspannen moest, in staat moest zijn mijn poriën zich te voelen openen door de warmte van het water. Ik genoot van die aanpak en wilde mijn heftig verlangen naar seks stillen. De muziek stond zachtjes en verleidelijk aan, ik deed de lichten in de badkamer uit, zodat er alleen een beetje weerschijn van het ganglicht buiten de badkamer binnendrong, naast het licht van de sterren en de maan dat door het raam heen sijpelde. Ik parfumeerde mijn badwater met amber en dat parfum vulde de atmosfeer, schiep de stemming waarbij ik voor het eerst van mijn leven kon masturberen.

Ik kon mij nu ontspannen overgeven aan genot van mezelf, door voorzichtig mijn dijen te strelen en langzaam mijn vinger in mijn vagina te stoppen. Ik hield op, ging rechtop in de badkuip zitten, vroeg me af of ik door moest gaan, want nu begon ik het zoete gevoel van vervoering te krijgen. Ik overwoog dat als ik het ooit moest proberen, ik het dan net zo goed nu kon doen. Dus ging ik achterover liggen in het warme geparfumeerde water en streelde mijn dijen, voelde de ruigte van de tedere haartjes op mijn venusberg toen mijn handen langzaam door mijn vallei van verboden vruchten gleden. Ik zuchtte en merkte dat ik genoot van wat ik deed. Toen kregen schaamte en gêne de overhand. Ik hield mij voor dat ik de enige was die hiervan wist en dat er geen onopgemerkte spion in mijn appartement stond te wachten om mij de 'verboden' daad te zien uitvoeren. Ik vroeg me af of ik door me te masturberen en genot in mezelf op te roepen tot homoseksualiteit geneigd zou raken.

Door te masturberen leer ik van mijn lichaam te houden. Ik raakte mijn zachte huid en likte de rimpels van mijn handen. Toen ik dat deed, voelde en proefde ik mezelf. Ik speelde beide rollen, brengster en ontvangster van genot. Ik had alles in de hand. Ik probeerde klaar te komen, maar werd daarin geremd. Ik kon de vurige hartstocht en het bezielde gevoel dat ik daarvoor nodig had, niet bereiken. Ik kon het genot verhogen, maar ik moest het juiste ritme hebben om die knoop in mijzelf los te maken. Ik gaf het op nadat ik had zitten schudden op het ritme van mijn vinger en vier andere vingers voor meer rendement.

Toen hield ik op en stapte onder de douche. Toen ik het apparaat in mij stak, veroorzaakte dat groot genoegen en ontlokte het een lange zucht aan me. Langzaam bewoog ik de douchekop in het rond, wreef hem zachtjes over delen die mij het hoogste genot bezorgden. Het harde instrument verhoogde mijn toch al verhoogd plezier. Ik stak mijn vinger weer bij het voorwerp om dieper in mijzelf te gaan. Hoewel de diepte in centimeters niet kon worden vergroot, werd de diepte van het genot dat wel. Ik voelde mijn zachte vaginawanden en dacht: O, dit is dus wat mannen zo graag voelen, dit zachte, dit zinnelijke vlees dat hun penis, hun vingers streelt. Ik vond het een heerlijk gevoel, maar ik kwam niet klaar, wat ik nu juist zo wanhopig probeerde te bereiken. Maar het genot was zo diep dat ik al snel het orgasme vergat en mij totaal liet opgaan in het onmiddellijke genot dat elke vierkante centimeter van mijn lijf doorstroomde. Ik ging nog een paar minuutjes door, terwijl de hele kant van de plaat afspeelde, toen trok ik langzaam mijn vingers eruit en ontspande me. Ik was verrast, hoe ontspannen mijn geest en lichaam nu waren. Ik dacht: het werkt dus echt! Ik heb verslagen van mensen gelezen die het voor het eerst deden, hun bevrediging bij de eerste poging. Dat gevoel was echt. Dat was het tenminste voor mij. Ik voelde mij echt meer ontspannen en tevreden, maar niet helemaal, want ik explodeerde nog steeds niet in triljoenen sprankelende sterren, maar ontspannen was ik.

Toen ik me afdroogde, bedacht ik dat ik me verder zou kunnen ontspannen met een joint, maar ik had meer nodig dan mijn vingers. Ik zocht in het appartement en zag kaarsen in de kandelaar staan. Vroeger had mijn zwager tegen me gezegd dat ik een man nodig had, waarop ik hem vertelde dat ik vooral een goede stijve nodig had, waarop hij weer zei: 'Er staat anders een stevige kaars daar.' Dus toen ik de kaars in het donker pakte, na alle lichten te hebben uitgedaan, lachte ik en zei bij mezelf: 'Hij moest eens weten.' Het maanlicht sijpelde de kamer in en schiep een dromerige atmosfeer. De zacht spelende muziek verhoogde de trillingen, ik leunde achterover en begon mij weer helemaal opnieuw genot te bezorgen. Ik drong door tot de krochten van mijn vagina. Ik wreef over de tere lippen. Ik haastte me niet. Ik wilde met mijn geestesoog zien wat ik met mijn vingers deed. Ik sloot mijn ogen en concentreerde me op het gevoel. Ik werd meegesleept door een aangenaam vliedende stroom die mij langzaam heen en weer schudde op het ritme op mijn seksueel geluid. Ik spreidde de lippen van mijn vagina en stak de kaars erin. Dat binnendringen was het hoogtepunt van de daad. Langzaam bewoog ik de kaars in en uit en rond en bedacht dat die kaars een voordeel had boven een penis van een man: zijn penis kan niet ronddraaien, kan er alleen in en uit. Ik wreef haar hard tegen mijn clitoris en voelde de opwinding die mijn man ook bij mij veroorzaakte. Het enige probleem was dat ik niet klaar kon komen door haar eruit te trekken en te beffen zoals hij dat deed. Ik wenste op dat ogenblik dat ik als door een wonder mijn hoofd tussen mijn benen had kunnen steken. Ik veranderde van positie. In plaats van op de kussens te liggen, ging ik nu op de vloer liggen met mijn voeten op de stoel. Ik kreunde en fluisterde tegen mezelf dat ik het in me had om klaar te komen. Ik zei: 'Pak hem dan, meid.' Ik was zo geobsedeerd door het genot dat ik geen schaamte meer voelde, geen gêne toen ik over de vloer lag te rollen en te kreunen. Toen ik daarmee ophield, was ik volledig ontspannen.

Na een paar minuten wilde ik weer beginnen. Ik was nog steeds niet klaargekomen en het kloppend gevoel tussen mijn dijen was overweldigend. Ik moest het weer doen. Ik gebruikte de kaars en een vinger, die ik met de kaars naar binnen schoof. Ik liet het gevoel een paar minuten stromen, toen stak ik de kaars er snel in en haalde haar eruit waardoor ik mij volslagen vervoerd ging voelen. Eindelijk kwam ik half om half klaar en hield ermee op. Ik doezelde weg in dezelfde positie, met de kaars tussen mijn dijen. Toen stond ik op, zette de muziek af, viel op de kussens en ging slapen met de kaars in positie. Toen ik vanochtend wakker werd, was de kaars eruit gegleden en ik helemaal ontspannen.

Ik heb genoten van mijn eerste poging tot masturbatie en ik zie uit naar vele andere keren. Ik ga nu een paar minuten ontspannen voordat ik naar mijn werk ga. Mijn vingers zullen mij troosten en mijn kaars zal me bevredigen.

De 1ste 3 dagen

Reginald Martin

VRIJDAG

...*het soort verveling dat over je komt als je de wereld te
duidelijk ziet – je weet wel wat ik bedoel. Zo'n dag waarop
je baan niets voor je betekent en je beseft dat je een paar opmerkelijke daden en wat plezier in je kleine narratieve tijdsbestek moet stoppen voordat het enige wat nog van je over
is, de herinneringen zijn die je vrienden en familieleden van
je hebben.*

*In Mobile verkleuren de bladeren in november, maar
vallen doen ze niet. Als er een briesje uit het zuiden op-
steekt, ritselen en tinkelen ze tot in februari. Op zo'n ochtend, waarop je de koffieshop uit wilt lopen en wat van die
bladeren over het gras wilt uitstrooien om erin te gaan
liggen rollen, om al het kwaad te vergeten waar je toch niets
aan kunt doen en gewoon te rollen en rond te rollen in bladeren en alles te vergeten van het werk op het postkantoor
en je collega's die je in de gaten houden en hun neus snuiten.
Op zo'n dag, om halfacht in de ochtend, loopt zij het kantoor binnen en komt op mijn loket af.*

*Elke handeling in het postkantoor waarbij een manne-
tjesdier betrokken was, werd gedurende de tien minuten
van haar aanwezigheid gestaakt – tot grote ergernis van de
andere vrouwtjesdieren die geholpen wilden worden. En het
grappige aan die paar minuten was dat iedereen – wij, de
andere vrouwen in de rij, en de vrouw zelf – wist waarom*

elke handeling was gestaakt, maar niemand zei een woord.
De mannen zeiden niets tegen elkaar, maar ze had ons alle-
maal het hoofd op hol gebracht en wij stonden allemaal te
genieten van onze persoonlijke seksuele fantasietjes, met
uitsluiting, zo mochten we graag denken, van ieder ander.

Altijd op dagen dat je denkt dat je er slechter uitziet dan
ooit en je je slechter voelt dan ooit, als je aan niets anders
kunt denken dan aan al die dingen die de laatste tijd fout
zijn gegaan, toont een of andere leuke vent belangstelling
voor je. Als je in topvorm bent, alle kleren goed, make-up
goed, kop goed, kom je alleen maar van die minkukels
tegen, die willen dat je hun mammie wordt. Maar mocht je
je zorgen maken dat je haar even vies lijkt als het ook is,
dan is het meteen raak. Een of ander lekker dier dat recht-
streeks uit een advertentie voor herenkleding in *Ebony*
komt, loopt op je af en zegt van die dingen die je graag voor
waar wilt aannemen.

Zeker, ik zag hem achter de balie staan toen ik binnenkwam en ik dacht: Zo, dat is een knappe gozer. Maar ik
was niet van plan om wat tegen hem te gaan zeggen, want
ik voelde me helemaal niet aantrekkelijk en trouwens, mijn
gevoelens worden te gemakkelijk gekwetst als zo'n vent dan
getrouwd of homo of iets anders blijkt te zijn. Dus ik dacht
gewoon aan mijn zaken afhandelen. Maar ik voelde die
bruine ogen mij verteren en ik wilde niets liever.

Dus toen ze eindelijk aan de beurt was, zorgde ik er wel
voor de eerste te zijn om 'de volgende' te roepen. Ik bedoel,
al die andere kerels stonden daar als verlamd van schrik. Ik
ben een vent, ik heb al zo vaak 'nee!' gehoord dat dat alleen
nog maar een heel klein beetje zeer doet, en dan niet meer,
zoals een muggenbeet. Toen ze bij de balie kwam, luisterde
ik naar wat ze wilde en toen ik terugkwam met de zegels zei
ik: 'Je ziet er goed uit op deze herfstochtend.'
  'Ik zie er elke ochtend goed uit.'
  'Dat is vast waar. Mag ik je bellen?'

'Nou ja... je kunt mij jou beter laten bellen, want ik ben nogal vaak uit huis. Wat is jouw nummer?'

Het nummer kwam er zo snel uit dat ze mij moest vragen het te herhalen. Ik stond te kwijlen op de postzegels, de aderen in mijn nek zwollen, het bloed stroomde mijn kop in, ik liet overal rommel vallen. Ik zei haar dat ze elk moment na zes uur kon bellen. Ik wist dat ik dan de tijd zou hebben om twintig minuten te gaan joggen in het park en te werken aan mijn borst-, schouder- en armspieren op de bank, me op te frissen, en dan kon ik mijn sociabele gezicht opzetten en redelijk onderhoudend zijn. Man, ik bedoel, alles in dat postkantoor was stilgevallen. Die vrouw was iets onweerstaanbaars uit een andere tijd. Toen ze naar buiten was geheupwiegd, liet het hele gebouw zijn adem gaan.

Maar je had er die ochtend bij moeten zijn om al die positieve vibraties waar ik het over heb, tussen hem en mij, te voelen. Sjonge, het was net... volgens mij was ik erin gebleven als hij mij zijn nummer niet had gegeven. En ik voelde hem komen. Snap je wat ik bedoel? Ik bedoel, kijk, ik ben boeddhiste, en ik had mijn mantra's goed bijgehouden, en onlangs had ik iets... iets groots en positiefs voelen binnenkomen, dat het krachtveld van mijn karma binnen wilde, en ik wist niet wat het was of waar het vandaan kwam, maar ik wist dat er iets ging komen, en dat dat niets negatiefs zou zijn.

Maar verdorie, die vent straalde gewoon uit – nee, hij schoot al die warmte en die seksuele gedachten op mij af, rond mijn hals, mijn schouders, mijn lijf, mijn benen. En buiten was het zo helder en iedereen leek vertraagd te bewegen. Zo'n half koel briesje waaide liefelijk uit de richting van het strand, schoof papieren bekertjes buiten over het asfalt. En wij liepen helemaal synchroon.

Ik wist niet wat ik moest doen. Hij kon mij niet bellen, omdat de kinderen en ik op dat moment bij een vriendin waren, en ik had toen nog geen afspraken gemaakt over telefoneren en zo, en het werk was in die tijd ook een beetje een vraagteken – ik doe namelijk promoties – en ik wist niet wanneer ik thuis zou zijn of niet.

Ik dreef verder de hele dag zo'n beetje rond. Zelfs de meest vermoeiende en vernederende aspecten van het baantjes jagen werden gewoon afgehandeld zonder dat ik er al te veel over nadacht. Ik dacht alleen maar aan die vent, schat. En de lekkere, natte dingen die hij die avond over de telefoon zei!

Toen ze die avond belde, man, was ik de kluts kwijt. Ik kon dat gesprek helemaal niet de kant op krijgen die ik wilde, maar het pakte nog beter uit dan ik van plan was geweest. Weet je, zij was een praatster. Zij nam de leiding over waar we het over gingen hebben, stuurde het gesprek in de richting die zij wilde.

Ach, weet ik veel. Ik denk dat ik gewoon genoeg seks had voor honderd man. En dan heb ik het over eersteklas sekstechniek. Ik bedoel, mensen die altijd zeggen: 'Dan heb je iets om aan je kleinkinderen te vertellen.' Man, ik kon nog niet genoeg kinderen verwekken om het aantal kleinkinderen te krijgen dat nodig zou zijn om elk van hen een stukje van mijn hele verhaal te geven.

Zo, dus bij wijze van uitzondering, dacht ik, zal ik me inhouden en hebben wat duffe lui 'een vriendin' noemen. En dat maakte ze gemakkelijk, na een minuut of vijf kon je merken dat zij iemand was die je echt wilde leren kennen, om als vriendin te hebben, niet alleen omdat ze sexy was en in alle opzichten slim, maar ze was gewoon lief van binnen, een goed mens. Beter nog, ik kwam tot de conclusie dat die goedheid haar niet zo maar was komen aanwaaien. Ze had zichzelf interessant gemaakt, aan zichzelf gewerkt en zichzelf weer helemaal opgebouwd na voldoende moeilijkheden om zelfs Bill Cosby in het gekkenhuis te krijgen.

Hoe dan ook, we kletsen en we kletsen, over haar, haar leven, wat ze had gedaan, had meegemaakt. Van cheerleader tot Black Muslim tot boeddhiste, dan krijg je wel het een en ander te zien, dat zal ik je vertellen. En ik heb

haar alles van mezelf verteld: hoe ik van het hbo afkwam
met het beste gemiddelde voor sociologie, om te merken dat
de beste baan die ik kon krijgen in het postkantoor was, als
sorteerder. Hoe ik graag trainde met gewichten, basketbal
speelde, weer leerde voor mijn genoegen te lezen en ook
echt te begrijpen wat ik las, en museums te bezoeken. Ik
bedoel, ik was even saai als zondag, toen zei ze iets wat...
nou ja...

O, die vent was leuk om een telefoongesprek mee te hebben.
Zoals gewoonlijk nam ik het voortouw, maar het was net
alsof hij dat ook wilde. Hij was geïnteresseerd in de dingen
die ik te zeggen had, en hij kende de dingen die ik in mijn
leven had doorstaan. Ik had het over mijn kinderen. Hij zei
mij dat hij er geen had en waarom niet. Hij hield van basketbal, van alles wat atletisch was. Monsterfilms. En die
man kon je nog midden op een begrafenis in lachen doen
uitbarsten.

Hij vertelde me een mop – wacht even, ik wil zeker zijn
dat ik dat goed doe. Oké, we hadden het over schrijven en
ik vertelde hem dat ik de afgelopen vijftien jaar heel precies
een dagboek had bijgehouden en hij vertelde me dat hij
lange brieven aan zijn oma schreef, met gedichten, verhalen,
elke keer, want hij was daar gek op. En ik vroeg hem
waarom er volgens hem niet meer zwarte auteurs op de
markt waren, en hij zei dat de beste zwarte auteurs in de
markt schreven die het beste betaalde en het minst vijandig
was, namelijk de popmuziek. Hij zei ook dat hij wel wist
waarom, maar dat het niet de juiste tijd en plaats was om
daar op in te gaan. En toen zei hij – o, het was om je rot te
lachen! Hij zei: 'Alhoewel, aan de andere kant, je weet hoe
sommige dingen op het publiek overkomen. Misschien zijn
sommige schrijvers niet geïnteresseerd de markt te bieden
wat zij schijnt te willen. Het wonder is niet dat de ezelin
sprak, het wonder was dat de ezelin om te beginnen al de
neiging tot spreken had.'

O, ik lag dubbel! En hij zat te lachen, en het volgende

wat er gebeurde, was dat de woorden er gewoon uitkwamen. Toen kon het me helemaal niets meer schelen.

Man, die vrouw zei tegen me dat ze 'binnenkort echt wel eens zou willen weten hoe het was om met mij te vrijen'. Begrijp je wat ik bedoel? Het was net wat ik je de vorige week ook probeerde uit te leggen, telkens als ik probeer afstandelijk – wat duffe mensen een 'aardige jongen' noemen – te zijn, dan verkrachten ze me zowat. Het is hartstikke primitief. Dus ik zeg: 'Weet je zeker dat je dat wilt? Ik kan aardig wild zijn, soms.' En weet je wat ze toen zei? Ze zei: 'Dan tem ik je wel.' Zo maar, met een stem à la Sade. 'Dan tem ik je wel.' Ik had het niet meer. Ik kon geen woord meer zeggen. En toen zei zij: 'En wat doe je aan ziekte? Er is nogal wat dreiging van tegenwoordig.' Dus ik zei haar dat ik dat wel zou afdekken, en toen begon ze meteen het lijstje af te werken van de dingen die ze samen met mij wilde doen, maar het was allemaal in een soort van gecodeerd, erotisch, geheimzinnig eufemisme. Toen ze daarmee klaar was, had je mijn kleren te drogen kunnen hangen. Ik bedoel, ik was een gemotoriseerde hometrainer geworden, begrijp je wat ik bedoel? Dus ik vroeg haar of zij dit gewoon 'spontaan wilde laten gebeuren', zoals duffe mensen zeggen, of dat ze een bepaald programma voor ogen had, en toen viel er een stilte van een minuut op de lijn. Daarop zei ze: 'Ik heb gehoord dat het morgen mooi weer wordt. Heet, een beetje vochtig...'

Het volgende wat ik me herinner, was dat ik Choose Me *in de video stopte en harder dan ooit van mijn leven probeerde in slaap te komen zodat het de volgende dag zou zijn.*

ZATERDAG
Ik was de hele ochtend bloednerveus. Je weet hoe het is als je de eerste keer met iemand uitgaat, en bovendien had ik alles wel erg zwart-wit gemaakt door zo brutaal te zijn, maar het gesprek van die man had me gewoon het hoofd op

hol gebracht. Ik kon er niets meer aan doen. En eigenlijk ging het daardoor des te gemakkelijker. Ik hoefde niet rond te stuntelen na film of eten of Triviant of wat dan ook, om te wachten tot een of andere oetlul het initiatief zou nemen. Ik heb daar een theorie over. Luister je eigenlijk wel? Nou, houd dan op met video's kijken als ik het tegen je heb. Dit is belangrijk.

Kijk, volgens mij pakken we dit helemaal verkeerd aan, als we het soort man willen krijgen dat we willen, bedoel ik. We blijven zitten, we wachten tot we gevraagd worden om het te doen, we willen ertoe overgehaald worden, en weet je wat je krijgt als je op de jongens wacht? Dan krijg je de minkukels en de verliezers, je krijgt wat er overblijft. En waarom zitten we eigenlijk te wachten? Uit netheid, want zo hoort het? Of is dat omdat we bang zijn dat onze gevoelens gekwetst zullen worden?

Ik heb het hier met mijn broer over gehad, en de Heer is getuige dat de nieuwe generatie alles weet over het maken van afspraken. En weet je wat hij tegen me zei? Hij zei: 'Niemand weet beter dan jij zelf wat jij verwacht van een minnaar. Is het dan niet logisch dat jij dan ook probeert te krijgen wat je wilt? Je moet gewoon naar een jongen kijken, met hem praten, zodat je de kans krijgt te pakken wat je wilt en niet wie er toevallig op een avond in het winkelcentrum overblijft zonder een afspraak of zoiets. En hoe dat zit met je gevoelens kwetsen? Kijk, ik zal je iets vertellen. De eerste keer dat een meisje mij aan de dijk zette, was ik van plan onder mijn bed te kruipen en dood te gaan. Ik had gewoon veel te veel macho gegeten. Maar dat kun je niet doen – niet als je echt een minnaar wilt. Als je een tijdje assertief bent geweest, dan verdwijnt niet alleen de pijn van verworpen worden, je komt er ook beter achter wat je eigenlijk wilt – en hoe je dat moet krijgen. Stel er zijn vijf jongens die je visueel wel aanstaan in de foyer van het theater voordat het stuk begint. Net voordat de lichten beginnen te knipperen, maak je een praatje met alle vijf. Drie blijken minkukels te zijn, een komt van de donkere kant van de maan, en de laatste is een tien en hij lacht als jij een bepaalde suggestie in zijn oor fluistert. Heb je dan verloren? Heb je dan geleden? Nee, je hebt gekregen wat je wilde!' Schatje, hij heeft er een wetenschap van gemaakt, hij heeft het verheven tot kunst en ik ben het met hem eens, dus ik moest zeggen wat ik heb gezegd, omdat die idioot het had over 'broer en zuster' zijn, of dergelijke onzin, en ik heb al drie broers. Ik heb er niet nog een nodig.

Enfin, eindelijk had ik dan de kinderen rond twee uur naar hun vader. Hij zou ze meenemen naar de dierentuin, en dan zouden ze bij hem blijven slapen. Om een uur of drie ging ik naar het huis van mijn vriend en wij op weg. O, wat hadden wij een lol. Eerst gingen we naar een museum en we liepen een paar uur rond, en die vent die in het postkantoor werkt, die wist mij alles te vertellen over kunst en alles, snap je? Kun je je dat voorstellen? En toen gingen we naar... en aten verse garnalen en gul en oesters met citroensaus. Schatje, die Zinfandel zette me helemaal op mijn kop. En toen gingen we naar de Golf en we liepen een hele poos te praten over karma en speciale posttarieven, hadden het over mijn ex en zijn laatste vriendin, over de wijdballen die het leven je toewerpt, ook al concentreer jij je op de worp. En toen werd het nogal donker en de maan stond nogal hoog, en hij tilde mij op en droeg mij terug op zijn rug.

Ja, we stapten in mijn wagen en we gingen naar het museum. Man, was dat leuk. Ik kreeg een kans om al die westerse kunstgeschiedenis uit te pakken, die deel uitmaakt van al die andere onverkoopbare kennis die ik zo getrouw in mijn geheugen heb gestopt. Maar de enige reden waarom ik er zo in opging, was dat zij zei geïnteresseerd te zijn in alles waarmee ik bezig was.

Ik vertelde haar alles over Egyptische kunst, alles over de Duitse, Franse en Britse 'geleerden' die donkere verf van af-beeldingen in graven schraapten en sfinxneuzen van beel-den afbikten, bewerend dat de piramiden door kleine groene mensoïden van Mars waren gebouwd en dergelijke

belachelijke onzin. Ik vertelde haar van Hogarth, en hoe hij
Londen tekende zoals het was: de keerzijde van Jackson in
Mississippi, in een achttiende-eeuwse aankleding. Ik liet
haar zien hoeveel voodoo er steekt achter het gemiddelde
werk, schilderij of gravure van Blake, ik vertelde haar hoe
Blakes vriend enkele nachten na diens overlijden opbleef
om zijn grootste werken te verbranden omdat hij dacht dat
de man gek en bezeten van de duivel was geweest. Ik liet
haar alle Afrikaanse rondingen zien in al het zuidelijk meu-
bilair van voor de burgeroorlog. Ging op de uitkijk staan
voor een suppoost toen ze deed wat ik haar zei, en met haar
vingers over de olieverf van De drie muzikanten *ging, en*
vertelde haar dat Picasso herhaaldelijk had gezegd dat hij
niet begreep waar de kritiek het over had, 'het kubisme als
uitdrukking van het moderne, ontregelde leven en architec-
tuur' en dat soort onzin. Pablo zei gewoon: 'Hou toch eens
op met lullen, mijn kunst is Afrikaans.' Ik vertelde haar hoe
Jacob Lawrence beter kon schilderen met zijn tenen dan de
meeste 'grote kunstenaars' met hun handen. En ze dronk
mijn woorden in. Ze stelde me zo op mijn gemak toen ik
daarover sprak dat ik gewoon doorging tot mijn maag
begon te rommelen.

Tja, ik lever nu eenmaal een verloren slag met mijzelf. Ik
bedoel, ik ben gewoon een slappeling. De linkerhelft van
mijn hersens zegt: 'Houd haar als de perfecte vriendin' en de
hele tijd is het de rechterhelft van mijn hersens die me zegt
om te beginnen maar geen ondergoed aan te trekken. Ik
moest haar dus wel meenemen naar een visrestaurant, als je
begrijpt wat ik bedoel. Dat was het enige soort eten dat
mijn psyche nog kon verdragen. En we vermaakten ons op-
perbest.

Ik bestelde die grote gekookte garnalen met sap en boter
die eraf druipt. En ik bestelde twee liter wijn, al drink ik
meestal niet bij het eten, maar ik ging ervan uit dat ik toch
al dronken van haar was toen we het museum verlieten. En
toen bestelde ik twee dozijn oesters en we goten er citroen-
sap en hete saus overheen en we voerden ze elkaar. Nog

meer wijn, bourgogne geloof ik, en toen kregen we heilbot en lange kreeftenstaarten en nog meer wijn. Man, ik moet je zeggen, ik moest naar buiten om wat lucht te scheppen.

Dus we gingen naar de kust en we lieten de koele lucht een tijdje over ons heen waaien. Genade! Die vrouw brengt alles aan het stromen wat je zo blij doet zijn dat je een man bent. Ik raakte helemaal hoteldebotel van mijn hormonen en de wijn, en volgens mij begon ik gewoon dingen over het postkantoor en het pensioen van dokter J. te mompelen — maar je moet het begrijpen. Hartstochtelijk van aard als ik ben: wanneer ik eenmaal mijn zinnen op een relatie heb gezet, dan is het heel, heel moeilijk ergens anders aan te denken. En zij had het over zwaarwichtige zaken, godsdienst, belasting, begrafenisondernemers, iets dergelijks, maar ik wilde niet grof zijn. Ik was gewoon niet rechtlijnig.

En weet ik veel. De warme wind blies haar lucht naar me toe, en de maan scheen over het rimpelend water. Het volgende wat ik mij kan herinneren, was dat zij op mijn rug zat en ik hengst was.

Zweet, schouders, knieën, tenen, wimpers, lippen, navels, dijen, monden, ogen, haar, tongen, dons, speeksel, ruggen, handen, neuzen, nagels, konten, achttien vingers, oren, spieren, oogleden, huid, buiken, dijen, jukbeenderen, hoofden, enkels, nekken, tanden, huid, kuiten, wimpers, darmen, bobbels en kuiltjes.

Spiegels, Antaeus, engelen, armbanden, hoofdeinden, kussens, losse lakens, tapijt, vallende schilderijen, wastafels, kamers, deurknoppen, douchegordijnen, linoleum, baby-olie, *Love Zone* door Billy Ocean, partycenters, kaarsen, honing, Ysatis, ijsklontjes, drie brandende stukken hout, paarse jarretels, cacaoboter, zwart bikinibroekje, *You Bring Me Joy* door Anita Baker, verkreukelde gordijnen, dressoirs, schaar, bodypainting, een scheermes, *Entry May 4* door Walter Benton, vensterbanken, badkuipen, scheercrème, lakenvlekken, *Emmanuele in Bangkok* (ongekuiste versie), opgezette dieren, laden, Queen Anne-stoelen, witte sokken.

Anyone Who Had a Heart, gezongen door Luther Vandross, echt steenkoude Asti Spumante, en een pot pindakaas.

Bevestiging van de elementaire en absurde en toch zo vitaal noodzakelijke notie dat de wereld best een leuke plek is om te leven, de bereidheid om al het slechte te negeren waarvan je intelligentie en je ervaring het bestaan al hebben bevestigd, 'nee nee, andere kant uitkijken', de tijd die langzamer gaat, een ontploffende atoombom zou ons beiden nog niet onder de quilt bij de open haard vandaan krijgen, kijkjes op het menselijk lichaam die je niet verondersteld wordt te krijgen, 'ik wist niet dat we zolang zouden vrijen', een kijkje op een lenteochtend vanuit het appartement van Philip Michael Thomas aan Central Park West, midden in de nacht Chinees eten met *The Wolfman* in de video, 'als je iets speciaals van me wilt, zeg het dan', *The Beautiful Ones* door Prince, de onmogelijkheid om over je verleden te blijven praten en de onmogelijkheid om op te houden de waarheid te vertellen, het gevoel niet weer alleen te zijn, een peperdure geluidsinstallatie in de achterbank van een Mercedes 560 met chauffeur midden in de nacht op de Golden Gate, Kenia in april, de ham van je moeder (met ananas en yam) met Kerstmis, een voorjaarsregen die voor het huis en jouw open slaapkamerraam in een plas druppelt, 'o, dat is een leuke jongen', Aretha die *Call Me* zingt op een discman terwijl jij rond Cape Cod jogt, de maan die opkomt boven het strand van Miami, gezien vanaf een cruiseschip, 'en dit is mijn favoriete herinnering' Rio met carnaval, en een patrijs in een perenboom.

ZONDAG

Terugspoelen. Hetzelfde weer – alleen beter.

Het eerste ontbijt na de eerste keer dat je met een nieuwe minnares hebt gevreeën is altijd het lekkerste ontbijt ter wereld. Het is het oerontbijt, weet je wel, je bent als Adam en Eva en de hele tuin is rijp en fris en zoet. En het doet er niet toe hoe laat je dat ontbijt neemt – je weet natuurlijk wel dat

het niet vroeg zal zijn want de ochtend is gevuld met nieu-
wigheid en jij wilt deze nieuwigheid ook vasthouden – dit
wat zo goed is en niet fout kan gaan omdat het nieuw is – jij
wilt je hieraan vastklampen zolang je kunt en elk zweet-
druppeltje uitknijpen tot het langs haar benen loopt en je
het moet aflikken, het smaakt naar ananas, een miljoen
calorieën puur genot in elk micro-onsje om je hart te kluis-
teren, en je likt en likt en likt tot alles op is.

Dus zo rond een uur of een die middag nam ik haar mee
om te eten, en we bestelden koffie en we bekeken het menu,
maar zij begon onder tafel over mijn knie te wrijven, en dat
was voor mij de aanleiding om te gaan doen wat ik toch al
wilde doen: terugspoelen. Man, je hebt geen idee. Soms kom
ik zover dat ik niet meer weet wat nog grappiger is, wat we
doen, of zoals ik naar mezelf luister terwijl ik tegen haar
erover zit te praten, centimeter voor centimeter, na afloop.
Het is alsof het eerste het exquise plezier is van het doen,
het zien, het voelen, en het tweede het nooit eindigend ple-
zier mezelf te horen als ik het me herinner, en ik kan daar
nooit genoeg van krijgen. En ik heb een heel goed geheugen.
En ik heb zoveel herinneringen.

Meid, ik mis hem tot vandaag de dag. Hij was gewoon... Ik
herinner me nog dat we op de derde dag aan tafel zaten, en
ik kon mijn handen niet thuis houden. Na de daad wil ik
graag een dag of wat betasten, dan kan ik geloven dat wat
zojuist gebeurd is, ook is gebeurd, en het opent de mogelijkheid het weer te laten gebeuren. Het geeft mij het gevoel dat
ik altijd kan doorleven.

En toen, daar in dat restaurant, bracht hij me helemaal
het hoofd op hol. Hij plaatste me in een wereld waarin alle
koters die zaten te schreeuwen om meer gebak en de hele
menigte baptisten die binnenkwam met hun oranje en
groene jurken en grijze en blauwe pakken, om bergen pan-
nenkoeken te bestellen, niets meer konden uitrichten. Hij
nam nog eens de avond daarvoor en de ochtend een paar
uur daarvoor door als een opname-apparaat. Ik bedoel, hij

vergat ook helemaal niets. Hij voegde er zelfs dingen aan toe waarvan ik wist dat ze niet waren gebeurd, maar ik wist dat ze moesten zijn gebeurd want ze klonken te goed om niet te zijn gebeurd. Hij raakte me geen moment aan, maar wat hij aan die tafel met me deed, was vast illegaal, na vijf flessen champagne in de bruidssuite op oud en nieuw in het Hyatt in Las Vegas.

Toen de serveerster de koffie bezorgde, zat hij te huilen, ze vroeg of hij naar het rookvrije gedeelte wilde. Hij begon zo hard te lachen dat dat bijna mijn gierende gelach overstemde. Toen wreef hij zijn ogen uit en zei: 'Voor deze rook kun je je niet verbergen. Alles staat in brand.' We aten twee grote kommen fruitsalade en dronken nog wat koffie en toen nam hij me mee naar huis en staken we nog een bos in de fik. Ik geloof niet dat ik het ooit van mijn leven fijner heb gehad met iemand dan met hem in dat kleine tijdsbestek... het was heel raar hoe het afliep. Maar het liep af.

Wel, ik denk niet dat ik al te snel nog zo iemand tegen het lijf zal lopen. Zij was... anders... verfrissend – ja, dat is een treffende uitdrukking voor haar, verfrissend. Ze zou je kont verfrissen tot die bevroor, als je de handdoek niet in de ring zou gooien. Van alle herinneringen die ik terugspoel en weer laat spelen, is de hare altijd in vertraagde beweging, met alle langzame liedjes van Jimi Hendrix op de achtergrond op het geluidsspoor.

We maakten tot een uur of zeven een bende van het huis, en toen nam ik haar weer mee naar de Golf om naar de maan te kijken, waardoor de golven zo de moeite waard worden. Man, toen het nacht was en de maan zo hoog stond dat je je nek bijna moest verdraaien om hem nog te zien, en het licht op het water en het zand en de rotsen, allemaal grijs, was het net een schilderij van Andrew Wyeth. Wat mij betreft had je het mogen vastleggen, vergroten en aan de muur hangen. Van mij hoefde het tafereel nooit meer te veranderen. Ik wilde het gewoon zo houden.

*Ik zag haar silhouet, glimmend van haar zweet, en ik
voelde niet eens het zand op mijn rug. Het was... echt raar
hoe wij opeens wisten dat het voorbij was. Daar ben ik
nooit overheen gekomen. Echt waar niet.*

*Net voordat ik het portier van de auto voor haar
opendeed, zei ik haar... zei ik het haar ter plekke, je moet
mensen die dingen vertellen als je ze denkt, want anders
worden ze een nagel aan je doodkist – ik zei haar: 'Je bent
een perfecte diamant, gevat in platina. Verander daar alsjeblieft nooit iets aan.' En zij zei: 'Ik houd van je.'*

Tja, alles wat ik je kan zeggen is dat ik soms bij mijn hart te
rade ga en die plek waar hij zit heel voorzichtig opwrijf – hij
zit daar nog, piepend en wringend en zwetend, mijn kind –
want zo'n gozer was hij. Wat ik nu heb en later zal hebben,
nou ja, dat zullen we dan wel zien. Maar deze spetter... deze
spetter. Ik moet hem bewaren op een geheime plek om wat
wij waren toen wij leefden, hem er uithalen als ik hem nodig
heb, en hem dan weer terugzetten, snap je wat ik bedoel?

*Hoe het ook zij, het feit dat zij mij haar liet beminnen
voordat ze me ooit had aangeraakt, dat is... dat is net zoiets
als de Californische loterij winnen nadat je al de eerste
paardentoto had gewonnen, snap je? Allemaal natte, hete
jus die je zelfs na de hoofdschotel nog naar binnen wilt
werken omdat hij anders afkoelt. Ik bedoel, seks met haar
had niet met iets anders te maken: het was wat het was,
goddomme. Ik bedoel, het was niet voor de toekomst, het
ging niet om baby's, het was niet voor het huis, of omdat de
juiste schijngestalte van de maan boven dat zwarte water
hing. Ze zat boven op me omdat ze dat wilde en dat was
waar ze wilde zijn, voor zichzelf en voor mij. En als er dan
ook nog liefde boven op al dat andere belangrijke komt,
nou ja... zoals ik het zie, gaf zij mij, ook al gaat er verder
nooit meer iets goed, al komen de roofbijen hier morgen, of
als ze die afgezaagde Honeymooners vierentwintig uur per
dag op elk klotekanaal draaien, of als ik nooit die blauwe*

vlam in zijde meer zie, toch een tijdje lang zoveel vreugde dat ik het mij altijd zal herinneren, en waar ik je niet alles over kan vertellen, want het is van mij. Maar wat wil je nog meer van het leven, behalve te weten dat je één keer in dat hele leven ook echt geleefd hebt?

Aan mij zitten

Terry L. McMillan

Ik vermoedde al dat er iemand vóór mij op precies diezelfde plek was geweest, maar die gedachte liet ik in mijn geest geen wortel schieten of stof vergaren, tot ik haar vanochtend vroeg als een schoudertas aan je zij zag hangen. En dat nadat ik je al overal aan me had laten zitten met je lange bruine handen en mijn weerstand had laten afbreken, zodat je me het gevoel gaf alsof de aarde onder mijn voeten vandaan getrokken was.

Eerst zie ik je lenige lange benen op me afkomen over dat geblutste grijze trottoir, waarbij zilveren spikkels als dansende sterren in mijn ogen schenen. Maar ik werd er niet door verblind, ook niet toen je ze voortbewoog op die elegante en toch zo gewichtige manier die jou eigen is. En vanaf minstens de helft van het blok zag je me al komen, en dat maatje vijfenveertig leek niet helemaal zo hoog van het cement te komen als die avond toen we samen door precies deze zelfde straat liepen.

Ik weet wel dat ik het was die je toen had gebeld om je gedag te zeggen, maar jij nodigde mij uit om de hond met je uit te laten. Ik vond dat onschuldig genoeg klinken, maar ik weet zeker dat jij al die tijd ook al wist dat ik uiteindelijk wilde weten hoe warm het was onder je hemd, achter je rits, en of je handen even zachtzinnig en sterk waren als ze leken. Eigenlijk hoopte ik dat we die wandeling helemaal konden overslaan, want ik wilde gewoon iets van je maken en in je kruipen. De hond een andere keer uitlaten. Maar omdat jij wellicht mijn motieven ten onrechte als onfatsoenlijk zou kunnen duiden, hobbelde ik in mijn witte joggingpak door de straat naar jouw huis, in een poging er zo aanlokkelijk mogelijk uit te zien, zonder al te gretig te lijken.

Ik smeerde zelfs wat jasmijnolie achter mijn oren, onder elke borst en op mijn ellebogen, om je dichter naar mij toe te lokken voor het geval je geen besluit kon nemen. De waarheid is dat ik zenuwachtig was, want ik wist dat we die avond niet gewoon zouden gaan zitten babbelen zoals we dat eerder hadden gedaan. Ik deed in krap vijf minuten mijn uiterste best om twee keer mijn tanden te poetsen, nieuwe laagjes rode lippenstift op te brengen, mijn oksels te wassen, mijn oren en mijn navel met een wattenstokje te reinigen (want ik wist niet hoe ver je zou gaan) en mijn meest intieme delen te wassen en ook daarop wat jasmijnolie te sprenkelen.

Hoewel het bijna tweeëndertig graden was, liepen we vijftien straten en de hond liet nog niks gaan. Het leek jou niet te kunnen schelen of je merkte het niet. Je gaf me de lijn, en ook al kan ik er niet tegen een volwassen man met een klein nuffig schoothondje te zien, toch had ik er niks op tegen om het voort te zeulen toen we door bleven lopen door de zware avondlucht. Over het algemeen houd ik best van honden.

Toen we naast het trottoir stapten, en ik opsprong en gilde omdat een dood blad op een dode muis leek, liet ik de lijn los en greep je hand. Jij kneep terug, al moest je me meeslepen achter je hond aan, die over het trottoir was verdwenen, om hijgend tegen de bast van een boom aan te gaan staan. Toen we hem eindelijk te pakken hadden, waren we allebei buiten adem. Ik had er al spijt van dat zweterige joggingpak te hebben aangetrokken.

'Ben jij bang van een muisje?' vroeg jij.

'Ja, ik krijg er de kriebels van. Mijn maag keert om en ik wil op stoelen springen om bij ze uit de buurt te blijven.'

Toen vertelde jij me van die keer dat jij er een in je

keuken op je aanrecht betrapte toen hij van je ravioli zat te eten en hoe je die met een bezemsteel halfdood sloeg en toen probeerde hem door te spoelen door de wc, maar dat lukte niet. Ik lachte luid en hard, maar ik wilde jou ook aan het lachen brengen.

Dus vertelde ik je van die keer dat ik op het punt stond naar de sauna te gaan, toen ik toevallig een enorme kakkerlak over mijn aanrecht zag dartelen. Ik sloeg hem met mijn rechterhand hard genoeg om hem kreupel te maken (ik ben bang voor muizen maar ik haat kakkerlakken). Van mij mocht hij niet onmiddellijk dood, want ik had net negen dollar vijfennegentig uitgegeven aan een bestrijdingsmiddel dat ik uit een advertentie in de krant had besteld en ik wilde kijken of dat ook echt werkte. Dus sprenkelde ik er een halve theelepel van op zijn kop toen hij druk bezig was ergens een scheur of een spleet te zoeken. Hij bleef dat proberen, dus bleef ik meer middel over zijn voelsprieten sprenkelen. Na vijf minuten kreeg ik er genoeg van, want ik had nog steeds mijn jas aan, en mijn sporttas over mijn schouder hangen, en omdat mijn keuken helemaal was ontworpen met dwergen en kinderen voor de geest, smolt ik zo langzamerhand weg. Toen besloot ik dat ik hem ook zou laten wegsmelten. Eerst stak ik een sigaret op, en met dezelfde lucifer brandde ik zijn voelsprieten af, maar de ellendeling bleef proberen om in een hoek van het aanrecht te belanden. Ik werd echt boos, want mijn middel werkte duidelijk niet en ik zette door en verbrandde hem snel en helemaal omdat hij niet doodging op de manier waarop hij verondersteld werd dood te gaan.

Jij vond dat vreselijk grappig en barstte in lachen uit. Ik vond het leuk je te horen lachen, maar ik wist niet of jij nu dacht dat dit typisch voor mijn persoonlijkheid was: marteling en moord en zo.

We liepen nog een paar straten, kletsten over koetjes en kalfjes, en de hond bleef maar naar bomen toe lopen, met zijn witte pootjes druk bewegend en uiteindelijk wat nattigheid uitpersend, maar dat was het dan wel zowat.

Zo langzamerhand liep ik te zweten en me voor te stellen hoe jouw hoofd tussen mijn borsten zou liggen. Ik mag daar graag een mannenhoofd voelen, en het was al zo lang geleden dat een man mij het gevoel had gegeven dat ik droomde dat ik het niet eens hoorde toen jij me vroeg of ik van de Temptations hield en of ik ooit naar een poppenkast was geweest. Ik zag het verband niet tot we je huis binnengingen.

Maar vandaag, toen ik op je afkwam, bekeek je me alsof dit een touwtrekkerij met onzichtbaar touw was. De trekkracht was zo hevig dat wij elkaar naderden, en toen ik je ten slotte had bereikt, kon ik je adem ruiken aan het eind van het touw. Je was niet op je gemak, en maakte een soort van halve draai naar mij toe toen ik langs jullie liep. Je wierp me een vaag lachje toe, kneep je ogen dicht achter je getinte glazen, en ik lachte naar jullie beiden, want ik heb niets met dat meisje, ik heb de nacht niet met haar doorgebracht.

'Wat doe jij zo vroeg op?' vroeg je. Volgens mij ging je dat niet echt iets aan, want je hebt gisteravond ook niet gebeld om te kijken hoe laat ik nog op was. Trouwens, het was bijna tien uur in de ochtend.

'Ik heb al koffie gehad, ik heb mijn was gedaan, en nu probeer ik bij het groencentrum te komen om wat potgrond te halen zodat ik mijn varen en mijn ficus kan verpotten voor de vrijmarkt van vanmiddag.'

'O, sorry, Marie, dit is Carolyn,' zei je en je zwaaide met je handen tussen ons als een goochelaar.

Wij beiden knikten als dames, met volledig begrip van je gêne.

'Waarom laat je de Chinezen je was niet doen?' vroeg jij.

'Omdat ik er graag zeker van ben dat mijn kleren schoon zijn, ik wil ze graag netjes opvouwen zoals ik ze wil hebben. En trouwens, ik wil dingen graag bij elkaar houden die bij elkaar horen.'

Je stond gewoon als een zot met je hoofd te knikken. Heel even keek je verward, alsof iemand je midden in een grote verlatenheid had neergezet. Het leek je ook niet te kunnen schelen dat het meisje je daar stond te bekijken, toen je evenwicht begon te wankelen. Ik ook niet. Maar ik moest van je weg, want ik kon nu echt je lichaamsgeur ruiken en die begon mij aan de huid te plakken, om me heen te draaien, tot hij in mijn neusvleugels binnendrong en mijn hersens raakte, en mijn hele hoofd ter plekke opblies. Dat was genant, dus probeerde ik dat weg te werken door mijn rode hoofddoek dichter naar mijn wenkbrauwen toe te trekken. Maar jij wist al wat er was gebeurd.

Ik dwing mijn voeten zich van jou te verwijderen alsof ik de bus moet halen die ik zie aankomen. Ik hef mijn handen op en wrijf de vuurrode lippenstift van mijn mond en wangen, alleen al bij de gedachte jou de jouwe er tegenaan te laten drukken. Ik probeerde te vergeten hoe knap je eigenlijk was. Leep. Veel te leep. Ik heb niet naar mijn mammie geluisterd. 'Kijk nooit naar een man die knapper is dan jij, want dan gaat hij er ook naar handelen.' Ik probeerde aan potgrond te denken. De bladeren van mijn planten. Maar ik vond knappe mannen nooit aantrekkelijk, dacht ik, in een poging de gaten in het trottoir te ontlopen na mijn teen te hebben gestoten. Jij was anders. Jij sprak correct Engels. Deed poppen bewegen en praten. Schreef je eigen subsidie-aanvragen. Dronk kruidenthee en rookte niet. Je kruiste je benen en je armen als je sprak, je leunde met je brede schouders tegen de rugleuning van je stoel, en zakte met je achterwerk naar de rand. Je wekte de indruk dat je over je woorden nadacht voordat je ze van je tong liet rollen. Ik bewonderde je omdat jij dingen bekeek voordat je ze liet gebeuren.

Je riep me na toen ik al bijna weer halverwege het blok was. 'Ga je nog iets verkopen op de vrijmarkt?'

Ik had je onlangs al verteld dat ik pompoentaart zou maken, maar ik herhaalde dat nog maar eens. 'Pompoen-taart!' en ik wuifde tot ziens, in een poging die stomme grijns op mijn smoel te houden, al wist ik dat jij mijn gelaatsuitdrukking van zo'n afstand niet zou kunnen zien.

Ik genoot van de aandacht die je me schonk, ondanks dat meisje. Ik dacht dat ik niets betekende. Ik hoopte zelfs, toen ik het groencentrum binnen stiefelde en aan een cactus bleef haken, dat je mij later zou bellen om te zeggen dat ze gewoon een vriendin van je nicht of je zusje was. Ik hoopte dat je me zou vertellen dat je pijn aan je rug had of iets dergelijks zodat ik met mijn amandelolie kon komen om die er voor jou in te wrijven. Wat zeg ik, om mijn vingertoppen in je schouderbladen en de kanalen langs je ruggenwervel te graven tot je je zou overgeven. Of misschien zou je me vertellen dat je je bril had gebroken en niets kon zien. En dan zou ik naar je toe komen en hardop stripverhalen of de bijbel aan je voorlezen.

Nu loop ik hier in de hitte op het trottoir met een grote zak potgrond in mijn handen langs je huis, en ik dwing mij niet te kijken naar die smoezelige witte luiken van je, dus draai ik mijn nek de andere kant op, zie er belachelijk en volslagen opvallend uit. Ik dacht zeker dat ik jouw enige liefje in de straat zou zijn, want ik gedroeg mij als een dame, niet als een loopse teef.

Ik was eigenlijk helemaal niet van plan om wat dan ook te verpotten vandaag. Dat heb ik je gewoon gezegd omdat dat netjes klonk. Ik maakte me meer zorgen over de vraag of deze meid gisteravond net zo aan je heeft gezeten als ik. Waarschijnlijk niet, want alleen ik kan aan je zitten zoals ik aan je zit. Maar zoals jij daar stond op het trottoir, bleef ik flitsen van ons beiden voor mijn geestesoog zien: draaiende in elkaars armen als wormen en rupsen, jij mij aan het zoenen alsof je er al jaren voor werd betaald en dit je laatste salarisstrookje werd. En mijn hoofd dat losgelaten werd op jouw hele lijf. Ik kon nog steeds je zachte kreetjes horen die in mijn hoofd weerklonken, daar op het cement. Ik zag mijn tong je borst bevochtigen en je handen over en rond mijn rug gaan alsof ik van zijde was. Ik was van zijde en jij wist dat ook. En je rook zo verdomde lekker. En je hield me ook niet tegen toen mijn hoofd van het bed afgleed. Je kwam er achteraan. Je zei nooit iets als ik schreeuwde en je naam riep, je deed het op je gemak met mij en je bleef me in je armen trekken, in de grot van je borst en je wilde me niet laten gaan. En toen ik wakker werd, was jij in de droom die ik dacht te hebben.

En toch, daar stond je op dat trottoir in de hitte met een andere meid aan je arm, en je liep langs mijn huis, zonder dat het je een moer kon schelen. Ik word hier helemaal gek van.

Ik bedoel, kijk nou. Je was niet verplicht me aan het lachen te brengen, me te kietelen, de pleister op mijn duim te ververesen, of de geur van mijn haar op te snuiven en te zeggen dat het rook als een koel bos. Je had me niet hoeven vertellen dat het niet gaf dat mijn borsten klein waren, en ik was blij dat te horen, want mijn mammie had mij altijd voorgehouden dat een man geïnteresseerd moest zijn in hoe je je leven vult en niet hoe je je beha vult.

Ik bedoel, wie heeft jou gezegd mij de poppen te laten zien die je had gemaakt van James Brown en Diana Ross en de Jackson Five? Wie gaf jou opdracht jasmijnkaarsen te branden en mij te laten luisteren naar twaalf oude platen van de Temptations om me te zeggen dat je lievelingsplaat *Ain't Too Proud to Beg* was? Je hoefde niet op een kruk te klimmen en je fotoalbums te voorschijn te halen om mij het privilege te gunnen vier generaties van je familie te zien. Om me een foto te tonen van jou als jochie met een zakdoek op je kop. Waarom dacht je dat ik jou als kind wilde zien, terwijl ik je nog amper drie weken als man kende? Welnee, je hebt me twee volle maanden mijn sleutel in het slot van mijn voordeur zien steken terwijl je dat mormel van je uitliet, voordat je je ook maar verwaardigde om meer te zeggen dan 'hallo' en 'goedemorgen'.

Het is mij nooit goed gelukt om mijzelf duidelijk uit te drukken, hè? Ik bedoel, ik dacht toch dat ik je had verteld dat ik remedial teacher was. Ik dacht toch dat ik je had verteld dat ik af en toe gedichten schrijf. Ik heb er zelfs een voor jou geschreven, maar ik ben blij dat ik dat niet aan je heb gegeven. Je ego zou waarschijnlijk uit je borst gesprongen zijn. Maar misschien had ik je moeten vertellen over de nachten dat het bloed in mijn hoofd kookt, en van de dromen die ik heb van nu juist precies zo te worden bemind. Hoe ik altijd een man meer heb willen schenken dan symfonie in en buiten de slaapkamer. Maar het is zo moeilijk. Neem dit nou.

Je had gewoon je armen en je schouders niet zo om me heen moeten slaan, alsof ik je eerstgeboren kind was. Je had me gewoon geen tederheid en hartstocht moeten tonen. Of was het alleen begeerte? Ik bedoel, ik sliep niet toen je mijn gezicht maar bleef aanraken en strelen alsof ik kristal was en jij was bang dat ik zou breken. Ik deed alsof, want ik wilde niet dat jij die cocon zou breken waarin ik zat. Ik liet je dus alleen aan mij zitten, maar ik wilde wel dat je daarmee door ging.

Drie uur geleden heb ik mijn planten dan toch maar verpot. Ik heb drie pompoentaarten gebakken die me bijna dertig dollar hebben gekost, maar na vanochtend kan ik mijzelf niet op de betonnen treden in de hitte zien zitten in een poging volslagen vreemden een stukje taart te verkopen. Mijn kamergenote zei al dat zij het wel zou doen. En ik ga ook niet de hele dag in dit hete huis zitten en ongelukkig zijn.

'Wil je met mij brunchen?' vroeg ik een vriendin. Ze heeft geen geld. 'Ik betaal, ik wil graag even met je afspreken, is dat goed?' Ze begrijpt dat ik helemaal geen honger heb maar dat ik gewoon alles zal eten om binnen te kunnen blijven en me van deze straat te houden.

Ons stuk van de straat begon vol te lopen met geïmproviseerde kooplui die de troep uitstalden uit hun vlieringen en kasten en kelders, zodat ze die niet naar het Leger des Heils hoefden te slepen. Ik kon al barbecue en popcorn ruiken en de deejay zijn luidsprekers horen testen voor de beste geluidskwaliteit die hij buiten kon bereiken. Het was snikheet en de zon bakte op het plaveisel, waardoor de hitte zelfs door je schoenzolen heen kwam.

Ik draag mijn strakste spijkerbroek en denk dat ik er

deze middag bijzonder goed uitzie, op weg naar het station. Ik doe mijn best er goed uit te zien. Niet voor jou of voor het publiek in het algemeen, maar voor mezelf. En daar kom jij weer op me af geschreden met dat truttige hondje ter hoogte van je grote voeten, maar dit keer hangt er niets anders aan je arm dan zacht zwart haar en een opgerolde mouw van een geruit hemd. Ik zie boomgaarden vol zwart haar op je borst mij aanstaren, en hoewel mijn knieën het willen begeven, graaf ik mijn hielen diep in het leer om mijzelf als een danseres kaarsrecht op te heffen. Jij lacht naar me voordat we elkaar zien en dan draai je je weer om op die jou zo eigen wijze. Je begint met me mee te lopen zonder er zelfs toe uitgenodigd te zijn.

'Hallo,' zeg ik, en ik zorg ervoor dat ik niets van mijn snelheid van lopen inboet, waaraan ik zo hard heb gewerkt toen ik je voor het eerst zag.

'Mijn hemel, je ziet er vandaag echt prachtig uit. Roze en paars zijn beslist jouw kleuren.'

Ik lach, want ik weet dat ik er goed uitzie, en al kan ik amper adem krijgen omdat ik mijn buik inhoud zodat die volslagen plat zal lijken, wil ik toch niet dat jij nadrukkelijk naar iets van mijn lijf staart, want je hebt er al veel te veel van gezien. Ik neem dat terug. Ik wil dat jij gehypnotiseerd wordt door dit schouwspel, zodat jij je kunt herinneren hoe alles onder deze spijkerstof eruitzag en aanvoelde, want zo dichtbij zul je voorlopig overdag noch 's nachts meer komen. Ik ga dichter bij de stoeprand lopen.

'Waar ga je vandaag heen?' vraag je en je toont me wat werkelijke belangstelling. En omdat ik wil dat jij denkt dat ik een heel drukke vrouw ben en dat dit voorvalletje mij totaal niet van streek heeft gebracht, zeg ik: 'Ik ga brunchen met een vriendin.' Wat ik je eindelijk wilde zeggen was, dat het je geen donder aanging, maar nee, ik ben niet alleen beleefd, maar ook nog eens eerlijk.

Zes harde, hete straten passeerden we en toen we eindelijk bij de treden van de metro waren, boog jij je alsof je op het punt stond me te kussen, en ik staarde naar je gladde bruine lippen die werden getuit alsof je een koortslip had, en draaide mijn hoofd af. Vanochtend heb je dat meisje gekust.

'Mag ik je straks bellen dan?' vroeg je.

'Als je de geest krijgt,' zei ik en verdween onder de grond.

Tegen de tijd dat ik thuiskwam, was het bijna tien uur en de straat was vol teenagers die aan het skateboarden waren, en aan het dansen op luide discomuziek die aan beide kanten van de straat stond te denderen. Kinderen renden met hoge gilletjes van opwinding rond en door het opspuitende water uit een brandkraan, terwijl de volwassenen op de stoep bier en frisdrank uit plastic bekertjes zaten te nuttigen. Mijn kamergenote zat op onze stoep en ik ging naast haar zitten. Hoewel het moeilijk te zien was, merkte ik dat ik naar je lange lijf zocht boven alle kleinere. Toen ik je niet meteen zag, stoorde me dat, want ik zag dat je lichten brandden en ik wist dat je niet in dat benauwde appartement van je zat met al dat lawaai en de activiteit hier beneden.

Toen ik je tegen een smeedijzeren hek aan de overkant zag leunen, hing er weer een heel andere meid aan je zij. Jij zag me door de dichte menigte tieners en ik hoorde je mijn naam noemen, maar ik deed alsof ik je niet zag. Ik was te trots om gevoelens als verdriet of jaloezie of iets anders stoms toe te laten.

Mijn kamergenote vertelde me dat ze op de kop af drie stukken pompoentaart had verkocht, omdat mensen bang waren die te kopen. Ze dachten misschien dat die van binnen groen was. Het verlies kon mij niets schelen.

Ik voelde me vief en vrolijk, dus schopte ik mijn roze pumps uit en liep de trap af, recht in het sproeiwater van de brandspuit met de kinderen. De harde mist voelde koel en verzachtend aan toen hij mijn huid raakte. Mijn hele lijf tintelde alsof ik net een massage had gehad. En al voelde ik dat jouw blikken mij volgden, ik draaide mij niet om ter bevestiging. Ik ging weer op de treden zitten, wreef het water van mijn voorhoofd, de hete roze lippenstift van mijn lippen, at een stuk van mijn heerlijke pompoentaart en trok een ijskoud biertje open. Het schuim stroomde over de hals van de fles en mijn vingers. Ik schudde het overschot eraf en leunde achterover tegen de betonnen treden, zodat ik ze met mijn rug raakte toen ik heen en weer bewoog en met mijn vingers het ritme knipte.

Lonnies neef

Wanda Coleman

Ik ben zo blij dat je thuis bent. Ik was zo alleen. Er was niemand hier, alleen ik en de baby.

't Is goed. Ik ben nu terug.

Ik heb zo mijn best gedaan om alles goed te laten verlopen. Maar de buurman – die Lonnie en zijn familie. Die lachen en doen aardig in je gezicht, maar het zijn jouw vrienden niet, en de mijne evenmin.

Hoe bedoel je?

Toen jij weg was, probeerden ze me aan hun neef te koppelen.

Wat?

Het was zo stom. Ik dacht dat ze vrienden wilden zijn – ik dacht dat ze een beetje op mij pasten omdat jij weg was.

Ja, nou en?

Ze hebben geprobeerd me moeilijkheden te bezorgen – om me iets te laten doen wat ik niet wilde doen.

Wat is er gebeurd?

Je weet wat ze van ons denken, hè?

Hoe bedoel je?

Ze zien dat jij met een negerin bent getrouwd. En dat je hier in een getto bij ze leeft. Jij moet behoorlijk stom zijn voor een bakra. Dat denken ze van jou. De enige reden dat ze aandacht aan mij schenken is omdat ik van jou ben.

Wij zijn vrienden – Lonnie en ik.

Jij bent de huismeester en zij zijn huurders. Zij zitten langer in deze flat dan wij. De eigenaar – de enige reden dat hij jou huismeester heeft gemaakt, is dat jij de enige bakra hier bent. Jij bent goedkoper dan hulp van buiten inhuren. En hij vertrouwt geen enkele zwarte.

Wat je nu zit te vertellen, is smerig. Ik geloof het niet.

Luister. En luister goed. Zij wilden hun neef in mijn bed stoppen, om over ons te kunnen roddelen. Hoor je dat?

Ik weet niet of ik dat wel goed hoor.

Idioot.

Ga nou niet zo te keer. Kijk eens schat, ik wil best luisteren. Vertel me wat ze hebben gedaan.

Oké.
Zondag was ik van plan om wat karamels voor je te maken voor als je terugkwam. Ik zette de cacao en de spullen klaar in de keuken – om een uur of elf. Toen werd de baby wakker en begon te huilen. Ik zette zijn wieg hier in

de woonkamer bij de stereo, en ik kom er net achter dat-ie een natte luier heeft als de deurbel gaat.

Dus ik ren naar de deur. En daar staat Lonnie in mijn gezicht te grijnzen – vriendelijk te doen. Hij windt me om zijn vinger, vraagt waarom ik niet met de baby naar beneden kom om hem en zijn vrouw op te zoeken. Ik denk dat dat wel kan, want hij is getrouwd. En al ken ik ze niet, ik heb zijn vrouw gezien en ze ziet er wel uit als iemand met wie ik bevriend zou willen zijn. Maar ik aarzel toch, want ik ben karamel aan het maken. Maar hij zegt me gewoon een poosje te komen, want hij weet dat ik eenzaam moet zijn omdat jij weg bent. Nou, dat was ik ook. Dus ik verschoon de baby, pak hem in, pak een fles en een paar luiers in de tas en ga naar beneden.

Zie je wel. Dat was gewoon burendienst. Ik wist het wel.

Houd je mond en laat me vertellen.

Dus toen ik daar kwam, zat daar nog een ander paar en die waren aan het dansen, aan het roken en bier drinken en zo – die vermaakten zich. En toen stelden ze me voor aan zo'n lelijke oude man – hij is hun neef.

Hoe heet hij?

Dat weet ik niet. Dat ben ik vergeten. Maar hem zal ik nooit meer vergeten.

Wat heeft hij je aangedaan – of heeft hij je niks aangedaan?

Hij heeft me betoverd. Behekst.

Kom nou. Wat een onzin.

Luister dan.

Hij heeft jou betoverd?

Die dingen gebeuren. Of je het nou gelooft of niet.

We leven toch in de twintigste eeuw?

Wil je naar me luisteren?

Vertel op.

Lonnies vrouw komt met me zitten te kletsen over de baby, vraagt me de gebruikelijke dingen, alsof ze echt geïnteresseerd is. Ze pakt de baby en legt hem op het bankje bij de deur zodat ik hem kan zien. En dat betekent weer dat ik tegenover hem moet gaan zitten op de bank naast Lonnies neef. Daar denk ik niet bij na. Ik ga daar gewoon zitten. Ze bieden me een biertje aan. Ik zeg dat ik niet drink, en zeker geen bier want volgens mij smaakt dat naar koeienpis. En zij beginnen te lachen. Dus Lonnies vrouw, die gaat wat kersen halen en die maakt een drankje met een heleboel kersensap en dat is lekker koud met ijs. En het smaakte niet zo slecht ook – net punch, maar dan een beetje zuur. Lonnies vriend – die andere jongen – komt naar me toe en vraagt me ten dans.

En die neef dan?

Daar kom ik nog op. Die vriend vraagt mij ten dans. We staan allemaal te dansen en die vrouw van die vriend die danst ook, alleen aan de kant, zodat zij de singeltjes op de stereo kan wisselen.

En toen wat?

Toen merkte ik dat die neef me zit aan te kijken. Hij doet net alsof er niks aan de hand is maar ik kan zijn ogen voeten voelen krijgen, en die lopen helemaal over me heen. En hij heeft van die vreemde zware ogen – dikke oogleden heeft-ie. Alsof hij verdomme zowat half sliep of zoiets.

Hoe oud is-ie?

Weet ik niet. Veertig, misschien vijftig. Veel ouder dan wij. Zo'n vent die eruitziet alsof hij van buiten de stad komt, maar dat is niet zo. Hij had zo'n panama met harde rand op en een pofbroek en ook nog eens bretels, alsof hij bang was zijn broek kwijt te raken. En het was een kaki broek. En hij had een roze overhemd aan.

Had hij een accent?

Nee. Hij sprak gewoon net als wij. En hij was echt zwart. Twee, drie keer mijn kleur. Zo zwart als die karamel die ik heb gemaakt.

En hij keek alleen maar naar jou?

Eerst wel. Maar na een paar platen trok Lonnie hem van de bank om ook te dansen en moest ik met hem dansen. Maar hij raakte me niet aan. We stonden alleen maar een beetje te swingen. Hij deed gewoon zolang alsof hij aan het dansen was dat we allemaal moesten lachen, en ging toen weer zitten. Tegen die tijd vermaakte ik mij uitstekend. En ik was als vanzelfsprekend ontspannen en ik begon met hem te praten.

Waarover?

Over van alles. Wat hij me vroeg of wat er bovenkwam. Over jou en mij. Over het weer. Over televisie en film. Dat soort dingen. Maar ik voelde hoe zijn ogen aan mij trokken, me naar hem toe trokken. Mijn hart begon heel snel te kloppen. Ik voelde me heet en plakkerig onder mijn armen. En ik begon te bezwijken onder zijn blik. En toen wilde ik mijn blikken afwenden, maar die bleven aan zijn lippen hangen. Hij had echt hele dikke lippen. Dik, groot, en zacht. En hij schoof naar me toe. Ik schoof achteruit. En hij drukte zich nog dichter tegen me aan. En ik zit daar op de bank en ik kan nergens heen, ik zit tegen de armleuning aan, ik leun al achterover. Maar ik word tegelijkertijd heftig tot hem aangetrokken. Ik zit niet meer te praten. Ik luister alleen nog maar. Hij vertelt me dat ik prachtig ben. Ik weet niet hoe prachtig ik ben, zegt hij. En hij steekt zijn hand uit en hij strijkt mijn haar naar achteren. En dan voel ik iets wat ik nog nooit gevoeld heb. Op dat moment betoverde hij me.

Wat voor gevoel was dat?

Dat weet ik niet. Alsof mijn voeten onder me uit waren gegleden wanneer ik had gestaan. Met zijn andere hand streelde hij mijn dijen en ik bezwijmde zowat.

Beschrijf het eens.

Het leek bijna op elektrische stroom. Ik weet niet wat. Maar ik wist dat als-ie me zo ging blijven aanraken, dat hij dan met me kon doen wat hij wilde. En dat ik niet in staat ging zijn om ook maar iets te weigeren.

En toen wat?

Hij legde zijn arm om mijn hoofd en kuste me, trok me tegen zijn borst.

En toen wat? Kom op, vertel me hoe het aanvoelde. Houd toch op te huilen, mens. Ik ben niet boos op je – schatje, vertel me.

Ik schaam me zo.

Dat is niet nodig. Helemaal niet. Ik zit hier gewoon te luisteren.

Hij zoende me tot in mijn ziel. Ik kon me niet losmaken. Ik zoende hem terug. Ik kon het niet helpen. Ik werd helemaal door hem betoverd. En toen hij me losliet, zat iedereen naar me te kijken. Lonnie en zijn vrouw en het andere echtpaar – stokstijf – alsof ze me allemaal aan het kussen waren. Het was net voodoo of zoiets. Ik voelde me heel raar. Het raarste gevoel dat ik ooit heb gehad. Ik kon horen wat ze zaten te denken. Ik kwam weer een beetje bij. Ik zei dat het laat werd en dat ik de karamel moest gaan afmaken die ik jou zogenaamd had beloofd. Dus ik pakte de baby en ik rende zo snel mogelijk naar buiten, ik vergat zelfs zijn luiers en zijn spullen. Ik rende terug hierboven.

En dat is alles?

Na een paar minuten kwam hij achter me aan. Met de tas van de baby.

En je hebt hem binnengelaten.

Ik heb geprobeerd dat niet te doen. Maar hij had me weer onder zijn betovering – ik was er nog steeds onder. Hij stak gewoon zijn hand door de hordeur toen ik de tas wilde pakken en greep de mijne. Het was zijn aanraking – zijn aanraking was net satijn, en zijn stem was ook satijn. Zwart satijn. Zoals-ie daar stond in de deuropening. En toen trok hij me naar zich toe en begon me helemaal te betasten. Met zijn handen en zijn ogen. Hij tilde me gewoon in zich, en ik kon door zijn broek voelen dat hij een stijve had. Ik kon hem geen weerstand meer bieden.

Heb je dat echt allemaal gedaan?

Ik wist niet dat ik zo zwak was. Ik zweer je dat ik er niets aan kon doen. Hij had meer macht dan ik. Wilskracht haalt niks uit tegen betovering.

En toen?

De baby werd wakker en begon te huilen. Ik rende naar hem toe en pakte hem en legde hem tussen ons in. Toen dwong ik hem de baby vast te houden terwijl ik begon aan de karamel. Hij voelde zich niet op zijn gemak en zei dat-ie naar beneden ging om iets te drinken te halen, dus of ik alsjeblieft de baby terug wilde pakken. En zodra hij weg was, heb ik alle gordijnen dichtgetrokken en de deur op slot gedaan. Ik heb de baby weer in de slaapkamer gezet en ik heb de televisie zo hard aangezet dat ik deurbel niet kon horen als hij terugkwam. Later heb ik nog wat te eten gemaakt. Ik en de baby zijn hier op bed in slaap gevallen. En toen heb jij ons wakker gemaakt, vanochtend toen je thuiskwam.

En dat is alles? Meer niet?

Is dat niet genoeg?

Weet je zeker dat je je niet door hem hebt laten neuken?

Dat kon ik niet. Ik houd van jou, schat. Dat kon ik niet doen, dan kon ik mezelf niet meer onder ogen komen. Dat weet ik nu zeker. Betovering of geen betovering.

Je hebt je niet door hem laten neuken?

Om jou. Om jou en de baby. Bovendien kon ik Lonnie en zijn zootje niet de bevrediging schenken te weten dat hun neef me te grazen had genomen. De gedachte dat zij ons achter onze rug gingen zitten uitlachen, maakte me woest. Ze zouden dolgraag een kans hebben om ons hier weg te werken. Zo gemeen zijn ze wel.

En waarom moet ik geloven dat jij je niet door hem hebt laten neuken? Je wilde het best.

Ik wilde die lelijke oude man niet. Hij zorgde ervoor dat ik hém wilde. Zo werkt een betovering. Hij was zo lelijk dat-ie mooi was. Hij was het soort man waar Mama Creole mij altijd tegen waarschuwde. Het soort dat vrouwen beter kent dan vrouwen zichzelf kennen.

En hij heeft je betast – je borsten.

Hij stak zijn hand onder de blouse die ik aanhad – mijn kleine witte topje, met de wijde mouwen.

En kuste hij je tegelijkertijd?

Ja.

En wat deed-ie verder nog?

Daar wil ik niet meer over praten.

Maar ik wil er wel over praten. Ik wil het nog een keer horen. Helemaal.

Dat was alles.

Ik heb het recht te weten wat-ie met je heeft uitgehaald. Ik weet niet zeker of je wel alles vertelt.

Heb ik toch gezegd.

Dat was te algemeen. Ik wil details. Je zei dat-ie donkerder was dan jij.

Ja. Bijna paarszwart. Veel donkerder dan Lonnie en zijn vrouw. Het is moeilijk te geloven dat ze familie zijn.

Zijn hand. Hoe groot waren zijn handen? Groter dan de mijne?

Waarom? Heb je hem al eerder hier gezien?

Nee. Dat wilde ik gewoon weten.

Voor het geval je hem weer ziet?

Houd op met uitvluchten en vertel me.

Ik verzin geen uitvluchten. Ik ben gewoon bezorgd. Ja – zijn handen waren twee, drie keer zo groot als de jouwe.

En zijn lippen?

Dik. Heel erg.

Rook hij?

Ja, nou je het zegt.

Waarnaar?

Ik had er nog niet over nagedacht tot jij het vroeg – maar er hing een hele sterke lucht om hem heen. Als van een drinker. Alleen niet zo vies. Min of meer aangenaam. Maar sterk en schimmelig.

En zijn ogen. Hoe zagen die eruit? Welke kleur hadden ze?

Zwartbruin. Grote oude olijven op een gele schaal. Je kon de aderen erin zien. Het waren ogen die al een heleboel leven gehad hadden.

Hoe was-ie gebouwd? Was hij net zo lang als ik?

Jullie zullen een halve kop schelen. En hij was slungelig. Maar heel sterk. Als een man die de grond bewerkt.

En hij zoende je?

Ja. Ik werd er helemaal week van toen hij me zoende. Dwing me alsjeblieft niet het nog vaker te vertellen.

Bezorg ik jou ooit het gevoel dat hij je bezorgd heeft?

Dat is niet hetzelfde. Jij bent mijn man. Hij had mij betoverd. Ik houd van jou en jij houdt vanzelf van mij. Waar hij op uit was, dat was niks goeds.

Vertel het nou maar weer. Vanaf het begin. Woord voor woord.

Nee.

Kom op. Vertel eens.

Dwing me alsjeblieft niet.

Kijk nou schat – relax. Ik heb je vergeven. Ik geloof je. Echt waar, ik begrijp het. Zulke dingen gebeuren nou eenmaal.

Echt waar? O, dank je – dank je, dankjewel.

Nou, je zei dat je je helemaal week voelde toen hij je betastte.

Ik was zo bang. Ik was bang dat jij boos zou worden en van me af zou willen. Ik was zo bang om het je te vertellen. Maar ik moest. Je moet gewaarschuwd zijn over Lonnie voor het geval ze weer eens iets proberen.

Nee schat, ik ga niet van je af. Niet om zoiets. Dus maak je geen zorgen. En maak je ook geen zorgen over Lonnie. Ik red me wel met hem. Vertel het me nou maar weer eens, en begin bij hoe je je voelde toen hij je het eerst betastte.

Daar wil ik niet meer over praten. Ik wil vergeten dat het ooit is gebeurd.

Geeft niks. Dat wil ik horen. Vanaf het begin. Toen je hem eerst zag – Lonnies neef.

Je bedoelt, toen hij me vertelde hoe mooi ik was, en mijn haar naar achteren streek?

Ja. Begin daar maar.

Meen je dat echt?

En toen raakte hij je dijen aan. Deed hij dat zo?

Ongeveer. Maar het voelde anders, want ik was betoverd, weet je wel.

Maar wat deed hij precies om jou te betoveren? Wat zei hij?

Het was niet zozeer wat hij zei als wel wat hij niet zei. Waarom zit je me zo raar aan te kijken?

Het is goed schat. Het is echt allemaal oké. Vertel het langzaam, als in vertraging. Sluit je ogen en vertel het me maar nog een keer. Van het begin. Van dat je je zo alleen voelde – omdat ik weg was – dat jij hier alleen zat met de baby – en dan stond Lonnie bij de deur. En als je dan komt bij dat hij je begint te betasten, moet je het extra langzaam vertellen. Van ogenblik tot ogenblik, zodat ik me kan voorstellen hoe het voelde.

Wat?

Kom op schat, doe het nou voor mij.

Ik kan mijn oren niet geloven.

Ik wil je niet kwetsen. Geloof me schat – geloof nou in me. Jij gelooft in betovering. Geef me je hand. Zo. Voel dat nou maar. Moet je eens kijken hoe hard en lekker dat aanvoelt. En dat is helemaal voor jou. Als jij me dat verhaal weer hebt verteld, geef ik het je helemaal. Maar daarvoor wil ik het allemaal nog een keer horen. En niet beginnen te huilen als je het vertelt. Vertel het maar alsof je ervan hebt genoten.

Vertel het maar precies zoals het is gebeurd.

Lekker slapen en gezond weer op

Charles Frye

Thuis? Ouderlijk huis, rijtjeshuis, 'schakelwoning' noemen ze dat tegenwoordig, alsof je haar ook kon loskoppelen. Toen hij terugkwam uit Chicago, trok Phil erin. Ongeveer een maand besteedde hij aan het doorlopen van alle kamers. 's Nachts, wanneer hij in zijn oude bed in zijn oude kamer lag, dacht hij dat hij zijn dode ouders hetzelfde kon horen doen.

In het voorjaar van dat eerste jaar weer thuis, begon hij een wekelijkse braderie. Kamer voor kamer ruimde hij zo op. Soms moest hij de spullen weer naar binnen slepen, als hij erachter kwam dat hij er eigenlijk geen afstand van kon doen. Het lukte hem de rommel van de generatie voor hem op te ruimen. 'Lucht,' zei hij steeds tegen oom Connie. Het geld van de verkoop kwam trouwens goed van pas. Connie stelde dat zeker op prijs.

's Avonds ging Phil naar het graf van zijn broer Billy. Ook die miste hij.

Op een zaterdagochtend in mei, om een uur of tien, toen Phil op de veranda zat te kijken naar een paar potentiële klanten die bezig waren de familieschatten te doorzoeken, zag hij Elvira voor het eerst. Zij bekeek een peper-en-zout-stelletje in de vorm van twee eendjes. Toen ze er een van op-tilde, zwaaiden er twee oranje zwempoten uit. Het zien van die pootjes amuseerde haar grenzeloos. Ze begon hardop te lachen, en trok daardoor een paar andere klanten.

Phil hoopte op een partijtje pingelen over dat stelletje, dus sprong hij de trap af om zijn nummer op te voeren. De klanten begroetten hem allemaal met gelach en grapjes. Een paar van hen waren vaste klanten, die wekelijks kwamen om te kijken wat er nu weer nieuw was, en welke oude spullen goedkoper waren geworden. Maar alleen Elvira vroeg: 'Hoeveel?'

'Hoeveel biedt u?' vroeg Phil met zijn kin naar voren.

'Alles,' antwoordde ze.

Alles is energie, velden energie. Als sommige speciale koppelingen – antwoorden – worden gemaakt, houdt de wereld geschrokken even de adem in. En in dat kortstondige vacuüm kan van alles gebeuren. Van alles.

Wat Phil aan sommige vrouwen het meest ergerde, was hun bereidheid zichzelf weg te smijten.

Magie, begreep hij. Dat was er of dat was er niet. Hij was niet erg thuis in hofmakerij of het ontwikkelen van een relatie van wat voor aard dan ook.

Die magie was er bij Elvira. Meestal liet Phil het bieden over zich komen. Voor haar was hij van zijn veranda afgekomen. De magie was er al nog voordat zij 'alles' gezegd had.

'O, maar zoveel is het nu ook weer niet waard,' zei hij, altijd ad rem, 'en ik weet zeker dat mijn ouders zouden hebben gewild dat u het bezat.'

'Zijn die dood?' Ze liet het eendje een paar treden vallen. Gelukkig was Phil snel ter hand, want anders hadden de poten van het arme eendje de val zeker niet overleefd. Hij zette de kwaker voorzichtig naast zijn partner.

'Ja, ze zijn vorige winter omgekomen.' Phil raakte verward door haar veranderde gemoedsgesteldheid. 'Het was een ongeluk.'

'Dat spijt me,' zei ze, en ze draaide zich om, om te gaan. Maar Phil greep haar bij de arm.

'Ga nou niet weg. Er zijn hier nog andere mooie dingen...'

'Het spijt me. Ik moet. Ik... Ik dacht dat de spullen van u waren. Ik dacht dat u misschien ging verhuizen of zoiets.'

'Niks hoor. Ik ruim alleen een beetje op.' Phil was een en al glimlach.

'Ik moet nu gaan,' zei ze, en trok zich los.

'Maar waarom?'

Ze draaide zich langzaam om en keek Phil in de ogen. 'De spullen van dode mensen moeten worden stukgebroken en begraven of verbrand met hun eigenaars,' zei ze vaag.

Verdomme, dan was ze inderdaad van plan geweest om die eend een poot te breken, dacht Phil.

'Het is voor u ook niet goed om in dat huis te wonen, hun huis, tenzij u het hebt laten zuiveren.' Ze was bloedserieus. 'Huizen zijn niks goed,' vervolgde ze. 'Ze zitten vol mogelijk kwade wezens, vorige bewoners, die aan hun oude bezittingen hechten.'

Phil stond paf. Hij moest er echt aan denken zijn mond dicht te doen.

'In het beste geval maken ze kabaal en veroorzaken ze nachtmerries – in het ergste maken ze je ziek.'

'Lijfelijk?' Phil probeerde een vervolg van het gesprek te vinden.

'Of geestelijk. Huizen zijn niks goed.' Zachtjes legde zij haar hand op Phils borst. 'Je kunt beter in een plaggenhut slapen, die je familieleden dan kunnen verwoesten als je sterft. Nog beter is het om onder de sterren te slapen.'

Een toekomstige tasjesdame, dacht Phil. Ze heeft er alles voor in huis – maar zo knap. Haar hand leek dwars door zijn hemd heen zijn borst te branden.

'Kunnen wij niet eens afspreken?' hoorde hij zichzelf vragen.

Ze haalde haar hand van Phils borst en zuchtte diep, alsof ze zich moest vermannen.

'Ik zal je huis komen doen,' zei ze ten slotte. 'Maar ik heb tijd nodig om me voor te bereiden.'

'Hoelang?'

'Minstens een week.' Weer draaide ze zich om.

'Kan ik jou dan in de tussentijd komen opzoeken – of woon jij nergens?' lachte Phil.

'Jawel,' zei ze over haar schouder, met iets wat leek op droefheid, 'maar ik heb je gezegd, ik moet me voorbereiden.' Snel liep ze weg, alsof ze wist dat ze hem niets zou kunnen weigeren, behalve de gelegenheid om nog om meer te vragen.

Onaangekondigd verscheen zij de volgende zaterdagavond voor zijn deur. Nou ja, niet helemaal onaangekondigd. Phil had haar die ochtend al verwacht. Geheel in het wit gestoken, haar haar achterover en in een witte doek gewikkeld, met haar armen vol kaarsen, wierook en andere spullen in een tas. Ze verklaarde dat zulke dingen alleen na donker konden worden gedaan.

Phil had overwogen een tent in zijn achtertuin te zetten tijdens Elvira's week van voorbereiding, maar het had een paar dagen geregend, dus dat plan had hij laten varen. Erg veel had hij niet geslapen.

Phil volgde haar door elke kamer terwijl Elvira kaarsen ontstak, wierook brandde en gebeden mompelde voor Boeddha/Krisjna, Adam/Jezus, Eva/Maria, Olorun en Oshun, de Grote Geest en Phils grootmoeder. Het begon dag te worden tegen de tijd dat ze klaar was, van de kelder tot de vliering.

Phil was al in slaap gevallen in zijn eigen slaapkamer – nu die veilig was. Hij werd wakker doordat de zon door het raam scheen. De gang in strompelend op weg naar de plee, stootte Phil op de vlizotrap. Na zijn ontwatering beklom hij die.

Ze lag daar op de vloer, midden onder het hoogste punt van het dak, te midden van een uitgebrande kring van zeven kaarsen. Ze lag met haar rug naar hem toe. In haar slaap was ze waarschijnlijk gaan transpireren. Het was al warm op de vliering nu de zon op was. Of misschien had haar 'vuurproef' haar aan het zweten gebracht.

Waarschijnlijk de hitte van die kaarsen, dacht Phil. Hoe het ook zij, door de transpiratie plakte de jurk aan haar lijf en onthulde kleuren die door de witte stof heen lekten. Kleurige ronde patronen waren op haar ruggengraat geschilderd: rood, oranje, geel, groen, blauw. Ze begonnen uit te lopen.

'Chakra's,' zou ze later verklaren. Haar vriendin, de schilderes, had die figuren gemaakt. En direct was Phil jaloers geweest dat iemand haar had gekend op een manier die hem ontzegd was.

Hij was van plan geweest haar de witte jurk uit te trekken, haar op haar rug te rollen en daar op de vlieringvloer met haar te vrijen – of op zijn minst haar te kussen. Maar toen hij haar op handen en voeten naderde, voelde Phil dat hij nooit door die kring heen kon. Hij daalde de ladder weer af en ging weer naar bed.

Om een uur of acht stond hij op en beklom de ladder weer. Elvira had zich niet verroerd. Heel even dacht Phil dat ze misschien dood was. Toen merkte hij dat haar ribbenkast op en neer bewoog. Nu kon hij echt de omtrekken van haar kont door de jurk heen zien glimmen. En de kleuren waren nu een massa die van de onderkant van haar schedel tot haar staartbeen liep.

Geen ondergoed, dacht hij. Broer Billy zou dat meteen in de gaten gehad hebben.

Toen Phil ging douchen merkte hij dat Elvira haar tas achter de badkamerdeur had laten staan. Hij raapte al zijn moed bij elkaar en doorzocht de inhoud: een paar reservekaarsen en wierookstaafjes en schone kleren, een zwart topje, een korte rok en sandalen. Geen ondergoed.

Phil redderde wat in huis, ging een *Post* halen en minstens een paar keer bij Elvira kijken voordat het middag was. Om kwart over twaalf, toen hij lunch voor twee personen aan het maken was, werd Phil afgeleid door de komst van oom Connie.

'Wat een raar luchtje – en waarom staan alle ramen open?' Connie trok zijn geruite jasje uit. 'Zet de airco eens aan, jong, 't is bloedheet buiten!'

Phil had niet eens gemerkt dat hij zelf uitbundig zweette. Maar toen besefte hij hoe dat op de vliering moest zijn. 'Zet die zelf maar aan.' Phil was al halverwege de trap toen hij het water hoorde lopen. Ze stond onder de douche.

Connie had alle ramen al dicht en de airconditioning aan tegen de tijd dat Phil weer in de keuken kwam, waar hij Connie bezig vond een van de twee sandwiches die hij net had gemaakt, op te eten.

'Heb jij hier van die rare sigaretten zitten roken, jong?' Connie had weer een baantje meegebracht: 'Computer-expert in New York, minstens voor een halfjaar werk.' Het honorarium van de expert was veel beter dan een gewoon salaris en meer dan genoeg voor een flinke aanbetaling op de verzekeringspolis.

Phils antwoorden waren 'nee', 'nee dankjewel', en 'nee'.

Hij had haar niet beneden horen komen. Maar als Connie de ramen open had gelaten, zou Phil zeker de rook hebben geroken. Toevallig keek hij even uit het keuken-raam. Daar, achter in de tuin, was Elvira, in het zwart ge-kleed, bezig de witte jurk te verbranden met een hoop oud blad.

'Vlieringen zijn een fantastische combinatie,' zou ze hem later onthullen. 'Egyptische piramide en Indiaans zweethok in een!'

Voordat ze vertrok, schreef Elvira haar telefoonnummer en adres op. Toen Phil belde, nodigde zij hem uit. Daarop was hij getuige van haar huis.

Phil, die zichzelf nooit als bijzonder gevoelig had be-schouwd, voelde dat huis onmiddellijk wél. En wat hij voelde, beviel hem niet. De muren zogen hem op, de vloer slokte hem op. Wellicht was het de architectuur. De muren waren niet recht, de vloer doorgezakt.

Elvira bood vruchtensap aan. Phil trok de wijn open die hij had meegebracht. Toen hun lippen elkaar eindelijk von-den, zag Phil hoe zij met haar ogen rolde. Toen hij haar greep, was hij onder de indruk van de stevigheid van haar heupen en dijen. De holte van haar rug paste precies in zijn hand.

Ze reden terug naar zijn huis in haar auto. Gelukkig was

het een automaat. Phil reed met zijn linkerhand, zijn rechter zwierf hier en daar over haar lijf. Elvira nestelde zich tegen zijn borst.

In de week daarop had Phil gewild dat hij wel naar een baan moest. Een weekeinde lang was hij best goed met een vrouw. Maar daarna droogde zijn gespreksstof meestal op. En als beleefde gesprekken niet meer mogelijk waren, werd Phil soms onbeleefd.

Zo vroeg hij Elvira botweg of ze geen baan had. 'Heb je geen planten die je water moet geven, of telefoontjes die je moet beantwoorden?'

Ze verzekerde hem dat planten en banen vervangbaar waren.

'Het enige wat duurt is de liefde,' zei ze en sabbelde aan Phils grote teen.

Ze likte en sabbelde aan alle kanten aan hem. En Phil gaf haar, zo ver als in zijn mogelijkheden lag, lik op stuk. Maar na de eerste vierentwintig uur, toen ze enigszins uitgedroogd in Phils eenpersoons bed lagen, kreeg hij de indruk dat Elvira niet erg veel sliep. Telkens als hij wegdoezelde, werd Phil wakker met zijn pik stijf in haar mond. Of als hij op zijn buik lag, werd hij wakker terwijl zij schrijlings over hem heen zat, zijn nek en schouders te masseren, of andersom, bezig met zijn kont en zijn dijen.

Zij hoefde niet naar haar baan, als ze er een had, en ze was zeker niet van plan om ooit nog te slapen. Dus Phil stelde een groter bed voor, dat in de oude kamer van zijn ouders. Trouwens, hij was toch van plan daar mettertijd heen te gaan, als hij die eenmaal opnieuw had behangen.

Elvira wilde niets met dat bed te maken hebben – tenzij matras en spiraal vervangen zouden worden.

'Maar hoe zit dat dan met al die gebeden en die wierook?' protesteerde Phil.

'Dat heeft maar een beperkte reikwijdte, daarna moet je echt een tochtje naar de milieustraat maken.' Ze keek rond in Phils kamer voor wat de eerste keer in drie dagen leek.

'Ik denk dat ik mijn planten hier naartoe zal brengen,'

merkte ze ten slotte op. 'Deze kamer kan beslist wel wat gebruiken.'

Phil hoorde haar, maar reageerde niet. Hij zat hard te prakkiseren hoe zij, telkens als hij naar de wc ging, met hem mee was gegaan en erop had gestaan dat hij op zijn knieën met haar piste, terwijl zij op de plee zat. Hij herinnerde zich de tochten naar de koelkast, die geëindigd waren in staande copulaties tegen het aanrecht. Hij herinnerde zich het gevoel en de klank van haar tong in zijn oor en zijn kont. Maar nu herinnerde hij zich dat het maandagmiddag was en hoe lekker het bed van zijn ouders aanvoelde.

Elvira zat nog te kletsen over planten toen Phil opstond en naar zijn ouderlijke kamer liep. Zoals gewoonlijk liep zij achter hem aan. Zij bleef even in de deuropening staan, toen Phil zich op het royale bed liet ploffen. Toen ging ze bij het bed staan en keek naar hem terwijl hij sliep.

Hij ontwaakte met natte vingers. Elvira stond zich op één voet te vingeren, met behulp van Phils hand. Hij trok zijn hand bruusk terug.

'Genoeg!' was alles wat hij hoefde zeggen. Elvira draaide zich om en verliet de kamer. Ze raapte haar kleren bij elkaar, kleedde zich aan terwijl ze de trap afliep, en trok de voordeur zachtjes achter zich dicht zonder een woord te zeggen.

Phil viel weer in slaap. Hij werd wakker in het donker. Hij viel weer in slaap. De volgende ochtend, toen hij naar zijn eigen slaapkamer stommelde, op zoek naar Elvira, kwam de sekslucht hem al bij de deur tegemoet. Zijn lakens hadden waarschijnlijk uit zichzelf wel de weg naar de wasmachine gevonden – en sneller dan Phil ze had willen begeleiden. Om ze te vertragen, propte hij ze op en stopte ze in een kussensloop.

Iedere vrouw heeft haar eigen lucht. Dat had broer Billy Phil geleerd. Die van Elvira was elementair, als sap van de aloë, geneeskrachtig, net zo verzachtend.

Phil dacht dat zij wel een teken van leven zou geven. Maar ze belde niet. Na twee dagen belde Phil haar en trof haar antwoordapparaat.

'Hallo,' klonk het. 'Deze ontlichaamde stem is van mij. Ik laat haar achter als een band met jou. Laat de jouwe achter als een band met mij.'

Phil legde de hoorn weer op de haak, schudde zijn hoofd, en koos het nummer langzaam opnieuw. Dezelfde boodschap. Hij haalde diep adem en na de piep zei hij dat hij haar graag terug wilde zien.

Die avond stond zij voor zijn deur met haar planten en de verhalen over haar nieuwe baan. Ze gaf les op de universiteit. Welke faculteit?

'Engelse taal- en letterkunde,' dacht zij. 'Ja, het was Engels.' Zij had haar curriculum vitae als doctor in de Engelse taal bij het sollicitatiegesprek gebruikt.

'Heb je gelogen dan?' Phil was nog maar matig verbaasd.

'Ik heb ze verteld wat ze wilden horen. Ik zei de juiste woorden, noemde de juiste kranten, het was heel simpel.'

'Maar een doctorsgraad?'

'Dat zijn alleen maar vakbondskaarten, weet je. Het is meer een kwestie van volharding dan van intelligentie om er een te krijgen. Als het alleen een kwestie van intelligentie was...' Haar stem stierf weg.

Wat moest ze onderwijzen? Wat romans, die ze grotendeels op eigen initiatief had gelezen, en natuurlijk compositie, wat helemaal niet onderwezen kan worden.

'Ik bedoel, je kunt die studenten de vorm geven, maar de inhoud? Vergeet het maar!'

'Waarom doe je het dan?'

'Voor het geld natuurlijk.' Ze richtte Phils aandacht op zijn voordeur, waar twee vrachtrijders aan het worstelen waren met een eersteklas royaal matras met spiraal.

'Ik heb ze gevraagd hier naartoe te komen,' zei ze ijskoud. 'Je kunt me later wel betalen – als jij een baan hebt.' Ze keek naar de bijna lege kamer, waar ze haar planten ging zetten. 'Als je wilt, kan ik je wel een van mijn cv's lenen.'

'Nee dankjewel.' Phil deed de voordeur open voor de vrachtrijders.

Hij kon het amper geloven. Ze hadden zelfs een gesprek

dat niet werd onderbroken door zwaar ademen. De vracht-rijders zorgden daar echter wel voor, doordat zij de nieuwe matras de trap op en de oude weer naar beneden moesten zeulen. Phil keek weemoedig toen zijn laatste vluchtheuvel zonder verdere ceremonie achter in de vrachtwagen werd gesmeten. De spiraal bleek nog uitstekend te zijn.

'Waarschijnlijk gaan ze dat weer verkopen, weet je dat wel?' Phil was kwaad dat Elvira de heren nog twintig ballen had gegeven om het spul weg te slepen. Hij duidde echter met opzet niet op de matras, en stiekem hoopte hij dat zij de veelzeggende liefdesvlekken aan weerszijden van het mid-den niet had opgemerkt. Phil had het nagekeken. Sommige waren bloedvlekken, van het soort dat ontstaat als de man tegen het tij opzwemt. De andere waren de overblijfselen van gewone, oude spermavlekken. Phil had er genoeg van gezien om dat zeker te weten. Hij had ze zelfs op matrassen in kloosters gezien.

Hoe had hij die vlekken over het hoofd kunnen zien? Hij had de lakens al een paar keer verschoond sinds de dood van zijn ouders. De matrashoes! Die was vlekkeloos, dus die had hij nooit verwijderd. Maar onder die hoes... en zo oud was die matras toch niet. Had zijn vader op zijn oude dag nog een jong blaadje gevonden? Had zijn moeder een min-naar genomen? Had oom Connie de kat in het donker ge-knepen?

'Verdomme, ze waren al achter in de zestig! Houden ze dan nooit op?' Die woorden ontsnapten hem als criminelen, nog voor hij zijn hand voor zijn mond kon slaan.

Elvira had natuurlijk de vlekken gezien, en zette de gieter neer waarmee ze doende was geweest, om Phil te troosten.

'Die matras was inderdaad heel oud,' zei ze zachtjes. 'Maar leeftijd is van geen belang.'

Phil keek op haar neer en kneep zijn ogen toe. De vrij-partij die daarop volgde was ruig. Phil nam haar voor het eerst in haar kont – en zonder genoeg glijmiddel. Ze schreeuwde het uit van pijn. Hij sloeg haar op haar kont tot zijn hand tintelde. En ze kermde. Hij trok haar naar zich toe aan haar haar en beet op haar onderlip terwijl zij haar nagels in zijn rug groef. En beiden kreunden. Toen hij eindelijk zijn zaad loosde, deed hij dat met veel opzet over de nieuwe matras.

Later, terwijl Elvira haar kont in een ondiepe teil water met bitterzout zat te weken, voelde Phil zich verplicht haar het verhaal van de bruiloft en de rest te vertellen. Nou ja, ze had die oude matras gezien. Wat kon hij dan mogelijkerwijs nog voor haar verbergen?

Toen hij klaar was, zat hij zijdelings op de gesloten plee, met zijn voeten tegen de rand van de badkuip, en staarde naar de douchekop. Een lange, onheilszwangere stilte volgde.

Ten slotte vroeg Elvira: 'Vond je mijn kont lekker?'

'Nou en of,' antwoordde Phil zonder zijn blik te verplaatsen.

'Het idee of de daad?' Hij keek haar aan, raakte even in haar ban, en toen keek hij zoals altijd de andere kant op. Elke cultuur heeft iets tegen iemand recht in de ogen kijken. Dat is een machtsspelletje. Dat is een uitdaging. Het is altijd gevaarlijk, het is een greep naar de ziel, een poging er vat op te krijgen.

Elvira had geen vensters in haar gezicht. Zij had kloven, waar je alleen in kon kijken met het risico er ook in te vallen.

'Het idee of de daad?' vroeg ze weer.

'Ik denk allebei.' Plotseling vermoedde Phil dat er nog andere net zo gevaarlijke kloven in de buurt waren.

'Die grootvader Philip deed waarschijnlijk hetzelfde met je grootmoeder voordat je vader werd verwekt.' Ze zat Phil nog steeds aan te kijken.

'Wat weet jij dan van mijn vader buiten wat ik je heb verteld?' Phil voelde zich defensief genoeg om een korte blik in haar ogen te wagen.

'Ik weet dat dat het hout is waaruit mannen worden gesneden,' zei ze met iets van droefheid in haar stem. 'Gesneden, niet geboren.'

Accorderen

Ntozake Shange

ze hadden in geen maanden gevreeën/ de avond dat ze de
twee dunste dekens van boven op hem pakte en een kussen
onder haar arm nam om naar de logeerkamer te lopen/ was
vervuld geweest van kleine maar veelzeggende incidenten/
met etenstijd had ze hem gevraagd ervoor te zorgen dat de
asperges niet zouden aanbranden dus bleef hij water toe-
voegen en de groente werd daardoor natuurlijk/ te nat/ een
vriendin van haar kwam langs en hij werd jaloers dat ze zoveel vriendinnen had/ dus hij begon te pruilen omdat niemand hem kwam opzoeken/ toen moest ze bellen dat ze die
tweede ronde vraaggesprekken zou doen voor de *vence-
remos*-brigade/ hij zei dat hij niet begreep waarom dat zo
belangrijk was/ en daarop ging zij naar bed/ even later werd
een zeer mannelijk been over haar dijen geworpen/ dus zij
draaide zich om/ toen werd een lange gespierde arm rond
haar borst geslagen/ ging zij overeind zitten/ lag hij te glim-
lachen/ met zo'n glimlach die wilde zeggen 'ik wil nu'.

mandy liet haar schouders zakken/ haar mond wilde
pruilen of vertrekken/ haar vuist hing tussen haar benen als
een grenspost of een alternatief/ een koele bruine hand werd
op haar achterste gelegd/ 'luister, mandy, alleen een vlug-
gertje'/ keek mandy aan de andere kant van het bed naar
beneden/ misschien dat de vloer tegen hem sprak/ de hand
zwierf over haar rug en haar boezem/ ze vertrok haar gezicht en begon fiks te knipperen met haar ogen/ ezra sprak

niet meer/ een natte mond plakte in mandy's nek/ en tanden begonnen het kroeshaar bij haar hand te beknabbelen zeggend/ 'ik lag te dromen dat cuba en jij willen neuken'/ 'nee, mandy, ik wil niet neuken/ ik wil met je vrijen... met je vrijen'/ & de hand werd nogal agressief met mandy's tieten/ 'ik droom dat ik naar cuba ga/ maar dat is niet belangrijk/ ik heb honger want jij hebt het eten verpest/ ik ben alleen want jij hebt mijn vriendin weggejaagd: en je wilt ook nog eens neuken'/ 'ik wil niet neuken/ ik heb je toch gezegd dat ik wil vrijen'/ 'nou je krijgt je zin/ hoor je/ je hebt het aan jezelf te danken/ want ik ga dromen over naar cuba gaan'/ & dat zeggend klauterde ze van de hand af die haar kont omvatte/ & nam de twee dunste dekens & een kussen mee naar de logeerkamer.

de logeerkamer was eigenlijk toch al van mandy/ dat was waar ze las & haakte en nadacht/ ze kon de buurkinderen zien spelen & juf nancy gospels voor haar horen zingen/ & ze kon juf nancy haar lat-relatie met de eigenaar van de step-in taveerne / wellustig aandacht horen schenken/ dus de logeerkamer/ voelde vol aan/ niet zoals ze had gevreesd/ leeg en op de hoogte van afwezigheid. in een hoek onder het raam/ ging mandy elke avond na de cubaanse dromen zitten/ en keek hoe de straatlantaarns door de kanten gordijnen op de muur speelden/ de eerste paar nachten sliep ze diep/ ezra begon er niet over dat ze niet meer bij hem sliep/ & ze aten het ontbijt dat ze klaarmaakte en hij ging naar de studio / terwijl zij naar school ging & hij kwam thuis om zijn eten op tafel te treffen & mandy in haar kamer/ bezig met iets wat haar plezier deed. mandy was heel beleefd en charmant/ vroeg hem hoe zijn dag was geweest/ of er nog iets opwindends was gebeurd/ maar ze vroeg hem nooit iets voor haar te doen/ zoals dingen optillen of de kachel nakijken/ of naar haar dromen luisteren/ ze ging ook nooit naar de kamer waar ze altijd met elkaar sliepen/ hoewel ze overal elders even grondig poetste als een van haar moeders oudtantes het oude huis aan rose tree lane in charleston had gepoetst/ maar ze deed nooit iets in die trant als ezra thuis was/ als ezra thuis was/ wist je zeker dat mandy uit was/ of in haar kamer.

op een nacht net voordat het tijd wordt op te staan en de hemel oplicht voor zonsopgang/ voelde mandy een koude rilling & natte dingen op haar nek/ ze begon in de lucht te slaan/ & zonder haar ogen te openen/ want ze kon/ nu voelen wat er gebeurde/ ezra duwde zijn stijve tegen haar dij/ zijn adem streelde haar gezicht/ hij trok haar lakens weg/ mandy bleef hem slaan maar hij bleef doorgaan. mandy gilde/ 'ezra wat ben je in godsnaam aan het doen' & duwde hem van zich af. hij viel op de vloer/ want mandy's bed lag op de vloer/ & ze sliep meestal op de rand van haar matras/ ezra stond op en zijn pik was op mandy's gezicht gericht/ op haar rechteroog/ ze keek de andere kant op/ en ezra/ sprong/ op en neer/ dit keer in de lucht/ 'waar heb je het over wat ik aan het doen ben/ ik ben aan het doen wat we altijd doen/ ik ga met je neuken/ oké je was boos/ maar dit kan niet zo doorgaan/ ik word helemaal gek/ ik kan niet in één huis met jou leven en niet neu.../ niet met je vrijen. ik bedoel.' mandy zat nog naar de kloppende penis te kijken/ die rondsprong met dat ezra rondsprong/ rond/ mandy zuchtte: 'ezra laat dit nou niet uit de hand lopen/ alsjeblieft, ga nu gewoon slapen/ in je bed en we zullen er morgen over praten.' 'hoe bedoel je morgen ik word helemaal gek...' mandy keek tegen ezra's scrotum/ en sprak zachtjes 'dan moet je maar gewoon gek worden' en draaide zich om om te gaan slapen. ezra bleef even stil/ toen trok hij de lakens van mandy af en rukte haar van haar plek/ met allemaal ge-klets over 'we leven bij elkaar & we gaan nu neuken'/ mandy behandelde hem even wreed als ze een vreemdeling zou hebben gedaan/ ze schopte & ze beet & ze stompte & ze stompte & ten slotte rende ze naar de keuken/ ezra ach-terlatend met haar verscheurde nachtpon in zijn handen.

'hoe kon je me willen/ als ik je niet wil/ ik wil jou kaffer niet/ ik wil je niet' en ze wond zich zo op dat ze als een zottin snotterend tegen de koelkast ging staan meppen... ezra keek mompelend door de deur. 'ik wilde je niet opfokken, mandy. maar je moet begrijpen. ik ben een man & ik kan hier niet zonder jou blijven zitten... terwijl ik je niet kan aanraken of je kan voelen'/ mandy schreeuwde terug 'of me neuken/ vooruit, zeg het maar kaffer/ neuken.' ezra gooide haar nachtpon op de vloer en stommelde naar zijn bed. wat hij daar deed weten wij niet.

mandy smeet haar nachtpon in de gootsteen & schrobde en schrobde tot ze zijn handen van zich af had. ze verschoonde de lakens & nam een uitgebreid bad plus douche. ze ging weer naar bed & ging de hele dag niet naar school. ze lag in haar bed nadenkend over wat ezra had gedaan. ik zou tegen hem kunnen zeggen dat hij moet oprotten/ dacht ze/ maar dat scheelt de helft van de huur/ ik kon zelf ook oprotten/ maar ik vind het hier fijn/ ik kon een hond nemen om mij 's nachts te bewaken/ maar ezra zou er bevriend mee raken/ ik zou hem mij kunnen laten neuken en niet bewegen/ daar zou hij gek van worden & ik wil graag met ezra neuken/ hij is goed/ maar daar gaat het niet om/ daar gaat het helemaal niet om/ & toen kwam ze op het idee dat als ze nou echt vrienden waren zoals ze altijd zeiden/ zij in staat zouden moeten zijn om van elkaar te genieten zonder te neuken zonder dat ze in dezelfde kamer moesten slapen/ mandy was het gaan waarderen wakker te worden als enige in haar eigen wereld/ zij hield van de rust van haar eigen geluiden in de nacht en het geluid van haar eigen stem die haar troostte/ ze mocht graag midden in de nacht wakker worden en het licht aan doen en brieven lezen of schrijven/ ze hield zelfs van de berichten voor de land- en tuinbouw op de televisie om halfzes in de ochtend/ ze had een hoop geheimpjes te koesteren die ze voor zichzelf had geschapen/ die ezra met zijn zware loop/ ezra met zijn gesnurk/ ezra met zijn gek wordende stijve/ geweld zou aandoen... dus ze suggereerde ezra dat ze verder zouden leven als vrienden/ & andere mensen zouden opzoeken als ze een seksuelere relatie wilden dan die zij bood... ezra begon te lachen. hij dacht dat ze een beetje zat te dollen/ tot zij riep 'jij kunt je mij niet voorstellen zonder een natte poes/ jij kunt je mij niet voorstellen zonder jouw godvergeten stijve rechtop in je broek/ wel je zult het moeten leren/ ik kom maar niet aan leven toe omdat jij de hele tijd zin hebt in neuken/ jij zult moeten leren dat ik ook leef/ hoor je'... ezra was meestal een heel aardig soort man/ maar dit keer gaf hij mandy een draai om haar oren en liep toen weg... twee dagen later kwam hij terug, bedolven onder de zuigzoenen & zeer tevreden met zichzelf. mandy maakte hem zijn eten klaar/ niks bijzonders/ en liet de deur van haar kamer open zodat hij kon zien hoe zij zichzelf genot verschafte/ van toen af aan/ vroeg ezra haar altijd of hij haar kon komen opzoeken/ had ze misschien behoefte aan gezelschap van enigerlei aard/ wilde ze misschien een beetje liefde/ of had ze zin om hem in zijn kamer te komen opzoeken/ er zijn geen machtsspelletjes meer in dat huis.

Uit: *Black Borealis*

Hillery Jacque Knight III

Gisteravond lag ik in onze Marokkaanse villa op de heuvel in bed verstrengeld met mijn lief, starend naar de verduisterde, veelkleurige beddenhemel met de kwasten zachtjes schuddend in het nachtelijk briesje van de Middellandse Zee, beladen met zachte geuren van het dorp ginder aan de kust. De Afrikaanse maan scheen ouderwets door de mahoniehouten jaloezieën en zacht op de grote koperen met arabesken versierde Perzische waterpijp die op de vensterbank stond. Onze beide Nubische zwaluwen zaten in hun bamboekooitje tegen elkaar aan een beetje te doezelen nadat ze eerder op de avond vrolijk hadden gezongen bij onze vrijage en nieuwsgierig hadden toegeluisterd bij onze gesprekken diep in de nacht. Ik kon af en toe het bijna magische geluid van twee kamelen horen die voorbij kwamen over de achterweg, opgejaagd door hun berijders, waarschijnlijk inderhaast om uit de koelte van de nacht te geraken. Zo liggend, starend naar de wind, daar buiten in de nacht – probeerde ik te slapen, maar kon er met geen mogelijkheid toe komen!

Om een voor mij vreemde reden voelde ik mij, nadat ik haar had bemind en uit haar was gegleden, alsof ik in het geheel niet was bevredigd. Ik voelde mij nog vol, al herinnerde ik mij, dacht ik, extase en roes. Stram en langzaam stapte ik uit bed en kleedde mij aan. Ik wist niet of zij sliep, dus zachtjes fluisterde ik mijn lief toe dat ik een ommetje ging maken. Ik voelde mijn schreden gericht door de tempel, waar ik na een korte nachtelijke wandeling door het dorp aankwam. Toen ik de grote besneden teakhouten deuren naderde, glommen de grote gepoetste koperen noppen zachtjes in het maanlicht. Ik deed mijn sandalen uit in de vestibule en liep naar het geheiligd altaar om wat wierook te ontsteken. Langzaam kreeg ik het gevoel dat ik niet langer alleen was, er was nog een andere aanwezigheid, dus ik bleef staan. Ik had geen ondergoed aangetrokken en plotseling, stevig en kloek, kreeg ik een stijve. Die klopte zo wild dat ik mijn pij openrukte om te kijken, daar pal onder de koepel van de tempel voor het altaar. En een krachtige straal zaad spoot daar recht in mijn hand. Een laag, zwak schijnend gebrom als van een oude harp trilde uit mijn hand en terwijl paarse en oranje lichtgevende strepen uit mijn kwak begonnen te stralen, begon er iets vorm te krijgen. Een glimmend zwart vlekje in de ivoorwitte vloeistof werd langer en groter terwijl ik daar als aan het tapijt genageld stond. De flakkerende antieke geluiden werden luider, deden de stralen paars en oranje oplichten. Het bleef rekken, uitdijen, golvend langer en dikker worden, viel ten slotte, gleed naar beneden op en rond de eigen kop, en het was zo groot als een anaconda. Het glibberde het altaar en de katheder op en kroop tot boven op het spreekgestoelte, de onderste helft opgerold voor steun en de bovenste helft rechtstandig naar boven, met een prachtige ebbenhouten kop naar voren gebogen, langzaam wiegend als op een oosterse fluit. De ogen waren verblindend helder als vuursterren! Er was geen mond. Ik voelde mijn knieën knikken in volstrekt ontzag, staarde omhoog met geboeide aandacht – het was een spermadier!

Ik voelde mij doorstroomd van zenithaal bewustzijn. Voor mij uitgestrekt lag de eeuwigheid!

Ik hoorde poorten zich openen en gebulder van een watervloed die Noach moet hebben gekend. Het ontzagwekkende gebrul van een rivier, oud als de Blauwe Nijl, maar dik als ivoor zo het gesmolten zou kunnen worden. Erin lagen talloze spermadier-slangenvissen te glinsteren in gladde, ebbenhouten helderheid alsof zij gemaakt waren van bewegelijke stukken onyx. Als gezonde regenboogforellen die opspringen om ergens in een bergbeek kuit te schieten, sprongen en zwommen zij door de rivier, geholpen door de hydraulische kracht van het ivoren water door het lange, fallische, door de nacht overschaduwde rode aquaduct. Zij zwommen in de kolkende opgezweepte wateren met zoveel doelgerichtheid, vastberadenheid en overgave, de kimmen der golven berijdend die zij vermochten te temmen, in de juiste hoek afwijkend voor die zij bijna aankonden maar niet helemaal, en golven die zij niet met de kop naar voren tegemoet konden zwemmen, probeerden zij met een sprong te nemen, maar zo nodig braken zij er recht doorheen. Zij negeerden het bloed van hun gesneefde broeders of zusters en zwommen door, zonder zelfs acht te slaan op hun eigen bloed, onderweg in het water vergoten. Nadat zij allen voorbij waren gezwommen, werd het bloed op het water onzichtbaar snel opgenomen door de glinsterende oceaan. Ik keek gedurende wat, vertaald naar ons tijdsbesef, een uur moet zijn geweest. De sterkere sprongen voort en voerden de school aan. Dan plotseling leken ze alle met nieuwe extra elektrische energie naar voren te schieten, als zij aan de mond van het lange rode aquaduct de vrijheid kregen. Ik werd verblind en verdoofd door wat een eeuwigheid scheen en toen ik weer meester werd over mijn zintuigen zag ik dat ik verblind was geweest door het schijnsel van een uitspansel, niet gevuld met schone lucht zoals wij die kennen, maar met de constante flux van alle spectrale kleuren in de regenboog, wentelend door het enorme hemelhoge koepelgewelf. Ik werd tijdelijk bedwelmd door de hitte, een zoete, alles overheersende tropische hitte, tegelijk rijkelijk warm als een trage, vochtige wind uit het weligste tropische regenwoud, en een nog net koele, harde, droge wind, een samoen uit een zonovergoten woestijn, als ook een koude, verkwikkend zachte wind uit de besneeuwde Himalaya. De warmte of koelte waren wat het lijf altijd ergens nodig heeft en ze gleden gescheiden over mij heen, ver-

schillende vochtigheidsgraden en windsterkten, al naar gelang de behoefte.

Toen zag ik de onyxen spermadieren allemaal over de
rand van de galactische zee springen, rond een buitengewoon brede ring als de ringen van Saturnus, helemaal rond
de voet van de grote ronde muur van de zaal. Duizenden andere spermadieren volgden een uitstralend pad naar het
verre middelpunt. Vol ontzag vroeg ik mij af wat zich daar
nu zou kunnen bevinden – Ik keek in de verte, naar het
midden van die heilige wateren en zag de verlichte groots-
heid van een eiland of een gebouw – een goddelijke koepel
als een majesteitelijk warm noorderlicht of de heilige naakte
Andromedanevel, zo elegant balancerend! Daar, ver in het
midden van de kristallen zee vol damp, zwevend boven het
oppervlak, bevond zich een goddelijke, fantastische eicel!
Druipend, druipend, eenvoudigweg druipend van zinnelijkheid! Alsof Allah zelf tonnen sap uit de mossels van de
zwartste, uit een bijzondere lijn van naar aarde ruikende
Afrikaanse vrouwen had genomen, en daar liefdessap uit
had gedestilleerd, om daarna dat sacrament rond dit hemelse eiland uit te storten als mistdruppels van mosseldamp,
verzadigde rijpe regen, vruchtbaar in de lucht rond de
zachte paarsgele, half doorzichtige eicel.

Een ronde flamoes die aan alle kanten uitpuilde, lokte,
haar stralend chocoladebruine lippen in een verleidelijk
langzame dans, een riekend aardse vruchtbaarheidskronkel.
Ik hoorde bloedstollende kreten opstijgen uit een van hartstocht oververhitte serail, met palmen omzoomd. Bliksem-
snel keek ik om en haar 'tegenbeeld', haar goddelijkheid
verscheen, haar prachtige, prachtige spirituele baarmoeder.
Mijn blikken gleden over de lieflijk zachte teerheid van een
fluit van vlees, een zwarte Lotus, een wijnpruim, een zijden
ziel, de zachte, kittelende essentie van een verfijnd getekende
Deva Moor met een warme kosmische aura, een heilige
umbra. Toen veranderde dat in een borst vol en wellustig
alsof zij op het punt stond te barsten van de melk. Weer
keek ik en het was het hoofd van mijn geliefde! Mijn

vrouw! Het gezicht van mijn lief dat flitste en sprankelde in alle facetten van het verblindend gewelf tegelijk, hoewel het gewelf eigenlijk zacht en rond was, zonder gebroken oppervlak. Het metamorfoseerde, werd schijnbaar gewoon een nieuwe maan, een opalen blauwe schijf – langzaam ronddraaiend als Venus in de mist, als een ronde bol hard geworden romige wolken in de zomernacht. Ik zag naakte geesten en naakte lijven van hedendaagse en vroegere negerinnen vol gratie en macht gestalte aannemen en zich ontlichamen op dit oppervlak als een geluidsband met viereeuwige speelduur, mij volledig opslorpend toen het orkest begon te spelen! Man, ik vertel u van de dames! Zij bespeelden hun liefdesinstrumenten!

Het eiland van de maan hing weer in evenwicht in de wateren van het vleselijk sterrenstelsel te wachten als een vrouw. De mannetjes en wijfjes van de krijger-spermadieren hobbelden op de grote sprong af die slechts één zou halen. Er lagen nu verscheidene lichamen terneer, tussen waar zij hun cruciale tocht waren begonnen en het punt halverwege, waar de meeste van hen nu waren. Het was dan ook een natuurlijke, glorieuze veldslag om te zien, zo mannelijk heldhaftig, hoe het sterkere spermadier de tragere of zwakkere exemplaren uit de weg schoof. Er waren evenveel sterke vrouwelijke spermadieren als mannelijke, maar zij gebruikten liever list dan kracht om andere onderweg voor te zijn. De wijfjes probeerden even de aandacht te trekken van een mannetje of wijfje als dat als een dolfijn van onder het oppervlak van de vloeistof opdook, waardoor het heel even de blikken afwendde van het overweldigend instinctieve mechanisme van dat ultieme maaneiland, als een ronde gasbel daar midden in de ruimte gesitueerd. Toen zij voorbij het punt halverwege kwamen, met nog mijlen te gaan, waren het slechts een paar uitverkorene uit een menigte, de andere met hun onyxen lijfjes lagen op de zij of met de buik naar boven glanzend in het dampende water. Ik vroeg me af wat er nu met hun ging gebeuren, omdat zij de zuivere schoonheid van de goddelijke oceaan besmeurden. Hij sprak! Het koninklijke zwarte spermadier 'sprak' hartstochtelijk, de hoorbare macht en de mannelijke resonantie van zijn 'stem' waren kostelijk.

De hele menigte opgestaan sperma vloog als een offerprocessie in de rij naar de koninklijke eicel en trad daar als in trance binnen door de opening en zij sloot zich, geen spoor achterlatend. De glorieuze eicel was nu volledig verzegeld. In haar stralende doorschijnendheid zag ik al het sperma in een gezegende slaap op de bodem ervan rusten, omvat in wat eruitzag als parelwit kristallen stolsel, opgeslagen, in afwachting voedsel voor de overwinnaar te worden. Zie! De hoge, de almachtige!

Eindeloos bleef de meesterkop doorgaan, en hij ging maar door, overweldigend! Opgezweept door een machtige liefde, samengeperst in een heilig manlijk halleluja, dreef ik in machtige vervoering voor hen en deze nieuwe schepping, grenzeloze liefde en euforie stroomde uit mij ernaartoe, naar haar, naar hem, naar de eindeloze schepper, grenzeloze liefde en trots voor deze zoon, onze zoon.

De groenzwarte noorderlicht-eicel bloeide nu langzaam vruchtbaar op in de hemelse geestelijke baarmoeder. Jazeker! En dat verscheen mij. Ik zag het. En zo was het. En zo was het. Ik zag het, sanctus.

Het grote koninklijk zwarte spermadier lachte naar mij en zei: 'Zo, mijn zamil, mijn metgezel, nu weet gij van het groot genoegen dat wij, uw vruchtbare onderdanige zaden, ervaren in het baarmoederlijk lichaam van uw liefde op astraal niveau als gij haar op het lichamelijk en geestelijk vlak ervaart. Het is een groot voorrecht voor mij uw heersend spermadier te mogen zijn, en de verwekker van uw zoon in de goddelijke baarmoeder van zulk een aards schepsel. Dus, zamil, ik moet nu terugkeren, ik zal nu gaan. Als gij uw hand weer sluit, zal ik terugkeren tot de heilige poelen in uw suède zak in de ivoren wateren voor morgenavond. Maar ik zal niet weer terugkeren, dit keer zal ik blijven in uw lieflijke koningin en slag leveren, want het is bepaald – ik zal uw zoon hemels verwekken. Zamil, moge de Oneindige u gedrieën zegenen, beschermen, verzorgen en bewaken. Ik ga nu, en ben geheel liefhebbend aan u toegewijd.'

En ik zat daar slechts, ik zat daar vredig in de tempel, het nachtelijk evenwicht overwegend. Af en toe deed ik mijn ogen open om naar het altaar te staren en wierook te ontsteken, zittend, dit alles overdenkend in rustige warmte.

Tuinhuiskoorts

Kristin Hunter

De stereo speelde zachtjes, van die eenzame, wanhopig makende kreunen die ze progressieve jazz noemen. Bella veranderde rusteloos rokend een paar keer van station tot ze wat muziek vond die haar reactie waard was, warme, bezielde geluiden in plaats van afstandelijke. Er was geen ruimte om te gaan lopen of dansen, dus ging ze op de rand van Ikies smalle bed zitten, haar rokje strak rond haar benen, met haar voeten het ritme tikkend.

Ikie zat op zijn enige stoel, een rechte, geleend uit de eetzaal van de Blue Moon. 'Ga jij jezelf afspelen?' vroeg hij grofweg.

'God, wat ben jij vanavond ongelikt. Wie weet, krijg ik nog wat te drinken?'

'Waarom?'

'Omdat ik wat te drinken wil, gekkie!'

'O, te drinken. Natuurlijk,' zei hij met zijn vriendelijke, beleefde stem, en goot wat warme whisky in zijn twee geëmailleerde bekertjes. 'Ik bedoel, waarom wil je op de solotoer als ik hier bij je ben?'

Ze gooide de drank achterover en onderdrukte haar walging met pure wilskracht. Het smaakte verschrikkelijk. 'Omdat,' zei ze, toen ze het risico van boeren of kuchen voelde afnemen, 'jij mij niet respecteert.'

Ikies voorhoofd leek op een vers geploegde akker. 'Schatje,' zei hij, 'daar moet je bij mij niet mee aankomen.

Dat kan ik niet baas. Ik wist wel dat het vroeger of later boven zou komen. Ten slotte ben jij de vrouw van mijn broer. Maar wij zijn al zolang minnaars – vijf of zes maanden – dat ik dacht dat ik het wel kon vergeten. Waarom kies je nu uitgerekend dit ogenblik om met stront te gaan smijten?'

'God, wat zijn mannen toch stom,' zei Bella, en sloeg met haar vuisten op haar knieën alsof ze ze permanent aan elkaar wilde klinken. 'Ik had het niet over wiens vrouw ik ben. Dat ik met Abe getrouwd ben, is mijn probleem, niet het jouwe. Ik bedoel, je kunt toch ook respecteren wat ik in mijn hoofd heb. Je lacht om mijn ideeën.'

Ikie schokschouderde. 'Soms lach ik omdat ik anders moet huilen, snap je? Zoals wij allemaal, wij gelukkige zwartjes.'

Haar stem klonk milder. 'Jij hebt geen hoop.'

'Waaruit kan ik die putten? Dit is een hopeloze situatie.'

'Welke?'

'Zeg het maar. Deze stad en die weg. Jij en mij. Allebei.'

'Misschien vergis je je op het een of andere punt.'

'Op welk dan?'

'O weet ik veel, weet ik veel,' zei ze en schudde met haar hoofd, als het begin van hartstocht, want ze had haar weerstand opgegeven – althans een deel van haar had dat gedaan, het deel onder haar middel dat een eigen leven leidde, een leven dat ze had geprobeerd met geweld te kluisteren tussen strak tegen elkaar gehouden knieën, zonder daarin te slagen. Eén aanraking van hem en ze waren opengesprongen. Haar kop zat vol conflicten die niet voldoende ruimte lieten om zich op hartstocht te kunnen concentreren, alleen maar om kleine details op te merken – een zurige lucht uit zijn haar, een gebrek aan frisheid van zijn algehele verschijning – die weerzinwekkend waren. Hij was veel te gauw opgebrand en zij was nog onbevredigd.

'Er deugt niks van, hè schat?' stamelde hij. 'Je hebt niet gekreund of geschreeuwd of niks.'

'Jij bent meer dan een pik voor mij,' zei ze, terwijl ze er verstrooid mee zat te spelen alsof ze een zacht huisdier streelde. 'Hoe komt het dan dat ik niet meer dan een kut voor jou kan zijn?'

'Omdat de rest van jou van iemand anders is. En die iemand anders is toevallig mijn broer.' Hij kreunde. 'Dat maakt het erger. Bijna incest.'

'Dat zou het interessanter moeten maken,' zei ze met een smerig lachje.

'Jij bent gek. Nee, je doet gek, zoals je altijd doet als iets je echt dwarszit. Je weet dat er alleen maar zorgen van komen dat jij de vrouw van mijn broer bent. Ik zit niet om gedonder verlegen.'

'Wie wel?' vroeg ze en streelde het haar dat haar even tevoren nog zo had afgestoten. 'Maar soms komt dat gewoon boven en word je ermee geconfronteerd, moet je ermee klaarkomen.'

'Ik kan er wel mee klaarkomen,' zei hij met veel eigendunk, 'met wat dan ook.' Kijkend naar zijn brede schouders, zijn stevige armen en zijn grote, onbehaarde borst, kon ze dat gemakkelijk geloven. 'Met wat dan ook, behalve met jou. Met jou ben ik alleen maar een grote, hopeloze klont boter. Ik ben gek dat ik dat toegeef, dat zou een man niet moeten doen. Maar jij hoeft maar ergens binnen te komen, en met die prachtige spullen van je te schudden, en ik smelt gewoon. Doe het nu,' smeekte hij. 'Ik beveel het je niet, ik smeek het je. Alsjeblieft, doe het nu.'

'Doe wat?' vroeg ze enigszins verward.

'Opstaan en rondlopen.'

Ikies tuinhuisje was een hok van tweeënhalf bij drie, en bevatte behalve zijn meubilair (een brits, een dressoir en een stoel) talloze hopen kleren, boeken, hout en snijgereedschap, en ook zakken klei en gips. Ze was niet in staat geweest de deur open te krijgen vanwege alle rommel die erachter stond, en hij had al zijn kracht nodig gehad om haar voor haar open te houden. Ze keek naar zijn serieuze, smekende ogen en barstte in lachen uit.

'Vooruit. Lach me maar uit. Dat verdien ik, omdat ik zo gek ben geweest me aan jouw macht over te geven.'

'Ik zat je niet uit te lachen. Ik lachte alleen om je idee.'

Nu was het zijn beurt om versteld te staan. 'Hè? Welk idee?'

'Dat er hier mogelijk voldoende ruimte zou zijn waarin ik zou kunnen rondlopen. Er is niet eens ruimte voor een kakkerlak om zich hier om te draaien.'

Ikie keek een beetje zielig rond naar zijn opgehoopte bezittingen en begon ook te lachen.

'Ruim dit maar op en zet die rotzooi maar in je bus,' zei ze, 'dan beloof ik jou mijn meest spectaculaire loopje ooit.'

'De bus zit ook vol.' Ikie ging met wanhopige vingers door zijn haar, waardoor het nog meer in de war kwam te zitten. 'God, wat heb ik de pest aan bezittingen. Ik probeer er geen te hebben maar op de een of andere manier hopen ze zich op. Soms denk ik dat ze laat in de nacht bij elkaar komen en kleine bezittinkjes maken. Dat doen ze vast. Ze fokken als de konijnen.'

Bella's gelach bestreek drie octaven op en neer.

'Je hoeft niet te praten,' zei hij. 'Jij kunt daar de hele avond zitten als juf Net als je dat wilt, met je knieën tegen elkaar aan. Dan ben ik nog niet in staat mijn handen van jou af te houden.'

'Je handen waren al veel te druk met aan mij te zitten in de eetzaal, veronderstel ik,' zei ze, in een schalkse verwijzing naar de huishoeren van de Blue Moon, die Ikie beiden op handen droegen.

'Je doet maar alsof. Ik weet dat je niet jaloers bent op die meelijwekkende teefjes.'

Ze knikte. 'Je hebt gelijk. Ik deed toen ook maar alsof. Voor de grap. Het kan me niets schelen dat Lily en Booty over je heen hangen. Het klinkt gek, dat weet ik, maar volgens mij zijn het beste meiden.'

'Natuurlijk zijn het dat. Het enige probleem met hun is, zij moeten sexy doen. Dat is hun handel. Seks is gewoon een baan voor hun, dus ze vinden het vervelend, en ze moeten doen alsof. Maar jij – jij hoeft niet sexy te doen, jij bent het gewoon. Jij kunt er net zo min iets aan doen dat je sexy bent als je er iets aan kunt doen dat je ademhaalt. Jij hoeft alleen maar jezelf te zijn. Beloof me alsjeblieft dat je nooit zult proberen iemand anders te zijn.'

'Dat beloof ik. En wat vind je het lekkerst aan mij? Mijn benen, wat?'

'Alles. Ik mag jou gewoon graag. Die vrouwelijke natuur diep in jou. Natuurlijk is de buitenkant ook in orde, en dat is fantastisch, maar dat is niet het belangrijkste. Jij zegt dat mannen stommelingen zijn. Nou, dat kan misschien best kloppen, maar de meeste vrouwen zijn het ook. Die denken dat mannen alleen maar geïnteresseerd zijn in hun buitenkant, in hun vormen, of hun benen, of in een of andere make-up die ze bij de drogist hebben gehaald. Zulke vrouwen zijn gewoon lege poppen. Wat een vrouw maakt, is wat in haar zit.'

Hij had de juiste dingen gezegd, de dingen die zij ook wilde horen, maar ze moest hem toch nog een beetje verder uittesten. 'Jij zei dat je van alles van mij hield. Slaat dat ook op wat ik denk?'

'Zelfs dat. Natuurlijk. Het hoort allemaal bij jou. Het gebeurt alleen wel eens dat wat jij denkt, belangrijker dingen in de weg staat.'

'Krijg de kolere,' zei ze, maar hij luisterde niet. Hij keek naar een beeld uit het verleden.

'Het meest sexy dat ik jou ooit heb meegemaakt,' zei hij dromerig, 'was nog voordat we samen waren. Jij droeg een oude versleten katoenen trui en gymschoenen, en we liepen in de bossen hier in de buurt. Je had schrammen op je benen, en je had een emmertje in je hand voor het plukken van bosbessen...'

Zijn mond was geplooid in die tedere glimlach die zij zo zelden zag en waar ze gek op was, om de zachtheid ervan. 'Wat ik het meest van jou mag,' zei ze, en ze boog zich voorover om hem te kussen, 'is je mond. Soms. Als hij niet praat.'

'Mmm,' zei hij, en zijn handen glipten langs haar benen omhoog.

Hij knielde op de vloer, trok haar sandalen uit, en begon haar tenen te kussen. Met zijn onweerstaanbare mond baande hij zich een weg over haar enkels en haar benen naar haar dijen, en daarop lukte het Bella even niet meer te denken. Maar later, na zijn en haar bevrediging, toen ze verkrampt op zijn brits tegen elkaar aan lagen, begonnen haar gedachten weer te werken.

'Eens en vooral, ik voel mij niet schuldig over ons. Ik heb geen goedkope excuses nodig voor wat ik doe. Ik behoor mijzelf toe, niet Abe en jou al evenmin, meneer. Als hij mij in bed wilde, zou ik er misschien anders tegenover staan, maar zoals het nu is, geloof ik niet dat ik mij ergens schuldig over hoef te voelen.'

'Wat ik niet kan begrijpen,' zei hij, 'is hoe Abe zijn handen van jou af kan houden. Hij kan alleen maar iemand naaien van wie hij denkt dat-ie onder hem staat. Maar daar schaamt hij zich ook voor, want volgens hem is alle naaien zonde.'

'Tjonge,' zei Bella half pratend, half fluitend bij deze glimp van de martelkamer die de gedachten van haar man vormden. 'Waar kom ik in dit alles kijken?'

'Jij wordt verondersteld een eersteklas blanke dame te zijn. Puur. Op een voetstuk. Boven seks en al die andere viezigheid verheven.'

'Kan zijn,' zei ze in een vage schittering van ontwakend bewustzijn, 'daarom wordt hij dus boos als ik de wc niet op slot doe.'

'Laat je die dan open staan?' vroeg hij verbaasd.

'Natuurlijk. Waarom niet? Ik ben toch zijn vrouw, of niet? Wat heb ik te verbergen?'

Ikie begon te lachen. 'Schat, hoelang ben je nu met mijn broer getrouwd? Jij begrijpt echt geen barst van hem. Je bent misschien wel zijn echtgenote, maar je bent niet zijn vrouw. Als zijn echtgenote word jij verondersteld een eersteklas blanke dame te zijn. Jij wordt verondersteld niet eens naar de wc te hoeven. Wat zeg ik, jij wordt verondersteld niet eens te transpireren.'

'Nou, dat doe ik anders best. Ik zweet me rot. Zeker in dit hete hok van jou. Ik beledig hem, daarom gaat hij mij uit de weg.'

'Hij gaat mij ook uit de weg. Het is vast mijn lichaamsgeur.'

'Je zweet, liefste, en je vieze ouwe stinkende poolzaal.'

'Alsjeblieft. Mijn transpiratie. En mijn biljartzaal.'

'En je sexy beeldjes. Pornografie noemt-ie ze.'

'Ja. Mijn pornografische beelden. Mijn bus. Je weet dat ik dat ding alleen maar rijd om beeldhouwer te kunnen zijn. Ik stel ongeveer net zoveel belang in het besturen van een bus als jouw man in neuken.'

'Copuleren,' corrigeerde zij. 'Ontucht bedrijven.'

'Dat is misschien wat boeroes doen,' zei hij, 'maar het is niet wat wij doen. Of wel? Of wel?'

'Nee,' zei ze, amper in staat te spreken onder zijn verpletterend gewicht.

'Zeg het dan. Wat zijn wij aan het doen? Zeg het dan.'

Dat deed ze, en hij deed het, en zij deden het, zichzelf uitzinnig bevrijdend van de blues van die avond.

Toen zij zich verroerde en zich ging aankleden om te vertrekken mompelde hij slaperig: 'Blijf toch bij me, schat.'

'Dat kan niet,' zei ze, haakte haar jurk omstandig vast, zocht her en der naar een verloren schoen.

'Waarom niet? Hij heeft je niet nodig.'

'Nu niet misschien. Maar dat komt wel.'

Hij opende zijn ogen, dik van de slaap, en zei: 'Ach, vergeet ook maar wat ik zei, ja? Ik was vast dronken. Ga maar naar huis.'

Ze vond de schoen en gooide die hard naar zijn kop.

Olijfolie

ALICE WALKER

Ze was het eten aan het klaarmaken, lekkere ratatouille, ze
hakte en sneed aubergine, courgette en knoflook. George
Winston op de radio en het vuur knisperde in het fornuis.
Toen ze olijfolie in de pan druppelde, bleef daar wat van
aan haar duim zitten en verstrooid gebruikte ze haar nogal
harde wijsvinger om haar in haar opperhuid te wrijven, die,
zo merkte ze, ook gesprongen was. Ze had de afgelopen
maand flink wat werk verzet om de tuin winterklaar te
maken. Het weer was over het algemeen zacht geweest,
maar het was ook droog en af en toe had er wind gestaan.
Vandaar de uitgedroogde staat van de huid op haar handen.
   Terwijl ze hierover nadacht en wat redderde, een blok op
het vuur gooide en een pan water voor pasta op het fornuis
zette, raakte ze haar gezicht aan, dat ter hoogte van haar
jukbeenderen leek te ritselen, zo droog was het. Terwijl ze
de pijnlijk droge opperhuid masseerde, pakte ze en passant
de fles olijfolie, rook eraan of zij vers genoeg was en liet er
toen een eetlepel vol van in haar hand lopen. Ze wreef haar
handen tegen elkaar en smeerde daarna de olie uit over haar
hals en haar gezicht. Toen wreef ze haar ook in haar polsen,
armen en benen.
   Toen John binnenkwam na hout te hebben gespleten,
snoof hij hoopvol, omdat hij graag van de geur van ratatouille had willen genieten, een van zijn favoriete gerechten.
Hij legde het hout weg en kuste Orelia op de wang, toen hij

merkte hoe helder, bijna gepolijst haar huid eruitzag. Het speet hem dat hij verkouden was en haar niet kon ruiken, want haar zoete, verse geur beviel hem altijd zeer.

'Je kunt nog steeds niks ruiken hè?' vroeg ze.

'Geen moer.'

Waarop zij met nadruk antwoordde: 'Goed zo.'

Een van de treurige aspecten van hun relatie was dat zij, al hield ze van John, niet in staat was het beste van hem te verwachten. John dacht soms dat het alleen zijn schuld was, maar dat was niet zo. Orelia was groot geworden in een familie en een gemeenschap waarin mannen niet echt vaak hun best deden in relatie tot vrouwen, maar eerder tot een soort overdreven benadering kwamen van wat hun manne- lijke leeftijdgenoten ze als correct voorhielden. Bovendien was ze op heel jonge leeftijd, amper zeven, verraden door haar oudste broer, Raymond, een zachte en liefhebbende jon- gen die zij op handen had gedragen. Haar andere, ongevoe- lige en wildere broers, hadden haar een gemene, belachelijke scheldnaam bezorgd, 'nijlpaardje' (want ook toen ze nog meisje was, was de droge huid op haar ellebogen en knieën grijs en dik), die ze zo goed mogelijk had verdragen tot hij haar er op een dag mee aanriep. Ze was er kapot van en had daarna een man altijd verdacht in staat te zijn onverwacht en verstrooid en in een ogenblik van onnadenkendheid haar ge- voelens weer te kwetsen, hoeveel ze ook van hem hield.

Dus John genoot niet haar vertrouwen, wat hij ook deed, en soms wees hij haar erop, maar meestal hield hij zich ge- deisd. Hij kon nog zo vaak bewijzen dat hij van andere mannen verschilde, in haar ogen leek hij ten slotte toch op hetzelfde neer te komen, en dat was deprimerend. Maar hij hield van Orelia en begreep in veel opzichten hoe zij was ge- kwetst door haar gemeenschap en haar familie en voelde met haar mee.

Onder het eten zei hij hoe stralend ze eruitzag en ze lachte slechts en schepte een kom vol salade. Hij was verrast dat ze hem niet meteen vertelde wat ze met zichzelf had uit- gehaald – dat deed ze meestal.

Die avond, voordat ze naar bed ging, waste ze zich van top tot teen in het metalen wasbekken dat hij had gekocht, een festijn dat hem regelmatig verbaasde omdat zij het inderdaad klaarspeelde schoon te worden in nog geen drie liter water, terwijl John zo nodig elke avond de houtboiler moest aansteken voor de luxe van een hete douche die liters vrat. Terwijl hij in het badhuis buiten baadde, ging zij zich in de keuken te buiten aan olijfolie, masseerde die in haar hoofdhuid, tussen haar vlechten, in haar gezicht en haar lijf, in haar voeten. Gloeiend als een lamp beklom zij voor een betoverde John het trapje naar de slaapzolder.

Helaas, de dag zou snel genoeg aanbreken dat John zijn geur weer terugkreeg, want zijn verkoudheden duurden zelden langer dan een week. Orelia dacht hier dagelijks aan als zij zich flink in de olijfolie zette. Ze was erg op het spul gesteld geraakt. Ondanks haar verscheidene zoet geurende oliën en zalven, was zij onovertroffen in de strijd tegen de extreme droogte van haar huid, en de zuiverheid ervan bezorgde die een glans van heuse gezondheid.

Orelia en John waren al zolang intiem dat elk geheimpje voor hem als een prikkend strootje in zijn sok was. Op een avond, toen zijn verkoudheid grotendeels geweken leek, nam hij zijn douche wat vroeger zodat hij in de kamer kon zijn als zij haar bad nam. Veinzend *Natural History* te lezen, keek hij toe hoe zij het paarse thermisch ondergoed van haar donkere, glimmende lijf trok en het dunne wasbekken vulde met heet water uit de koperen ketel, bijna dezelfde kleur als haar gezicht. Hij zag hoe zij haar washandje inzeepte en ijverig zij het wat verstrooid haar gezicht, hals en oren begon te wassen. Hij keek toe hoe zij haar borsten inzeepte en betastte, hij verlangde daar te zijn waar de zeep nu was, doende haar chocoladebruine tepels met zijn tong te bewerken. Zij wierp hem een blik toe toen ze met het ingezeepte washandje langs haar lichaam afdaalde en ten slotte boven de teil hurkte. John kluisterde zijn blikken, die naar zijn gevoel bijna stoom afbliezen, aan een verhaal in zijn tijdschrift over de gewoonte van flamingo's op hun kop te eten. Tegen de tijd dat hij opkeek, zat zij welgevoeglijk op een keukenstoel, haar voeten wekend in de teil. En terwijl ze daar zat, was ze bezig iets in haar huid te wrijven.

'Wat is dat?' vroeg John.

De trieste waarheid luidt dat Orelia overwoog hem wat voor te liegen. Veel herinneringen en onaangename mogelijkheden schoten haar in een flits door het hoofd. Ze herinnerde zich hoe ze een negerinnetje was met kleine, magere, asgrijze x-beentjes, en hoe haar moeder haar elke ochtend had voorgehouden die met vaseline in te smeren. Vaseline was goedkoop en het werkte uitstekend. Helaas deed Orelia vrijwel altijd te veel op of vergat het overtollige af te wrijven en dus kreeg alles wat ze droeg en alles waarop ze ging zitten een vettig laagje. Die vettigheid aan zichzelf en haar vriendinnetjes (de meeste even asgrauw als zij) maakten haar ten slotte ziek, zeker toen televisie en film duidelijk maakten dat vettigheid van wat voor aard dan ook iemand automatisch in een lagere klasse plaatste. De beste blanken waren bijvoorbeeld nooit vettig en zij wist dat die klaarstonden om iedere arme blanke en zwarte die dat wel was, neer te halen. Dus Orelia ging over op Pond's en Jergens, wat ook uitstekend hielp tegen haar asgrauwte, maar in de verste verte niet zo goed of goedkoop als eenvoudige vaseline.

Ook dacht ze na over de behoefte van mannen aan zoet ruikende vrouwen, terwijl ze wachtte met John te antwoorden. Aan hoe John van haar lichaam genoot als het geparfumeerd was vooral. Eigenlijk, nu ze eraan dacht, voelden allebei er wel voor in een wolk Chanel naar bed te komen.

Toen keek ze hem in de ogen, ware poelen van vertrouwen. Wat John verder ook van haar verwachtte, hij verwachtte nooit van haar dat ze zou liegen. Hij verwachtte het beste. Wat kan het me ook bommen, dacht ze.

'Heb je je reuk terug?' vroeg ze, toen ze haar voeten droogde.

'Jazeker,' zei John.

'Kom dan maar eens hier.'

John kwam naar haar toe, genoot van haar glimmend lijf met de volle borsten die kinderen hadden gevoed en nu zachtjes helden, en ging ervoor staan. Ze kwam overeind tegen hem aan.

'Ruik dan maar,' zei ze. Als hij me nu teleurstelt, zal dat precies zijn wat ik verwacht, dacht ze bij zichzelf, en ze verwachtte dat het verraad van Raymond door John zou worden herhaald.

John snoof aan haar wang en haar hals en wreef zijn neus verlangend tegen haar schouder. 'Mmm,' zei hij, een beetje gloedvol.

Ze hield de fles omhoog. 'Het is olijfolie.'

'Zo, olijfolie?' zei hij, keek naar de fles en las de kleine lettertjes op het etiket. 'Uit Italië. Het staat je hartstikke goed.'

'En wat vind je van de lucht?' vroeg ze met enige aandrang.

'Aardachtig. Net sandelhout, maar niet zo zoet. Ik vind het lekker.'

'Echt waar?' Plotseling straalde zij. Haar liefde voor John overstroomde haar hart.

Hij keek haar wat nadenkend aan. Hij wist nooit wat haar gelukkig maakte. Soms kreeg hij het gevoel dat hij gewoon maar aanrommelde bij de gratie Gods en de pot won.

'Ik kan ook wel wat aan jouw roos doen,' zei ze vrolijk, en pakte een kam. 'Ga maar tussen mijn knieën zitten.'

'En welke kant moet ik mijn gezicht dan opdraaien?' vroeg John sluw, tuitte zijn lippen en knabbelde aan haar naveltje terwijl hij knielde om een kussen voor haar stoel op de vloer te leggen.

Orelia bedekte Johns schouders zorgvuldig met een handdoek en al snel was ze bezig om enorme vlokken (beschamend veel en groot, in Johns ogen) van zijn hoofdhuid af te schrapen en hem uit te leggen hoe roos, zeker bij negers, niet werd veroorzaakt door gebrek aan vocht maar door gebrek aan vet. 'Wij zijn droger dan de meeste mensen,' zei ze, 'tenminste, dat zijn we hier in Amerika.

Misschien helpt in Afrika het dieet voor het probleem.'
Ze adviseerde hem zijn Tegrin en Head & Shoulders maar
weg te gooien.

Zorgvuldig als een chirurg deelde zij zijn haar in tientallen plukjes en goot daar kleine beetjes olie tussen. Toen
masseerde zij met haar vingers en vooral haar duimen stevig
zijn hoofdhuid, ondertussen een deuntje neuriënd.

Toen ze zijn hoofdhuid (die voor het eerst sinds maanden
niet jeukte), grondig had geolied en gemasseerd, vermaakte
zij zichzelf door overal op zijn hoofd hele kleine pijpen-
krullen te draaien, babydreads, zoals ze ze noemde. Ze vertelde hem dat hij morgen het overtollige kon uitwassen (al
leek de olie verrassend genoeg meteen te zijn ingetrokken en
was er geen spoor meer van te zien), wat zijn hoofdhuid
goed zou doen en zijn haar zou doen glimmen, zonder dat
het leek op de krullenkoppen die toen in de mode waren,
uitsluitend te verkrijgen met behulp van gemene chemische
ontkroezingsmiddelen en brillantine, en die naar hun beider
mening negers alleen maar ontaard deden lijken. 'Net hye-
na's,' omschreef Orelia dat.

Het was voor John een waar wonder, om daar tussen
Orelia's knieën te zitten, haar handen op zijn hoofd te
voelen, haar te horen neuriën en zachtjes tegen hem praten,
een intimiteit waarnaar hij zijn hele leven al had verlangd.
Hij was er alleen van uitgegaan dat hem dat nooit ten deel
zou vallen. Zijn zusters, met hun wilde lokken, hadden de
veilige plek tussen zijn moeders knieën en tussen elkaars
knieën, en tussen de dikke knieën van zijn tante, gekoesterd,
frunnikend met elkaars haar, maar hij was als jongen daarvan uitgesloten. Hij stelde zich voor hoezeer hij als klein
kind moest hebben verlangd om tussen iemands knieën te
belanden. Hij dacht aan de eerste paar keer dat hij werd geknuffeld en toen dat hij werd weggeduwd. Hij wist dat hij,
als hij ver genoeg in zijn herinneringen zou graven, op een
punt in zijn jeugd zou komen waarop hij vol onbegrip hierover zat te janken.

En nu. Moest je zien.

John wist dat het volle maan was, hij kon het merken aan de overgevoeligheid van zijn lichaam. Het vuur maakte een zacht brommend geluid in het fornuis, de likkende vlammen wierpen schaduwen van hitte over zijn gezicht. Hij voelde zich warm en comfortabel en opgenomen in een oud vrouwelijk ritueel dat ook voor hem uitstekend leek. Hij werd er vrolijk van en het bracht hem ook op een idee.

'Laten we dit op een hoger plan voortzetten,' zei hij.

'Hoe bedoel je?' vroeg Orelia glimlachend.

Terwijl Orelia met haar kam in haar hand bleef zitten, ging John de futon uit de logeerkamer halen en gooide die op de vloer voor het vuur. Toen legde hij er kussens op en bedekte alles met badhanddoeken. Hij wierp zijn kamerjas af, nodigde haar uit zich op de futon uit te strekken, waar hij meteen bij haar ging zitten met de fles olijfolie in de hand.

Algauw waren zij bezig om elkaar in te oliën als kinderen die zich lieten gaan met vingerverf. Orelia oliede Johns knieën en ellebogen bijzonder goed, en toen hij dat ook deed, voelde zij de pijn van Raymonds verraad uit haar hart wegebben. John, die al lang geleden had geleerd dat als wij iemand anders masseren, wij dan de plek pakken die bij ons het meest pijn doet, ging aan de slag met Orelia's knieën, wreef er veel olie in, en knabbelde en kuste ook een heleboel. Al snel lagen ze in elkaars armen, en de olijfolie vergemakkelijkte allerlei variaties van glad en moeiteloos paren. Zij lachten bij de gedachte hoezeer zij beiden naar ratatouille en gesauteerde champignons smaakten, en giechelden toen zij zo als kinderen in de modder tegen elkaars lichamen lagen te glibberen en te glijden. En veel, veel later vielen zij gelukzalig in elkanders armen in slaap, vet en tevreden als een arme donder maar zijn kan. En zij was genezen van tenminste één pijntje in haar leven, en hij ook.

Worstelen en polsstokhoogspringen

Chester B. Himes

Om te beginnen nodigde Panama Paul Cleo Daniels uit op zijn kamer in het Lewis, dat aan University Place staat, een paar straten ten noorden van Washington Square. Hij nodigde haar uit op zijn kamer met het doel iets te drinken. Op die termen accepteerde zij.

Ze dronken wat op die termen en toen nog wat op die termen en hij probeerde intiem te worden.

'Doe je schoenen uit, schat.'

'Geen sprake van.' Dus deed hij zijn eigen schoenen uit. En ze dronken nog wat.

'Doe je kleren uit, schat.'

'Geen sprake van.'

Dus begon hij zijn eigen kleren uit te trekken.

'Wat doe jij?' vroeg zij.

'Ik kleed mij uit,' antwoordde hij en ging verder met zich ontkleden tot hij klaar was met zich ontkleden.

'Je bent naakt,' zei zij en bekeek omslachtig zijn spiernaakte zwarte lijf, vooral zijn schaamdelen die zich nu nergens meer voor schaamden.

'Nou en of,' zei hij.

'Waarom?'

'Om naar bed te gaan.'

'Je kunt niet zo maar naar bed gaan en mij hier laten zitten.'

'Dat doe ik ook niet. Jij gaat met mij mee.'

'Ik ga helemaal niet met je mee.'

'Jij bedoelt dat je hier bent gekomen om mijn whisky te drinken en dat je nu denkt dat je kunt gaan? Wat is er aan de hand? Ben je bang?'

'Jij hebt mij uitgenodigd om wat te komen drinken. Jij hebt niks gezegd over naar bed gaan.'

'Waarom denk je anders dat ik je uitnodig om hier mijn whisky te komen opdrinken, vraag ik je, als het niet was om met je naar bed te gaan?'

'Gebruik je verbeelding.'

'O. Jij dacht dat ik dat ging doen?'

'Nou, waarvoor liet je me anders de hele tijd je tong zien? Wat heeft dat te beduiden bij een volleerd dramaticus als jij?'

'Nou meid, zet je maar schrap, door je kleren heen kan ik niks uithalen.'

Dus trok ze haar schoenen uit en haar kousen en haar jarretels en haar slipje, trok haar rok op en ging met haar naakte blanke benen over de armleuningen van de fauteuil zitten, en ze was klaar.

En hij was verbaasd. 'Het heeft rood haar!' riep hij uit.

'Niet waar,' zei ze. 'Dat komt van de hitte.'

Natuurlijk was dit voor hem de claus om zijn mannelijkheid te gaan demonstreren.

En voordat hij wist wat er gebeurde, sprong zij op, greep haar schoenen en haar kousen en haar jarretels, en rende de gang op, daarbij de deur achter zich dicht rammend.

Hij was zo boos dat hij de fles whisky helemaal in zijn eentje opdronk en in een dronken slaap verzonk en droomde dat hij in een hemel was vol naakte blanke engelen, maar toen hij probeerde hun kant op te vliegen merkte hij dat zijn testikels verzwaard waren met aambeelden.

Anderzijds gingen Milt en Bessie Shirley met hun gast Arthur Tucker vrolijk naar hun suite in het Thomas en sloten de deur vrolijk achter zich. Met al die mensen die over de gang heen en weer liepen, was het soms moeilijk voordat je de kans kreeg door het sleutelgat te kijken. En, kijk nou toch, verdorie nog aan toe, ze waren alle drie spiernaakt.

Bessie Shirley hing met haar hoofd naar beneden aan een wandelstok die door de kroonluchter was gestoken, haar lange haar op de grond, en omhelsde de heer Tucker, die frontaal voor haar stond. En of zij lol aan het maken waren! En waar was Milt Shirley? Hij stond ter zijde toe te kijken en vermaakte zich. Het laatste wat je zag voordat er weer mensen door de gang kwamen, waardoor je plezier werd onderbroken, was dat de kroonluchter langzaam loskwam van het plafond.

En wat vond Julius uit aangaande die modieuze gescheiden vrouw uit East Side, Fay Corson! Hij kwam er achter dat zij in een zevenkamerappartement woonde op de negende verdieping van een heel chic gebouw in de East Seventies, en dat ze van dieren hield. Want ze waren nog niet uit de kleren of zij suggereerde al dat ze het op z'n hondjes zouden doen. Dus krabbelde zij rond op het hoogpolig tapijt zoals parende honden dat doen. Toen besloot ze vuilnisbakkenras te gaan spelen, trok de telefoon van het nachtkastje en koos een nummer. Toevallig nam Will Robbins op en zij zei tegen hem: 'Gluiperd.'

'Fay!' riep hij uit. 'Waar zit je?'

'Ik zit thuis, rat.'

'Wat ben je aan het doen?'

'Ik speel voor teef, als je het per se wilt weten.'

'Is dat nieuw?'

'Met een grote zwarte hond,' zei ze.

'Die heeft mazzel, die grote zwarte hond, en jij ook, witte teef,' zei hij.

'En wat ben jij aan het doen, luis?'

'Als je het nou per se wilt weten, ik zit aan de keukentafel oesters te eten.'

'En wat doet die zwarte slet die je mee naar huis hebt genomen? Die zit zeker ook oesters te eten?'

'Die prachtige bruine dame zit absoluut geen oesters te eten.'

'Waarom geef je er haar dan niet een paar?'

'Haar beurt komt vanzelf als ik klaar ben.'

'En wanneer gaat dat gebeuren?'

'Binnenkort.'

'Wacht op mij.'

'Haast je dan maar.'

'Nu!' schreeuwde zij.

'Nu!' antwoordde hij.

'Ach, nu en nu weer en weer nu,' zei zij, als citaat van Hemingway.

'Nou niet meer,' zei hij zuchtend.

'Smerige viezerik,' zei ze en smeet de hoorn op de haak.

Toen maakte zij zich los van Julius en rende de badkamer in. Julius luisterde naar het stromende water. En waar was hij feitelijk achtergekomen? Nou, hij was er achtergekomen waar zee-egels vandaan kwamen.

Wat betreft dominee Riddick en professor Samuels, zij belandden beiden voor observatie in de psychiatrische inrichting Bellevue.

Maar dat ging helemaal niet zoals jullie waarschijnlijk denken. Wat gebeurde was, dat Isaiah en Kit Samuels na afloop van het feestje bij Mamie Mason met dominee Mike Riddick niets anders konden doen dan hem helpen de hopeloze juf Lucy Pitt naar haar onderkomen in het centrum te begeleiden. Wat er daarna gebeurde, toen zij de jongedame thuis hadden gebracht en haar hadden uitgekleed en haar veilig met al haar heerlijke bruine vrouwelijkheid zichtbaar voor iedereen op de lakens hadden gelegd, was dat dominee Riddick getroffen werd door zo'n compassie dat hij een christelijk gebed wilde zeggen voor het arme hopeloze meisje voordat hij haar onder de dekens stopte. En dat is de enige reden waarom hij professor Samuels vroeg de kamer te verlaten, wat op zich weer de worstelwedstrijd verhaastte.

'Ik zal met alle soorten van genoegen spiernaakt met je worstelen,' luidde de acceptatie van zijn uitdaging door professor Samuels.

En dat is de reden dat zij spiernaakt aan het worstelen sloegen.

Maar een blik op het mooie zwarte lijf van dominee Riddick met de grote indrukwekkende ledematen inspireerde Kit Samuels om haar eigen kleren uit te rukken en ook spiernaakt te gaan worstelen. Ze worstelde in kringen door de kamer heen, alsof zij met twee spiernaakte elektrische draden aan het worstelen was.

'O o, grote zwarte Riddick,' riep zij in spontane vervoering en begon haar blanke lijf heftig te bewegen als om de mogelijkheden ervan te laten zien, voor het geval iemand geïnteresseerd mocht zijn.

'Doe je kleren aan, teef!' schreeuwde professor Samuels. 'Je exhibeert jezelf.'

Maar ze begreep hem vast niet goed, want ze begon spagaten te maken en holle rug te zetten waarbij ze zich aan alle kanten exhibeerde, als antwoord roepend: 'O, grote zwarte Riddick, ik ben een teef! Ik ben een teef! O, grote zwarte Riddick, ik ben een loopse teef.'

'Je bent een maffe slet,' schreeuwde professor Samuels.

Uiteraard vond dominee Riddick het niet goed dat professor Samuels zo'n mooie blanke dame op die manier aansprak, al was het dan zijn vrouw. Dus nam hij de kop van professor Samuels in een okselnekgreep. Professor Samuels kon niet in een okselnekgreep worden genomen zonder iets terug te doen, dus greep hij het kwetsbaarste lichaamsdeel van dominee Riddick. Hij was alleen te zwak om dat goed vast te pakken en zijn hand gleed er de hele tijd weer af.

Toen Kit Samuels dit merkte, werd de geest van de wedstrijd pas echt over haar vaardig.

'O, grote zwarte Riddick, ik ben een geschifte slet. O, ik ben een geschifte slet. O, grote zwarte Riddick, ik ben een geschifte slet.'

Een dergelijk gedrag van de zijde van zijn vrouw vergrootte de opwinding van professor Samuels dermate dat hij zijn benen rond een van de grote zwarte benen van dominee Riddick sloeg en serieus begon te worstelen.

'O, hoer!' voegde hij zijn wellustige vrouw toe.

'O, ik ben een hoer, ik ben een hoer,' schreeuwde Kit Samuels, en danste nog fanatieker.

'Ik ga van je scheiden, hoer!' schreeuwde professor Samuels. 'Ik gooi je eruit!'

'O, ik ben een hoer en ik geef aanleiding om me eruit te gooien,' zei Kit Samuels en onmiddellijk wierp zij zich in zo'n fanatieke aanleiding dat professor Samuels riep: 'Ik maak mezelf van kant! Ik spring in de rivier!'

En dat was om een of andere onverklaarbare reden aanleiding voor Kit Samuels om vrolijk te gaan roepen: 'Ga je zelf maar van kant maken! Spring maar in de rivier! Anders geef ik nog veel meer aanleiding!'

Professor Samuels bevrijdde zich uit de greep van dominee Riddick en rende nog druipend de deur uit.

'Jezus redt!' balkte dominee Riddick en hij rende druipend weg om hem terug te halen.

Precies bij het aanbreken van de dag kwam professor Samuels de trap afrennen uit de flat van Lucy Pitt op de vijfde verdieping naast het spoor in West 10th Street in de Village, blank poedelnaakt. Dominee Riddick kwam achter hem aangerend, zwart poedelnaakt.

Vroege vogels in de Village keken op en zagen een naakte blanke man door de straat rennen met een naakte zwarte man achter zich aan en haastten zich terug in huis en sloten hun deur, in de overtuiging dat er een invasie van Afrikanen gaande was.

De naakte blanke man rende onder de spoorbrug door in de richting van de Hudson. De naakte zwarte man rende achter hem aan. De naakte mannen renden voorbij de ene oplegger na de andere. Ze renden langs de ene loods na de andere. De naakte blanke man kon geen doorgang vinden om dicht genoeg bij de rivier te komen, erin te springen en te verdrinken. De naakte zwarte man kon niet snel genoeg rennen om hem te pakken te krijgen en hem tegen te houden voor het geval hij de oever zou bereiken.

Een van de daklozen uit de Bowery die in de nacht in die buurt was beland, een voormalig hoogleraar Griekse mythologie aan een universiteit van de Ivy League, die een beetje onrustig op het trottoir zat te slapen, keek nog net op tijd op om de snelvoetige naakte renners de ronde te zien doen over de muren van Troje, en riep zwakjes uit: 'De geschiedenis herhaalt zich!'

Niet lang daarna kwamen er twee vrachtwagenchauffeurs uit een morsige nachttent en vingen de renners om ze aan de politie uit te leveren.

Waaruit maar weer eens blijkt dat het falluscomplex het afrodisiacum is van het zwarte probleem.

Uit: *Platitudes*

TREY ELLIS

Ze slikken, geen van beiden hoest. Ze drinken, en drinken nog wat.

Monk zigzagt nog over de muren, verschillende pianonoten steken hun kopjes op in verschillende hoeken van de kamer.

'Ik moet iemand vasthouden,' zegt Janey en slaat haar arm over zijn schouder. Haar neus streelt zijn hals, haar lippen glijden over zijn halsader, haar wimpers kietelen zijn kaak. Een traan van haar voelt heet aan, loopt snel over zijn jukbeen, stopt, zwelt weer aan, stroomt snel onder zijn hemd, over zijn borst, rolt over zijn tepel. Hij knuffelt haar, strijkt met zijn handen de rug van haar zijden blouse glad (*sjiepsjiepsjiep*). Ze kust zijn kaak, zijn kin, zijn lippen, de puntjes van hun tong raken elkaar lichtjes, lichtjes raken ze elkaar, draaien om elkaar heen. Janey drukt zich tegen Earle's borst, maakt zich dan los.

'Kom op,' zegt ze, staat op, trekt zijn hand omhoog, trekt hem omhoog.

Ze doet een deur open en de grote slaapkamer van haar vader trilt weer in het bruin: mahonie en schildpad en getint glas. Binnen duwt zij zorgvuldig de deur dicht, trekt de strik rond de hals van haar blouse los, knoopt haar los, laat haar eerst van de ene, dan van de andere schouder glijden, trekt haar armen uit de zachte zijden holen. Ze schuift de wollen rok van haar heupen, schuift het witte slipje van haar heupen, stapt uit haar bruine pumps. Ze reikt naar achter met beide handen, maakt de sluiting van haar beha los, duwt haar schouders naar voren, de beha valt op haar ellebogen, dan op het kleed. Ze schuift haar witte slipje van haar heupen, van haar knieën, het valt op haar tenen, ze stapt eruit.

Omzichtig loopt ze op Earle af, zijn jas en zijn das liggen al op de bruine bank. Dan is ook hij naakt en weer knuffelt ze hem, ze kust hem weer. 'Ik ben nu aan de pil.' Ze kust zijn donkere oor. Zijn beide bruine handen vervangen nu de witte beha, haar rode tepels zwellen om zich warm in zijn handpalmen te drukken. Hij bloost. Zijn zwarte penis is nu nog hoger komen te staan, tikt tegen haar lelieblanke heup. Langzaam dansend naderen ze het bed, knielen samen, laten zich dan op de brede matras zakken. Ze rolt boven op hem, komt overeind, haar blanke knieën tegen zijn donkere borst, haar vagina tegen zijn penis. Earle kijkt ernaar, naar haar crème borsten, naar haar gezicht. Ze lacht. Hij lacht ook. Zij houdt zijn ravenzwarte penis vast, duwt die lang- zaam in haar sneeuwwitte lijf. Ze lachen weer. Het hare is heet en zacht. Het zijne warm en hard. Haar parelwitte handen omvatten zijn inktzwarte schouders. Zij komt over- eind, laat zich op hem zakken, los van hem. Haar mond is al snel groot, haar ogen zeer dicht. Als haar ritme versnelt, spannen haar dijen, ontspannen om hem heen, haar blanke buik spant zich en ontspant zich ook weer, haar wijnrode tepels zijn warme stukken gom, ze kreunt diep als hij haar borsten pakt. Kreten stijgen uit haar mond op maar hebben een veel diepere oorsprong. Ze buigt zich nu achterover, haar vingers in haar haar, haar ellebogen omhoog, ze rijdt met handen los, de kreten klinken nu snel en kort. Dan langzaam.

MmmmmmmmmmmmMmmmm. Ze komt van hem los, kust hartstochtelijk zijn gezicht, haar borsten glijden over zijn borst, haar heupen en dijen rammen zijn penis, ze ligt kruislings op hem, kust de rondingen van zijn kin en zijn hals tot zijn sleutelbeen, tot elke borst, zij overdekt zijn buik met kussen, kust hem in zijn schaamhaar, gaat weer naar boven om zijn navel te kussen. Ze gooit haar hoofd achterover, likt aan zijn penis, aan zijn balzak, en vooral aan de huid tussen zijn testikels, likt dan de onderzijde van de donkere kraag hoog op de hals van zijn penis, dan de eikel zelf. Ze haalt diep adem, laat zijn penis in haar mond verdwijnen. Ze gaat er met haar hoofd op en overheen, steunt hem nu met de lippen, terwijl de tong tegen die donkere ring duwt. Earle kijkt naar het plafond terwijl hij wat aan haar arm plukt, aan haar dij, aan haar been, totdat ze knielend over hem heen is gedraaid. Zijn handen sluiten zich over de beide kuiltjes op haar onderrug, dan trekt hij zich op naar de vagina om zijn roze tong tegen haar roze, glimmende klit te duwen.

Elke schoot doet de ander spannen of buigen, zich schrap zettend tussen twee likken. Dan slaakt Janey een lange, hoge gil, en schokt snel. Nu kreunt Earle lang en hoog, houdt zich stil, stuiptrekt dan en pompt. Na een poosje haalt zij haar mond van zijn penis – een vochtige, symmetrische pakking.

Het feest van de Zwijnenhoeder

M.J. Morgan

Naomi bracht met behulp van de achteruitkijkspiegel zorgvuldig haar kersrode lippenstift op en schikte haar haar. Zij was op weg naar een van de feestjes van de Zwijnenhoeder. Ze wist dat hij vandaag heel goed zou zijn, want ze hadden elkaar een paar weken niet gezien.

Hij was een sexy, diepzwarte man. Hij was ongeveer een meter tachtig en had een lijf dat eruitzag of hij dagelijks uren bezig was zijn conditie op peil te houden. Hij stond er bekend om dat zijn feesten in orgieën ontaardden. Hij had een driekamerappartement dat hij speciaal had ingericht om je in de stemming te brengen. Zijn twee slaapkamers waren voorzien van waterbedden van royale afmeting, spiegels aan de muur, verborgen luidsprekers, televisies waarop constant pornofilms speelden, en subtiel gekleurde verlichting. Overdag was hij de heer Brown, buschauffeur, 's avonds was hij de Zwijnenhoeder, altijd klaar voor de daad.

Toen Naomi zijn huisbel deed overgaan, begon ze zich af te vragen wat voor verrassingen hij voor zijn gasten in petto had. Ook hoopte zij dat hij voor haar een speciale verrassing had. Hij deed naakt de deur open, met een werkende dildo in de hand.

'O, ik heb me vast vergist van adres,' grapte Naomi en draaide zich om om de trap af te lopen.

'Wil jij als de sodemieter binnenkomen, schoonheid. Ik heb op je staan wachten,' zei hij.

Dat waren precies de woorden die ze wilde horen. Ze wierp zich in zijn armen en kuste hem.

Toen zij de woonkamer binnenkwamen, begon hij haar kleren uit te trekken, al likkend en zoenend en aan haar lippen, hals en schouders zuigend. Sensuele melodietjes speelden zachtjes op de achtergrond toen zij in elkaars armen doken en rondzwierden. Ze kon hun silhouet in de spiegel zien, en zijn grote gestalte bracht haar sap aan het stromen. Hij deed haar beha uit met een snelle polsbeweging en begon haar tepels te zuigen en te likken. Reagerend op zijn tong zwollen Naomi's goudbruine tepels op de volle, ronde borsten. Ze nam haar borsten in de hand en drukte haar beide tepels in zijn mond, keek toe hoe hij zoog. De Zwijnenhoeder liet zijn hand naar beneden glijden, in de diepten van haar poes, en stopte de vibrator erin. Ze begon te kreunen, en herinnerde zich hoe goed deze vent was, de laatste keer dat ze hadden geneukt. Hij legde haar op de grond in de woonkamer en begon haar poesje met vederlichte halen te likken. Hij bewoog de dildo in en uit haar grot terwijl hij tegen haar sprak en haar vertelde hoe hij van plan was haar te neuken. De Zwijnenhoeder zei haar altijd dat het zijn plicht was zijn vrouwen te bevredigen, en dat hij niet zou klaarkomen tot zij bevredigd waren. Impulsief leidde zij zijn bewegingen, zette haar rug schrap en wreef haar poesje tegen zijn gezicht. De Zwijnenhoeder spreidde haar benen verder en zij hijgde van plezier. Hij likte en zoog aan haar kut tot hij haar warme vochtigheid voelde stromen, en toen lebberde hij van haar zoals een kat van een schotel melk lebbert.

Toen zij op de vloer weer op adem probeerde te komen, zei hij dat er elk moment nog twee paartjes konden komen. Hij had het nog niet gezegd, of de deurbel ging. Naomi rende door de woonkamer om haar kleren bij elkaar te graaien en dook de badkamer in om zich op te frissen.

Ze hoorde alleen vrouwenstemmen aan de andere kant van de badkamerdeur en werd echt nieuwsgierig naar wie daar waren. In haar haast om naar het feest terug te keren, vergat ze haar slipje aan te trekken, maar in feite besefte zij niet dat ze het nooit had opgeraapt van de vloer in de woonkamer.

Toen Naomi uit de badkamer kwam, zag ze Kim en Carol. Kim was een eersteklas fotografe van een groot tijdschrift. Ze was klein van stuk en aantrekkelijk. Ze had iets van verlegenheid, maar in feitte was zij de agressieve van beide vrouwen. De Zwijnenhoeder had Kim en Carol de laatste keer dat zij daar waren in de club ontmoet. Carol was een grote bruinhuidige zuster met een Angela-Davis-kapsel en prachtige lange benen.

De Zwijnenhoeder gaf een paar joints door terwijl Naomi een fles wijn en een paar glazen uit de keuken haalde. Nadat iedereen een paar halen van de joint had gehad, zei Kim: 'Ik heb over de Zwijnenhoeder horen praten. De dames in de kapsalon hadden het op een dag over hem en zeiden dat hij de beste lul heeft in de South Side van Chicago.

Wat vind jij daarvan, Naomi?' vroeg Kim terwijl ze Naomi's slipje opraapte en het voor haar gezicht hield.

Naomi glimlachte slechts en zei: 'Dat zul je wel zien.' Toen keek ze de Zwijnenhoeder aan en zei: 'Haal hem eruit en laat hem zien, schat.'

De Zwijnenhoeder maakte zijn kamerjas los en nam zijn lul in de hand. De ogen van Kim en Carol werden groot als schoteltjes toen ze naar zijn prachtige lange lul keken. Als door een magneet aangetrokken zegen zij voor hem op de knieën. Beiden likten en zogen aan zijn lul terwijl ze met elkaar speelden. Naomi ging op de vloer naast ze liggen en speelde met haar poes terwijl zij toekeek hoe Kim haar mond wijdopen deed en de hele lul van de Zwijnenhoeder opslokte. Naomi bestierf het van begeerte, begon eerst Kims kont te kussen en te grijpen, toen die van Carol. Ze stak haar tong zo diep in Carols kont dat Carol een kreet slaakte. Het zien van dit alles was voldoende om de Zwijnenhoeder te laten klaarkomen. Hij schoot zijn zaad over Kims en Carols gezichten en stiet nu zijn befaamde kreet uit.

Zijn roep klonk als het geluid dat gemaakt wordt bij het roepen van zwijnen, vandaar dat hij zijn bijnaam had gekregen. Toen zij dat hoorde, werd Naomi nog meer opgewonden en kwam weer terwijl ze zijn lul bleef uitmelken tot hij slap hing.

De Zwijnenhoeder lag daar te midden van drie prachtige vrouwen en glimlachte. Ze rookten nog een paar joints en dronken nog wat terwijl hij weer op adem kwam.

Al snel stond hij op en bracht ons naar zijn speciale waterbedkamer. Eenmaal daar begon hij zorgvuldig het toneel in te richten voor onze volgende ontmoeting. Hij legde een plastic mat over het bed en draaide het licht zacht. Hij deed de televisie aan en zei ons allemaal op het bed te gaan liggen en met onszelf te spelen. Heel even verliet hij het vertrek en toen hij terugkwam, had hij vijf liter olie bij zich. Die goot hij helemaal over ons heen, wreef ons ermee in, en beschreef ondertussen hoe goed we eruit kwamen te zien. Hij zei dat de verschillende huidskleuren, zo glimmend naast elkaar op zijn bed, prachtig waren. Hij streelde Naomi's lichaam zo goed dat ze het idee had weg te zeilen. Vaag op de achtergrond kon ze de bel horen gaan.

'Dat zijn vast mijn hulptroepen. Jullie staan op het punt echt lekker geneukt te worden nu,' zei hij. Even later kwam hij terug met twee mannen, een tweeling. Ron en Don waren in alle opzichten identiek aan elkaar... tot zelfs hun pikken toe.

De tweelingen kleedden zich uit terwijl de meisjes toekeken en ze aanmoedigden. Iedereen sprong in bed en vormde een kring van lijven, waarbij een ieder iets deed met een ander. Dit is te gek, dacht Naomi, en duwde zachtjes Carols schaamlippen uiteen. Carol reageerde daarop door haar schaamlippen nog wijder te openen zodat Naomi makkelijk bij haar klit kon. Ze zette elke gedachte uit haar geest, behalve dan dat ze Carol in extase moest brengen. Naomi neukte Carol met haar tong tot Carol haar lange benen om haar hals sloeg en het geil helemaal over haar heen liet gutsen. Naomi had amper gemerkt dat Ron – of was het

Don? – met zijn pik in haar kont zat te spelen. Nu richtte zij haar aandacht op neuken met hem. Ze leidde zijn pik in haar kont en begon daarmee over het bed te rollen. Don kon haar amper bijhouden, zo intens was haar hartstocht. Na een paar minuten van langzaam ritmisch schudden, werd het tempo opgevoerd. Ze voelde hem in zich hard worden en deed haar uiterste best om met haar lichaam een golvende beweging te maken. De Zwijnenhoeder stond voor haar en zij zoog aan zijn lul toen ze alle drie tegelijk klaarkwamen. Uitgeput lag Naomi naast hem neer, en herinnerde zich hoe vaak ze over een avond als deze had liggen fantaseren. En nu was haar fantasie deze avond.

Een stukje tijd

Jewelle Gomez

Ella knielde om achter de pot te komen. Haar roze katoenen rok kroop omhoog langs haar bruine dijen. Haar huid glom al van het zweet door de ochtendzon en haar werk. Ze werkte snel de hotelkamers af, tropische meeldauw wegpoetsend en zand verwijderend.

Elke ochtend ontmoetten onze blikken elkaar in de spiegel als ze de tegels afnam en ik mijn armen ophief om ze een laatste maal te rekken bij het ontwaken. Ik verbeeldde me altijd dat haar blik over mijn lichaam vlinderde, dat ze mijn brede, bruine schouders op prijs stelde of een glimp opving van mijn uitstekende bruine tepels wanneer de Afrikaanse paan waarin ik mij placht te wikkelen op de vloer viel. Heel even verbeeldde ik mij de koele, harde badkamertegels in mijn rug te voelen, en haar vochtige huid tegen de mijne.

'Oké, hier is klaar,' zei Ella, vouwde de poetsdoek op en hing hem onder de wastafel. Ze draaide zich om en zoals altijd deed ze verrast dat ik haar nog zat te bekijken. Haar ogen waren lichtbruin en konden haar glimlach niet helemaal verhelen, haar haar was donker en achterover gekamd, bijeengebonden met een strik. Het hing lichtjes om haar hals, zoals ontkroesd haar. Het mijne hing in korte, strakke vlechten over mijn schouders, met een gekleurd kraaltje telkens aan het eind. Ik had mij die trendy vertoning voor de vakantie gepermitteerd. Ik lachte. Zij lachte terug. Op een reis met zoveel muziek, lachen en lachjes, was de hare er een die mijn blikken elke ochtend zochten. Ze raapte de handdoeken van de vloer en deed in dezelfde beweging de kamerdeur open.

'Prettige dag.'

'Tot ziens,' zei ik, en ik voelde me twaalf in plaats van dertig. Ze deed de deur zachtjes achter zich dicht en ik luisterde naar het klikken van haar zilveren armbanden toen ze over de veranda naar de trap liep. Mijn kamer was de laatste op de tweede verdieping met uitzicht op het strand. Haar armbanden schoven langs de geverfde houten leuning toen ze naar beneden liep, over het binnenplaatsje en het kantoor in.

Ik liet mijn paan op de grond vallen en trok mijn badpak aan. Ik was van plan urenlang te gaan zwemmen, om dan in de zon te gaan liggen lezen en aan margarita's te nippen tot ik alleen nog maar kon slapen en misschien van Ella dromen.

De ene dag ging over in de andere. Elke dag bracht mij dichter bij mijn terugkeer naar mijn werk en de stad. Ik miste de stad niet, maar ik was ook niet bang om terug te gaan. Hier echter was het alsof de tijd stilstond. Ik kon mijn genot net zolang rekken tot ik bevredigd was. Die luxe was een fantasie uit mijn jeugd. Het eiland was een dorpje dat naar zee was gegaan. De muziek van de taal, de frisse luchten en de prachtige kleuren namen helemaal bezit van mij. Ik klemde mij vast aan de boezem van dit oord. Al het andere verdween.

Op een ochtend stak Ella, toen het voor haar nog te vroeg was om de kamers te gaan doen, de binnenplaats beneden over met een zak wasgoed in de hand. Ze deed die bundel in een container en liep toen terug. Ik riep haar, een stem fluisterend in de koele besloten ochtendlucht. Ze keek op en ik hield mijn theekop op bij wijze van uitnodiging. Toen ze de binnenplaats verliet en de doorgang aan de strandkant nam, maakte ik nog een kop klaar. We stonden samen bij de deur, zij meer buiten dan binnen. We spraken over de visserij en de onweersbui van twee dagen geleden en wat we gedaan hadden met kerst.

Algauw zei zij: 'Ik moet naar mijn kamers.'

'Ik ga vanochtend zwemmen,' zei ik.

'Zal ik dan maar bij u beginnen? Dan doe ik het beddengoed,' zei ze, en begon het bed af te halen. Ik ging naar de badkamer en zette de douche aan.

Toen ik er onder vandaan kwam, was het bed fris en de dekens stevig ingeslagen rond de hoeken. Het zand was van de vloertegels weer naar buiten geveegd en onze theekoppen opgeruimd. Ik knielde om het bad schoon te spoelen.

'Nee, dat kan ik wel. Laat mij het alstublieft doen.'

Ze kwam op mij af, met een geschrokken blik op haar gezicht. Ze probeerde het doekje uit mijn hand te pakken toen ik mij over het schuim boog, en begon toen ook te lachen. Doordat ik mij over de rand van de kuip boog, schoot mijn paan los en viel in het water. We probeerden hem allebei te pakken om te voorkomen dat hij doorweekt zou raken. Mijn voeten gleden uit op de natte tegels en met een plof belandde ik op de vloer.

'Hebt u zich bezeerd?' vroeg ze, met mijn paan in een hand, en de ander naar mij uitgestrekt. Ze keek alleen naar mijn ogen. Haar hand lag stevig op mijn schouder toen ze knielde. Ik keek naar de spieren van haar onderarm, ging toen met mijn hand over de zachte binnenkant. Langzaam ademde ze uit. Ik voelde haar warme adem toen ze zich dichter naar mij toeboog. Ik trok haar naar beneden en drukte mijn mond op de hare. Zo heftig als mijn tong zich tussen haar tanden wrong, zo zacht was mijn hand op haar huid.

Haar armen gleden om mijn schouders. We gingen achterover op de tegels liggen, haar lichaam op het mijne, en toen trok ze haar T-shirt uit. Haar bruine borsten drukte ze stevig tegen me aan. Ik stak mijn been tussen de hare. De dauw die haar haar daar bedekte, bevochtigde mijn been. Haar lichaam werd opgezweept in een ritme dat om meer vroeg.

Ik vroeg me even af of de deur op slot was. Was toen zeker dat dat het geval was. Voor het eerst hoorde ik Ella mijn naam roepen. Ik legde haar met mijn lippen het zwijgen op. Haar lippen waren zoekend, gingen recht op hun doel af. Ella's mond op de mijne was zoet en vol van haar eigen honger. Haar rechterhand omvatte de achterzijde van mijn hals en mijn linkerhand zocht zich een weg tussen mijn dijen, streelde eerst zachtjes haar en huid, begon toen met de buitenste lippen te spelen. Ze vond mijn klit en begon heen en weer gaande bewegingen te maken. Gehijg kwam uit mijn mond, ik opende en spreidde mijn benen verder. Haar middelvinger gleed langs de zachte buitenste schaamlippen en drong zo zachtjes in mij door dat ik het aanvankelijk niet voelde. Toen duwde ze haar vinger naar binnen en voelde ik de dammen barsten. Ik opende mijn mond en probeerde mijn kreet van genot in te slikken. Ella's tong vulde mij en zoog mijn vreugde op. We lagen even stil, met als enig geluid onze ademhaling en de zeemeeuwen. Toen maakte zij zich los.

'Juf...' begon ze.

Weer legde ik haar het zwijgen op, dit keer met mijn vingers op haar lippen. 'Volgens mij kan het geen kwaad als je mij niet langer juf noemt!'

'Carolyn,' zei ze zachtjes, bedekte toen mijn mond weer met de hare. Wij zoenden gedurende enkele ogenblikken die zich rond ons sloten, waardoor tijd geen betekenis meer had. Toen stond ze op. 'Het wordt laat, weet je,' zei ze giechelend. Toen maakte ze zich los, en haar vastberadenheid zwichtte niet voor mijn behoefte. 'Ik moet werken, meid. Vanavond niet. Ik zie mijn vriendje op woensdag. Ik moet nu echt gaan. Ik zie je straks wel.'

En weg was ze. Ik lag stil op de tegelvloer en luisterde naar haar armbanden toen ze de trap afrende.

Later, op het strand, tintelde mijn huid nog en de zon deed mijn temperatuur oplopen. Ik strekte mij uit op de strandstoel met mijn ogen dicht. Ik voelde haar mond, haar handen en de zon op me en kwam weer klaar.

Ella kwam elke ochtend. Er waren er nog maar vijf over. Ze klopte zachtjes, kwam dan binnen. Ik keek dan op van het tafeltje waar ik de thee had klaargezet. Ze ging zitten en wij nipten langzaam aan onze thee, gleden dan het bed in. Wij vreeën, soms voorzichtig, maar ook met een onstuimigheid die afgekeken leek van de golven, brekend tegen de kade beneden.

We spraken over haar vriendje, die getrouwd was en haar maar een paar keer per week zag. Ze had twee baantjes, spaarde geld om land te kopen, misschien op dit eiland of op haar thuiseiland. We waren van dezelfde leeftijd, en al leek mijn leven allang de materiële bezittingen te bevatten waar zij nog naar streefde, ik voelde mij ontworteld en stuurloos.

Wij spraken van onze families, de hare sterk afhankelijk van haar hulp, de mijne totaal van mij vervreemd, over opgroeien, over het pad dat ons naar hetzelfde doel in een ander oord had gevoerd. Zij hield van dit eiland. Ik ook. Zij kon daar blijven. Ik niet.

Op de derde avond van de vijf zei ik: 'Je kunt me komen opzoeken, je kunt met vakantie naar de stad komen of...'

'En wat moet ik daar dan?'

Ik was boos, maar ik wist niet op wie: op haar omdat zij weigerde alles te laten vallen en een kans te wagen, op mijzelf omdat ik de zee niet accepteerde die tussen ons in lag, of gewoon op de verblinding van de omstandigheden.

Ik voelde mij bekrompen en egoïstisch in mijn begeerte naar haar. Een lelijke Amerikaanse negerin, alles wat ik altijd niet had willen zijn. Toch wilde ik haar en ergens was het goed dat wij samen kwamen.

Op de laatste avond, na mijn koffers te hebben gepakt, bleef ik opzitten met een fles wijn om te luisteren naar de golven onder mijn raam en de stemmen van de toeristen uit de binnenplaats. Ella klopte op mijn deur toen ik overwoog naar bed te gaan. Toen ik haar opendeed, kwam ze snel binnen en duwde een envelop met een presentje in mijn hand.

'Kan niet blijven, weet je. Hij staat te wachten beneden.

Ik kom in de morgen wel terug.' Toen rende ze naar buiten en de trap af voordat ik nog kon antwoorden.

Vroeg in de ochtend kwam ze met haar sleutel binnen. Ik was wakker maar lag muisstil. In een oogwenk was ze uit de kleren en lag naast me. Onze vrijpartij begon abrupt maar werd langzaam uitgebouwd. Wij raakten elk deel van elkaars lijf aan, om herinneringen op onze vingertoppen te krijgen.

'Ik wil niet van je weg,' fluisterde ik.

'Jij gaat niet van me weg. Mijn hart gaat met je mee, alleen ik moet hier blijven.'

En toen... 'Misschien schrijf je me. Misschien kom je ook wel terug.'

Ik begon te praten, maar ze legde mij het zwijgen op.

'Nu geen belofte doen, meid. Wij vrijen.'

Haar handen op mij en in mij schoven de stad weg. Mijn mond dronk gretig de smaak van haar lichaam in. Onder mijn aanraking waren de geluiden die zij maakte golven van de oceaan, ritmisch en wild. We doezelden heel even weg, toen was het voor haar tijd om aan te treden en aan het werk te gaan.

'Zal ik met je meerijden naar het vliegveld?' vroeg ze met een vraagtekentje op het eind.

'Oké,' zei ik, met genoegen.

In de wachtkamer sprak ze over koetjes en kalfjes: verhalen van haar moeder en haar zuster, vragen over de mijne. Met geen woord spraken we over de stad of over morgenochtend.

Toen ze mijn wang kuste, fluisterde ze: 'Zuster in liefde' in mijn oor, zo zachtjes dat ik niet zeker was of ik dat wel gehoord had, tot ik haar in de ogen keek. Ik hield haar slechts een minuut in mijn armen, wilde meer, maar wist dat dit voor het ogenblik genoeg moest zijn. Ik stapte in het vliegtuig en de tijd zette zich weer in beweging.

Billets doux

Letitia en Michael

Scène: *Letitia en Michael, yin en yang, verlangen en beslui-*
teloosheid, maar na een poosje zien ze elkaar en sluiten zich
als een kring, omdat er geen liefde kan zijn in een vierkant.
Overdag is zij bankier, maar ze heeft het 's avond nog nooit
naar haar zin gehad. Hij is overdag substituut-officier, en
denkt dat hij weet hoe hij haar kan helpen – en dat wil hij
heel graag. Maar eerst corresponderen zij.

Snijden naar: 4 oktober

4 OKTOBER

Schat,

Had je mij vanavond nodig? In mijn slaap kwam je zo
lief en warm tot me, en we babbelden en we streelden, en
het leek dagen te duren. Toen werden we eindelijk samen
wakker, maar toen ik mijn ogen opende, waren alleen ik en
jouw beeltenis in mijn kamer. Volgens mij had jij om mij geroepen.

Je weet dat ik altijd nog geen telefoontje van je verwijderd ben, wanneer je me ook nodig hebt, dag of nacht.

Mike

Michael,

Ik heb moeten blozen van je brief!

Je gelooft in recht op je doel af gaan, hè?

Zaterdag heb ik je een lange brief geschreven, maar die heb ik weer verscheurd, want het is beter om sommige dingen gewoon niet te zeggen.

Michael, ik ken je amper, en jij kent mij helemaal niet. Afgezien van dat geflirt van de afgelopen paar maanden, hebben wij amper gecommuniceerd.

Wat jij suggereert, is om een heleboel redenen onmogelijk.

Letitia

Letitia, liefste,

Als ik je heb laten blozen, dan schaam ik mij daar niet voor (misschien ben ik er wel trots op), maar de reden waarom ik die ochtend zo vroeg schreef, was niet om een reactie bij jou uit te lokken, of om enige andere reden. Ik heb geschreven wat ik heb geschreven in weerwil van mijzelf. Ik heb die dingen geschreven omdat ik ze zo voelde, en jij had de hele nacht in mijn slaapkamer rondgedreven. Je kwam gewoon die nacht bij me, en ik moest schrijven wat ik heb geschreven.

Ik wist toen ik je voor het eerst zag dat ik me tot je aangetrokken voelde, en ik probeerde jou dat beleefd en discreet maar toch duidelijk en zonder aanstoot te geven over te brengen, maar niets daarvan werkte. Eindelijk heb ik je dan mee kunnen nemen om te lunchen. Toen heb ik het je verteld. En toen heb jij het mij verteld. En dat was dat, zo vijf minuten lang, maar na zo dicht bij jou te zijn geweest, al mijn kleine fantasieën als het ware vlees geworden, wist ik dat ik mij tenminste nog één keer duidelijker moest uitdrukken... maar na onze lunch in juli heb ik maandenlang niets meer gezegd.

En toen... gebeurde er iets. Was het niet Anaïs Nin die schreef: 'Alle onvervulde verlangens zijn als gevangen kinderen'? Welnu, mijn gesublimeerd verlangen was die paar laatste dagen van september duidelijk een tikkeltje te veel voor mijn weerstand, dus heb jij een briefje gekregen vol zinnelijke explosies en glimpen van mijn bereidheid voor jou beschikbaar te zijn, waarvoor dan ook, wanneer dan ook.

Maar je moet wel weten dat ik een boek ben dat jij altijd kunt opslaan. Eigenlijk verlang ik er enorm naar door jou te worden gelezen. Het weinige wat ik in jouw bladzijden heb mogen lezen heeft me zo geïntrigeerd dat ik jouw hele collectie wil lezen, van kast tot kast.

Ik besef dat ik, als de nacht jou fluistert, niet door kan gaan te antwoorden als jij mij niet wilt horen reageren...

Liefs,
Michael

22 OKTOBER

Lieve Michael,

Er verstrijkt dag noch nacht een uur dat ik niet aan je denk en naar je verlang en je nodig heb. Je laatste brief heeft al mijn zorgvuldig opgebouwde defensies vernietigd. Echt waar, ik wist dat ik verloren was toen ik las: 'Ik dacht dat jij om me had geroepen,' en ik bloosde omdat jij mij die avond betrapte op een heerlijke erotische fantasie over jou. Ik heb die avond om je geroepen en het schokte mij dat jij die kreet hebt gehoord, want dat betekent dat wij een band hebben op een niveau dat ik mij niet bewust was.

Aanvankelijk dacht ik dat het een onschuldig pleziertje was om die gedachte aan jou op te roepen, die heerlijke fantasieën die mij door de uren van de nacht heen hielpen waarin ik wakker lag te kijken naar de schaduwen op de muur van mijn slaapkamer en te luisteren naar de geluiden van ademhaling naast me. Die fantasieën waren, dacht ik, veilig, want jij was gewoon een schepsel van mijn wilde verbeeldingskracht. Maar toch, voor ik het wist, was ik gestrikt door jouw vastberadenheid en de intensiteit van mijn gevoelens voor jou, die mijn stem en mijn blikken moeten hebben verraden.

Ik zwem vaak tegen de stroom op, maar als het uiteindelijk van geen enkel nut blijkt, draai ik mij om en laat mij met de stroom meevoeren...

Ik wil je.

Moet ik jou de hemel op aarde beloven?

Al mijn liefde,
Letitia

23 OKTOBER

Mooie L.,

Nu moet ik blozen! Sjonge! Er is nu zoveel wat ik wil zeggen, dat je mij nu tijd moet gunnen om te reageren.

Momenteel moet ik een poosje alleen in het donker zijn.

M.

25 OKTOBER

Lieve juffrouw L.,

Nu, ik ben weer enigszins de oude, en ik denk dat ik nu wel kan reageren.

Jouw brief is zo typisch jou: heet, warm, koel, koel, warm, heet. Jij bent me er een, meid! Ik voelde de kring zich sluiten en ik wil dat hij zich sluit.

Schat, je weet al dat ik je echt heel graag wil, maar als jij bij me komt – en dat wil ik heel graag – dan wil ik dat jij oprechte gevoelens over ons koestert, gevoelens die afgestemd zijn op de mijne. Ik haat dat gelul over serieuze relaties. Dat zijn technische details.

Ik wil zo graag terug naar de fantasie... jij bent brutaal zat, weet je dat? Ginder denkend aan mijn donker lijf, en hier zat ik te denken dat jij mij mocht om wat erin zat. Ha ha! Weliswaar liggen wij niet in competitie, maar volgens mij zijn mijn erotische opwellingen beter dan de jouwe, en ik heb nog nooit dagdromen van jou vernomen waarbij ik het voorwerp van affectie was, maar zoals gebruikelijk krijg jij wel alles wat ik heb. Hier is er een die ik de avond nadat je op mijn feest was geweest, heb gehad.

Je zat alleen op mijn sofa, uitkijkend over mijn maanverlichte tuin, luisterend naar het bandje van Najee dat ik voor je had opgezet, en nippend aan het glas wijn dat ik voor je had uitgeschonken voordat ik de kamer had verlaten. Je had nog steeds die satijnen paarse jurk aan die je op het feest ook droeg, hoge hakken, en overal, overal, de glans van je bruine lijf en je geur... ik zal het geen mens vertellen als je echt helemaal discreet wilt blijven... laat me je vasthouden tot de dageraad... Najee speelt, weerspiegelt mijn eigen gedachten terwijl ik me nu over je heen buig in mijn zwartfluwelen kamerjas. Je hoort me niet terugkomen, je zit ergens in de muziek van de tenorsax. Je hebt me niet terug zien komen, je ogen dicht, je hoofd hangt achterover, je laat de sfeer op je inwerken. Dus ik moet je duidelijk maken dat ik in de buurt ben... dat ik vanavond maar één hartenklop in mijn nest wil, dat ik maar één lichaam daar wil waar er nu twee zijn. Ik buig me naar je over, en laat mijn rechterhand je hoofd en gezicht omvatten. Je beweegt niet, je maakt geen geluid, als ik mijn tong licht en vochtig over je enigszins geopende lippen laat gaan. Terwijl ik me vooroverbuig, valt mijn losse kamerjas open, en jij ziet dat mijn zinnelijkheid de spot heeft gedreven met mijn goede gedrag. Mijn goede gedrag staat tussen ons, als een staalkabel om voor jou te worden verankerd, in jou.

Ik glijd met mijn tong over je kin, je hals, naar je borsten, waar je jurk mij tegenhoudt, en ik leg mijn hoofd op jouw harde tepels. Als ik op mijn knieën zak, tussen je gespreide dijen, til ik je benen op, eerst het een, dan het ander, en leg ze op mijn schouders. Terwijl ik dat paarse satijn met mijn voorhoofd terugduw, verlies ik bijna mijn zelfbeheersing als ik zie en voel en ruik dat jij niets onder je jurk draagt. Mijn gekreun van plezier wordt hoorbaar, en ik laat mij gaan, ik kan niet wachten jou te nemen. Ik gooi jouw benen om mijn rug, die nu zweet en beeft. Jij opent je prachtige ogen, en die kijken eerst in de mijne, en dan naar wat er gebeurt, ik op de vloer tussen je benen, met mijn borst hijgend en zwetend, mijn handen en onderarmen nu geheel onder je, rond je kont, je geslacht naar me toetrekkend. Terwijl je 'ja' zegt, buig ik mijn hoofd, grijp jij het vast, en ga ik met het natte plat van mijn tong over het beetje vlees dat je clitoris voor me verbergt. Ik laat al mijn vocht vloeien en zich met het jouwe vermengen. En terwijl ik voel dat jij in mijn handen begint te bewegen, steek ik mijn tong helemaal naar binnen, waar zij al jaren heeft willen zitten. Ik voel jou opklimmen terwijl mijn tong en lippen zich vermeien in je sappen, ge-nieten van je smaak, je geur, je gevoel.

Ik voel je mijn hoofd stevig tussen je zachte dijen pakken, en ik hoor je zeggen: 'Nu.' Ik neem je in mijn armen, trek je overeind, draai je rond, en buig je over mijn monitor. Jij staart naar de maanverlichte tuin terwijl ik je jurk weer optrek, en je prachtige karamelkleurige kont onthul. Ik spreid je hoog gehakte benen, pak je beide bor-sten in mijn handen en fluister 'nu' tegen je, terwijl ik zacht maar vastberaden je zo hete en natte poes betreed. Ik begin je langzaam en ritmisch vol te pompen.

'Laat je warm houden tot de dageraad de hemel ver-warmt'... En terwijl ik je harder voel sabbelen op de vinger die ik tussen je lippen heb gestoken, en ik je benen zie trillen en je kont begint te trekken, houd ik je zo dicht mogelijk tegen me aan, maak ik van twee één, terwijl mijn kreten de jouwe overstemmen, en wij samen exploderen, nu, ja, nu. Al is het maar voor één avond. Terwijl ik schuddend, zwetend, volkomen uitgeput op de vloer zak, een hoop spieren en huid ontdaan door jouw liefde, laat jij je jurk langzaam over je vocht heen zakken, en kom je naast me zitten, houden we elkaar vast, verraadt alleen onze ademhaling ons nog in de nacht, alleen onze hartenklop getuigt nog van het feit dat we meer leven dan we tot nog toe ooit hebben geleefd.

Mike

1 NOVEMBER

Lieve Mike,

Jij vrijt met prachtige woorden, woorden die plagen en kietelen, erotische beelden die diep genot opwekken. Met mij in de hoofdrol van je minidrama, geheel gekleed in paars satijn en hoge hakken... Dat mag ik wel.

Maar toch, twee kanttekeningen.

Je hebt enkele erogene zones bij mij overgeslagen. Mijn hele lijf, vanaf de toppen van mijn vingers tot die van mijn tenen, is gemaakt voor de liefde, zodat, als ik echt verdrink in hartstocht, genot zich uitspreidt vanuit mijn middelpunt door elk deel van mijn lijf, als concentrische cirkels in een vijver. Ik zal je moeten leren hoe je met mij moet vrijen.

In jouw fantasie ben ik erg passief: 'Jij zat alleen... uit te kijken over mijn maanverlichte tuin... Je beweegt niet [verdomme, daar is toch niks aan!], maakt geen geluid [maar ik houd ervan te kreunen, te fluisteren en te schreeuwen]. Al die voornaamwoorden en werkwoorden in de eerste persoon: ik buig, ik glijd, ik til, ik kruis... Al die eenzijdige activiteit! Wat moet ik dan nog doen? Je moet nu toch zo langzamerhand weten dat niets aan mij passief is. Ik heb de reputatie na een avond lang echt hard vrijen op te staan en dan nog eens vijftien kilometer te gaan rennen, alleen om mijn spieren te strekken.

Houd vol. Ik moet even een stuk chocoladecake gaan pakken, al die erotische gedachten, daar krijg ik honger van.

Je zult moeten wachten op mijn variant van jouw fantasie. Gelijk Salome, zal ik mijn sluiers langzaam, een voor een afleggen. Volgens mij ben ik nu bij sluier vier, en moeten er nog drie komen...

De jouwe, Tish

Tish schattebout,
Nee, jij hoeft mij geen hemel op aarde te beloven, maar alsjeblieft, houd dat lijf voor mij apart. Schat, je kon het niet meer koesteren dan ik het doe. Blijf alsjeblieft in nauw contact, en ik zal je vertellen wat ik elke avond met jouw beeld doe.

Liefde, *M.*

Mijn lieve Michael,
Ik heb vanmiddag boodschappen gedaan – en ik heb een paar van die kleine, zwarte kanten dingetjes gehaald. Ik heb een sexy laag uitgesneden beha gekocht, en ik dacht bij mezelf hoe ik ervan zou genieten als jij die uit zou trekken en met je vingers over mijn borsten zou gaan. Heb jij dat zwart kanten bikinibroekje gehad dat ik je gisteren heb gestuurd – dat met de smalle bandjes en de rode roosjes erop? Wat vond je van de smaak en de geur van mijn lijf? Gauw zal ik een complete garderobe in het zwart hebben. Zou jij me

willen komen opzoeken om in plaats van mijn etsen mijn ondergoed te bekijken?

Overigens, ik heb je nog niet kunnen vertellen dat jij werkelijk prachtige benen hebt. Ik heb ze gezien toen ik je heb zitten bekijken, gisteren, joggend in het park. Je hebt mij echt pervers gemaakt. Smikkel smikkel. Dat is mijn tweede favoriete deel van de mannelijke anatomie. Ik had bij mezelf gezegd: ik durf er iets onder te verwedden dat Mike dunne benen heeft. Mooie benen, dat zou te mooi zijn om waar te zijn. Ik weet zeker dat ik ervan zal genieten met mijn handen over je dijen te gaan, rond je kuiten, tot je enkels – en dan weer omhoog.

Ik zal vanavond naar bed moeten om wat serieuze fantasieën uit te werken. Maar ik beloof dat ik zal ophouden met jou te 'rotzooien' – op mijn tenen onaangekondigd je kamer binnensluipen (in mijn dromen) om je van je stuk te brengen. Feeks die ik ben, probeer ik jou ervan te weerhouden met haar te neuken! Maar volgens mij kan ik ginds wel aan jou denken, en jij hier aan mij, en leggen wij op die manier 'contact'.

Toen ik je gisteren in de Safeway tegen het lijf liep, vroeg ik me af of ik me schuldig moest voelen dat ik in mijn hart, in stilte, naar je verlang. Ik bedacht me hoe heerlijk het zou zijn om de dag verder met jou te hebben doorgebracht. We hadden kunnen gaan lunchen in een rustig restaurant, dan naar een motel kunnen gaan, waar we uren wijn nippend hadden kunnen kletsen, en dan kunnen vrijen – adembenemend snel de eerste keer, vervolgens langzaam, sloom, geduldig, om elkaar de tweede keer zoveel mogelijk genot te bezorgen.

Vanaf dat punt gaan mijn erotische zwerftochten erg ver! En toen ontving ik jouw laatste meesterwerk...

Wat ga jij doen met deze schaamteloze del?

Liefs, *Letitia*

Lieve schaamteloze del,

Ik zit naar je foto te kijken terwijl ik erg mijn best doe geen stijve te krijgen, maar mij in plaats daarvan te concentreren op mijn schrijfwerk. Maar je maakt het mij wel moeilijk.

Dus, jouw favoriete fantasie van mij begint in het meer hè? – 'Twee naakte lijven bovenkomend in het maanlicht'... en dan? En dan? Jij gaat mij toch in de werkelijkheid niet behandelen zoals je mij in je fantasieën behandelt, of wel? Ik bedoel, je geeft me nog wel de kans ze ook af te maken, hè?

In mijn trance word ik heen en weer geslingerd tussen natte dromen over jou, dromen over wat ik die dag zal moeten doen, en gedachten aan jou. Je zit diep in mij, wees er voorzichtig mee.

Je bent zo smerig, en toch, leer mij alsjeblieft, meesteres! Ik van mijn kant beloof je geen deel van je lichaam onaangeraakt of ongelikt te laten, met name je tenen en je onderrug. Ik beloof je je te zullen doen sidderen met heet zaad en ons beiden na afloop schoon te poetsen. Wat wil je nog meer, een minnaar en een butler in hetzelfde lijf. En als ik zeg: 'Laten we nu eens echt smerig gaan doen,' ga je dan nog steeds met me mee? Ik hoop het bij God van wel.

Stiekem verlangde jij dus naar me in de Safeway? Ik verlangde naar jou in dezelfde winkel, maar wat lager. 'Adembenemend snel' zei jij dat onze eerste keer zou zijn, en dan 'langzaam en sloom de tweede keer'. Ja, dat klopt wel ongeveer, want ik ben van plan jou de eerste keer in vervoering te brengen, ons beider lijven volslagen uit te putten, zodat we de vele keren die er nog zullen volgen, zoveel te beter zullen zijn, maar niets zal zijn als die eerste keer, dat beloof ik je stellig. En trouwens, schreeuw alsjeblieft zo hard als je wilt. Wie weet hoor ik jou nog boven mijn eigen kreten uit. En reken er niet op nog in staat te zullen zijn vijftien kilometer te joggen als ik klaar ben met je.

Maar... dit zijn niet de Olympische Sekspelen van de jaren negentig. Ik ben gewoon van plan ons beider zielen en lijven met alle kracht die in mijn wezen schuilt, te doen versmelten.

Als ik jou dinsdag om halftwee zie bij Mister Henry, dan moet je een jurk aan hebben, de vermelde zwarte beha, een jarretelgordel met kousen, maar je mag geen slipje dragen. Dat is een liefdesbevel. Ik zal een rustige tafel voor ons beiden reserveren. Wachten kan ik amper.

Liefs,
Michael, je leeghoofdige, mooie seksslaaf

15 november

Mijn liefste 'leeghoofdige, mooie seksslaaf' (ik vind dat leuk klinken),

Ik wil wel eens zien hoe de maan over jouw rozen en het kaarslicht over jouw zwart satijnen lakens schijnt. Ik wil het alleen zien... niets aanraken. O lieve liefste, ik word zo vreselijk geil.

Ik hoop dat ik in je kan kruipen, diep in je, waar de zachte, tedere kern van je wezen ligt. Ik wil ook dat jij in mij kruipt, letterlijk en figuurlijk. O God, hoe graag wil ik je in me.

Het is zo'n goed gevoel me elke dag in gedachten aan jou te nestelen, jou in mijn hart te sluiten, te lachen naar je beeltenis voor mijn geestesoog, die lange gesprekken in mijn hoofd te voeren, te wachten op je brieven, en 's avonds te luisteren naar je stem.

Maar wat zit jij daar met mijn foto te doen? Als je zo doorgaat, dan zuig je me nog leeg!

Zoete dromen, *Tish*.

Sexy L.,
Ik begin helemaal opnieuw na ons 'gesprek' van gisteravond (jij in jouw rode negligé en ik in mijn zacht glanzende adamskostuum).

Aangaande gisteravond... Ik moet bekennen dat ik, toen ik dacht aan jou in je rode jurk, met jouw hakken op de boekenkast en je natte poes geopend, denkend aan mijn lul in jou terwijl je daar lag, je foto hebt bevuild... maar het was zo goed, en ik heb het meteen weer afgeveegd. De enige schade hebben mijn lakens geleden.

Ik houd van je en ik mis je allerverschrikkelijkst,

Mike

Liefste, liefste Michael,
Ik weet heel goed waarom ik zo naar jou verlang. Ik wil dat jij mijn minnaar en mijn vriend wordt. Ik wil plezier hebben met je. Ik wil je het hoofd op hol brengen, ik wil dat jij dat ook met mij doet. Ik wil je vreugde bezorgen, en ik wil dat jij mij genot bezorgt. Ik wil met jou tegen dezelfde muur opklimmen, ik wil dezelfde bergtoppen met je bereiken. Kun jij dat aan? Ik heb jou niet gevraagd in mijn leven te komen, en ik heb verdomd hard geprobeerd je er buiten te houden. Maar omdat jij vastberaden bent om te blijven (jullie steenbokken zijn zo verrekte koppig!), laten we er dan ook maar mee doorgaan.

Je hebt mij gevraagd aan welke houding ik de voorkeur geef. Alles wat te maken heeft met 69! De echte vraag is: hoe wil ik eigenlijk vrijen? Ik doe het graag snel en hard en hectisch. Maar mijn favoriet is toch langzaam, langzaam, langzaam en lang, lang, lang. Ik wil dat je me ophitst, dat je me helemaal gek maakt en dan ophoudt, zodat ik wild ben van verlangen, hongerig en dorstig naar meer. Ik wil dat je me – langzaam en liefderijk – openmaakt, als een daglelie in de ochtendzon. Ik wil al mijn zinnen geprikkeld. Ik wil de trekkende spieren in je dijen voelen, de scherpe hoeken van je middenrif, en de zachte huid van je dij. Ik wil het zoete elixer van je mond proeven, de zilte smaak van je zweet, de rijke honing van je geil. Ik wil de muskus van je lijf op-snuiven. Ik wil de geluiden van je genot horen: kreunen, schreeuwen, lachen. Ik wil je lichaam zien bij kaarslicht en ik wil diep in je ogen kijken als onze lichamen in elkaar ver-smelten.

Ik wil gestreeld en geknuffeld worden, geaaid en beklopt tot ik niets meer kan hebben en om genade smeek. Ik wil elk hoekje en gaatje van je lijf met mijn vingers en mijn tong verkennen. Ik wil vederlichte kusjes en kleine knabbels over je hele lijf strooien tot ik je hoor roepen (moet ik nog ex-pliciter zijn?). Ik wil je tong op de mijne voelen, scherpe speldenprikken van verlangen over mijn rug voelen schie-ten. Ik wil je handen om mijn borsten voelen, en je mond om mijn tepels, ze dwingen overeind te komen (zie je het voor je?). En dan wil ik dat je me bestijgt, dat je me op je brandende schacht spietst, en dan wil ik jou bestijgen, en op de top van de golf rijden tot het zeeschuim tegen de golfbre-kers barst. Wat een hemels genoegen!

Ik heb een hele poos op je gewacht, en nu ben ik klaar.

Liefs, *Letitia*

28 NOVEMBER

Lieve schat,

Ik schrijf dit na onze lunch, dus ik heb een enorme stijve en ik ben bloedgeil, zodoende, wat ik maar zeggen wil, ik ben niet verantwoordelijk voor wat volgt, oké?

Dit is mijn plan. Wij treffen elkaar bij het Sheraton aan de rondweg, rond zeven uur. Jij gaat op de parkeerplaats

staan en komt door de achterdeur binnen, aan de noord-
kant. Vanaf daar kun je de lift nemen tot de bovenste verdieping, waar ik met een diner op je zal zitten wachten
(hoewel we waarschijnlijk te hongerig naar elkaar zullen
zijn om te eten – dat wil zeggen voedsel) en een fles champagne.

Als je de kamer binnenkomt – de bruidssuite – zie je links
van je het amusementscluster met video waarop we onze
'kunstfilms' kunnen bekijken. Ha ha! Rechts is de badkamer en daarachter onze zitkamer. Recht voor je staat het
royale bed met de zwart satijnen lakens.

Zou een vrouwspersoon op dit zwart satijnen bed gaan
liggen en zich op haar rechterzij draaien, dan keek zij uit het
panoramaraam naar de bergen in de verte. Bij het raam
staat een buitengewoon comfortabele rookstoel, waar ik
wel eens in zou kunnen zitten en waarin jij boven op mij
zou kunnen gaan zitten om je benen rond mijn nek te slaan,
en zo kunnen we dan praten... eh... weet ik waarover, muziek of zoiets. Achter die stoel staat een enorme blanke
houten kast met een net zo enorme spiegel erop, en ik zou
jou uit die stoel kunnen tillen en je gezicht naar de spiegel
draaien zodat je mijn kont en mijn rug zou kunnen zien,
pratend over muziek met jouw buik en jouw poes. Ik ben
gek op muziek!

Als we met die discussie klaarkomen, dan zou ik jou
naar de zuidwestelijke muur kunnen draaien, waar we dan
klaar zouden kunnen komen bij de prachtige *Odalisk* van
Matisse.

Ik wil je graag duidelijk maken dat ik van sommige
ogenblikken van het bestaan bijzonder geniet, omdat zij
andere compenseren door wat er gebeurt in deze enkele.
Vandaag bij de lunch was je de mooiste, meest sexy, meest
fascinerende vrouw ter wereld en had ik je helemaal voor
mij alleen.

Liefs, *Mike*

Lekker dier,

Ik voel me zo lekker, en ik ben helemaal in de stemming als ik aan jou denk, als ik terugdenk aan die avond... dus dacht ik, ik stuur je dit briefje, dat ik wel al had geschreven, maar nooit gepost.

Woensdagavond ben ik alleen, dus kom vroeg, dan zal ik een stoofpot maken met salade. Breng de wijn van jouw keuze mee, een van je 'kunstfilms' en je eetlust (allebei – hi hi). Na het eten kijken we dan naar de film, nemen we een lang warm bad (met kaarslicht, zachte muziek en veel bubbels) en dan... tja, en dan.

Droom zacht!

Letitia

Tovenares van me,

Sjonge! Jouw erotica lijkt toch echt wel... gemoduleerd te zijn door iets of iemand sinds wij onze eerste billets doux hebben uitgewisseld, laat me nadenken, vele maanden geleden. Wat moet ik nu met dit alles: wil jij op onze oude manier met me vrijen, met je karamelkleurige benen uitgestoken in een hoek van negentig graden op de rand van je zijden bed, met mijn tong diep in jouw grot en mijn neus tegen je klit, mijn rechterduim en wijsvinger rond je linkertepel en mijn linkervinger in je mond? Of wil je dat ik naar je kantoor kom en doe alsof ik een bestelling kom brengen, maar op het moment dat ik je zie, de deur sluit, je op de vloer werp, op je duik na je in een oceaan te hebben veranderd en je van achteren neem, langzaam, hard, en tijdverslindend?

Mike

Wilde, zoete geliefde van me,

Gisteravond was verrukkelijk, rijkelijk voorzien van sensueel genot: het gevoel van jouw lijf tegen het mijne, de smaak van je lippen, de zoete geur van je aftershave, en het geluid van je woorden in mijn oor. Ik werd wakker om halftwee, en beelden van de avond bleven mijn geest bestormen, en ik kon niet weer inslapen.

Het is nu bijna oud en nieuw. Wij gaan eten bij Chez Moi, gebraden kip met een beetje wijn, een of andere pasta, doperwten met worteltjes, en spinaziesla met gehakte pecannoten en een dressing van walnoten en frambozen. Jij mag een fles champagne meebrengen.

Ik zal je aan de deur verwelkomen in mijn rood fluwelen strapless jurk, elegant maar lichtelijk uitdagend met een strakke rok (waaronder ik een jarretelgordel, een effen zwarte panty maar geen slipje zal dragen). Na het eten ga ik je uitkleden: eerst je jasje, gevolgd door een grote knuffel; dan knoop ik je das los en ga met mijn zachte, natte lippen over je mond; vervolgens knoop ik je overhemd los, laat het van je armen glijden en plant onderweg kusjes; en dan zal ik je broek naar beneden schuiven tot je zwarte korte onderbroek en ik zal mijn armen om je middel slaan en ze op en neer bewegen in de holte van je rug. Censuur! Stem morgen af voor de volgende episode!

Hoewel, als je aandringt... dan zal ik jou mij laten uitkleden, langzaam, kledingstuk voor kledingstuk, van onder naar boven terwijl wij in een sensuele, golvende dans bewegen, onze lichamen vochtig in de hitte van onze liefde. Dan zal het zo langzamerhand tijd zijn voor kaarslicht, zachte muziek, nog een glas champagne en die bepaalde sfeer, als onze lijven versmelten in een lange, aanhoudende omhelzing. Vervolgens zullen wij onze verbeelding op hol laten slaan en donker als de nacht laten worden. Jij kunt al mijn fantasieën werkelijkheid maken, en ik zal inspelen op al je lievelingsdromen, zoals die van de dame in het paars. Weet je nog wel?

En dan hebben we een oud en nieuw om aan terug te denken...

Altijd de jouwe, *Letitia*

Godze 1783

Barbara Chase-Riboud

PALMIRE: Hoe kan ik de uwe zijn?
Ik behoor mij niet eens zelf toe!

– VOLTAIRE, *Mahomet*, 1742

Nakş-i-dil opende heel even haar ogen voordat de harem-klok, een houten instrument, met ijzeren hamers aange-slagen, het uur aangaf. Het was een kwartier voor de noen. De houten bel kondigde zonsopgang en zonsondergang, etenstijd en gebed, vrije tijd en corvee aan, elke dag op dezelfde uren. Topkapi was afgesteld met een precisie die slechts de zwarte eunuch, met opperste maar onzichtbare macht, kon wijzigen. Het was nu ruim anderhalf jaar ge-leden sinds zij in de haremtuinen voor sultan Abdül-Hamid had gestaan, en dat was ook de laatste keer dat zij hem of Kizlar aga had gezien. Was zij voor altijd opgegeven in deze godvergeten cel, om te sterven van verveling, geïsoleerd en alleen voor de rest van haar leven? Nakş-i-dils groene ogen schoten heen en weer, als die van een gevangen diertje. Ze was vijftien jaar en drie maanden, en zij wilde leven!

'Is mijn meesteres klaar voor haar bad?' vroeg Issit.

'Je meesteres gaat met mij baden,' klonk een lieflijke stem uit de gang. Nakş-i-dil keek verrast en oprecht verge-noegd op. Het was niet Hadıçe, maar haar geliefde Fatima.

De baden waren het schouwtoneel van de harem. Kadines, ikbals, odalisken en gediçli begaven zich erheen, net als Fatima en Nakş-i-dil in groepjes van twee of drie of in echte troepen van tien tot vijftien, met kussens, tapijten, toilet-artikelen, snoeperij en soms een diner. Daar, in de talloze nissen en de vaag verlichte grote hal, vielen lange stralen licht op een honderdtal vrouwen en hun slavinnen, naakt of gekleed in doorzichtige zijden hemden. Zij droegen geparfu-meerde handdoeken, lotions en henna, als betrof het een ge-heiligde plaats. 'Het heiligste element is volgens onze pro-feet Mohammed water,' sprak Fatima.

Er waren odalisken wit als sneeuw, zij aan zij met gediçli zwart als ebbenhout, de machtige kadines en ikbals van de sultan die een panorama vormden van het Turkse schoon-heidsideaal. Zij hadden zware heupen en dijen, smalle tailles en torso's, hoge boezems, piepkleine voeten en handen, eindeloos zwart zijden haar in duizenden vlechtjes, onzichtbare mondjes en overheersende zwarte ogen. An-deren, jonger, waren eleganter, lang, en met zulk kort haar dat ze wel jonge jongens leken. Er waren Circassischen met goudblond haar tot de knie, Armeensen met honderden zwarte lokken over haar borsten en schouders, Grieksen met het haar verdeeld in duizend losse, slordige krullen die het effect hadden van een enorme pruik. De een droeg een amulet om de hals, de ander een streng knoflook rond het hoofd, om een oogontsteking te bestrijden. Sommigen hadden hennaschilderingen in de handpalm, op armen, ruggen en billen. Nakş-i-dil en Fatima bekeken de sierlijke, vreemde groepjes zonder zich er bij eentje te voegen. Er waren vrouwen die op oosterse tapijten uitgestrekt lagen te roken, andere lieten hun haar door slavinnen borstelen. Er zaten vrouwen te borduren, te zingen, te lachen, het lichaam met een enorme spons te wassen. Sommigen kreunden onder de handen van masserende slavinnen, anderen schreeuwden onder de koude douches, of lagen te zweten onder wollen dekens. Gerangschikt in kringetjes of gegroe-peerd in hoeken roddelden zij over hun buren. En door hun lichamen te ontsluieren, ontsluierden zij ook hun zielen.

Verspreide zinsneden bereikten de oren van Nakş-i-dil: 'Ik ben zo mooi,' of: 'Besef jij wel dat je mooier bent dan ik?' Een ander zei: 'Ik kan ermee door' of: 'Ik kan niet ontkennen dat ik geschokt ben door die blaam.' Elders verweet er een een vriendin of een andere godze: 'Maar kijk dan naar Farahshah, hoe dik ze is geworden van het eten van al die dolma's...' 'Rijstballetjes zijn beter,' antwoordde een ander dan zelfgenoegzaam. En als er een kadine of een ikbal in de buurt was, dan werd die omringd en werden haar duizend vragen gesteld en beleefdheden getoond, want zij vertegenwoordigde macht.

Zielen schrompelden in de eindeloze stoom en de stromende fonteinen zonder het soort beperkingen dat opvoeding oplegt. Die losten op in buitensporige, brute hartstocht en liepen nooit op iets anders uit dan op instinctief verlangen naar jeugd en schoonheid. Al die uitdagende rondingen verborgen kinderlijke karakters, de meest schaamteloze bevliegingen, fanatiek nagejaagd, die tot elke prijs bevredigd moesten worden.

Zij had met name in de baden gemerkt dat vrouwen van mindere geboorte en opvoeding, ver van mannen die ze van nature zouden intomen, hier tot de gewoonte van ongelooflijk ongekuist taalgebruik vervielen. Zij kenden geen nuances in uitdrukkingen. Zij spraken een taal, even naakt als hun lijven. Ze waren gek op obscene, schunnige woorden, smerige grappen, die haar nu deden blozen omdat ze ze begreep. Uit die lieflijke, wulpse en perfect gevormde monden stroomde de meest obscene, brutale en grove taal die je je maar voor kon stellen, bijtend en gemeen. Alle frustraties en hulpeloosheid kwamen in de taal van de goot tot uitdrukking. Vloeken, beledigingen, onuitsprekelijke smerigheden werden gedebiteerd in het Grieks, Russisch, Farsi, Arabisch, Turks, Pools, Litouws, Servisch, Roemeens en Albanees. De muren van de harem waren bedekt met grove graffiti.

En de tirannie die de ingezetenen moesten dulden, werd doorgegeven aan hun lotgenoten of ondergeschikten. Die tirannie was grilliger dan die van de meest meedogenloze despoot, omdat zij afkomstig was van machtelozen. Fatima had rellen zien uitbreken in de baden, handgemeen van ongelooflijke gewelddadigheid en schoonheid, als ruwe en naakte huid verwerd tot een sensueel dier met twintig armen, benen, borsten, hoofden, schouders, heupen, knieën. Nu zag zij de ronding van een arm bijna in vluchthouding, een gebogen knie, open dijen, gebogen ruggen, hoofden achterover in houdingen die op extase of de laatste doodsstuipen konden wijzen, handen die verstrooid op elk lichaamsdeel werden gelegd. Alsof het verlangen overheerste zichzelf te betasten of een open wond te deppen. De zware mist en de langzame bewegingen leken meer een visioen dan werkelijkheid. Hoofden, armen, schouders verschenen en verdwenen in wolken stoom die elkaar najoegen. Amper merkbare trekken werden plotseling scherp als een beschilderde tegel, een lichaamsloze hand werd uitgestoken, een stem klonk plotseling van nergens op in een lach, het luide geruis van water over tegels en marmer, geklop op hout, gezucht en gefluister dat geen bepaalde taal nodig had om te worden begrepen, stegen op in de hete lucht. Lange lokken nat haar glommen op blanke schouders. Roze tepels en witte, met gouddraad doorweven hoofddoeken, gespat van koud water op warme huid, donkere handen aan het zware haar van een odalisk, opgeheven armen om een knoet van roodblonde vlechten te schikken, schittering van een robijnen oorring in een oor, klappen van huid op huid... dat alles vormde de baden waar Fatima en Nakş-i-dil elke middag werden gewassen, geschoren, gestoomd, geparfumeerd en gereinigd. Fatima en Nakş-i-dil zaten zwijgend naast elkaar. Fatima keek eens naar de godze, maar die scheen verloren in haar eigen gedachten. De baden waren niet alleen een manier om eindeloos tijd te rekken, dat wist Fatima wel, maar vooral om vergetelheid te smaken, een onthechting die vergelijkbaar was met die van een narcoticum. Nakş-i-dils ogen stonden op oneindig, maar ze was niet, zoals Fatima zich voorstelde, in staat van onthechting of vergetelheid. Nakş-i-dil dacht aan haar eerste echte les in slavernij...

De kiaya had haar naar een hokje in de baden meegenomen, en Nakş-i-dil had instinctief gehuiverd, alsof ze besefte dat er een of ander ritueel opgevoerd ging worden. Ze had niet geprotesteerd toen haar doorzichtige hemd door de kiaya werd opgetild en over haar hoofd getrokken, waardoor zij helemaal naakt werd. De kiaya was vervolgens zwaar op de stenen bank tegen de muur van het hokje gaan zitten.

Zonder een woord te zeggen had de kiaya haar op haar knieën getrokken, zodat haar lijf op de gespreide dijen van de kiaya rustte. Nakş-i-dils hoofd lag achterover, haar hals gekromd en blootgegeven, haar benen gespreid en gebogen, maar haar hielen plat op de warme tegelvloer. Ze had een kreet geslaakt, maar was bang te bewegen. Ze had zich nog nooit zo open, zo blootgesteld, zo kwetsbaar gevoeld. Met al haar ervaring en de tederheid die ze in zich had, was de kiaya begonnen haar lichaam te betasten, om haar reactie te peilen. Het was tot haar doorgedrongen dat de kiaya zo goed als ze kon de erotische en zinnelijke mogelijkheden van haar nieuwe pupil moest nagaan. Zij had zich afstandelijk maar niet sadistisch aan dat werk gezet. Het behoorde tot haar verantwoordelijkheden. Haar enorme handen hadden haar onschuldige huid gestreeld, op haar tepels gedrukt en eraan getrokken, die bij de eerste aanraking van de handen van de kiaya rechtop waren gaan staan. Die keurde ze op stevigheid, structuur, of er snel bloed naar de huid stroomde, op geur, schoonheid, zachtheid en de kleur ervan. De navel van de godze zat op de perfecte plek, had de kiaya gezegd, haar hals was een welige, ronde zuil met de vereiste drie schoonheidsplooien.

Plotseling was Nakş-i-dil onwillekeurig begonnen te bewegen, als reactie op de zoekende handen van de kiaya. Gekreun was aan haar lippen ontsnapt. De hand van de kiaya was over de opgeheven ribbenkast, zij en flanken van het kinderlijk lijf op haar schoot gegaan. Nakş-i-dil had haar benen verder gespreid en de vingers van de kiaya waren het zachte spleetje tussen haar benen binnengedrongen.

Zij had de schaamlippen geopend en haar poes bekeken. 'Royaal,' had de kiaya gezegd, 'een echte sultanstroon.' De hand van de kiaya had zachtjes de ver uit elkaar staande harde, ronde borsten van haar gevangene betast. Met zachte druk van haar vingers had de kiaya haar betast, ervoor wakend haar tot een volledig hoogtepunt te brengen, tot de godze baadde in het zweet en lag te wriggelen van onbekend en onvervuld genot. Haar rug stond zo gespannen als een boog. De kiaya had zich over haar lijf gebogen en haar op de mond gezoend. Ze had haar lippen geopend en de tong van de kiaya bij haar laten binnendringen om haar te onderzoeken. Met geweld had ze zich aan de mond van de kiaya vastgezogen, haar armen, tot dan toe slap naast haar lijf, had ze om de hals van de kiaya geslagen. Maar Kurrum kadine had ze meteen teruggeduwd.

'Je mag niet bewegen, Nakş-i-dil. Je moet alleen ondergaan. Je hebt het recht niet de vrijheid te nemen mijn zoenen te beantwoorden...'

Als om te onderstrepen dat dit inbreuk was op het fatsoen, had de kiaya Nakş-i-dils benen met haar elleboog tegen haar eigen buik geschoven en de vingers van haar linkerhand ritmisch in haar open poes gestoken, ervoor wakend het kostbaar maagdenvlies te beschadigen. Methodisch was de kiaya doorgegaan tot Nakş-i-dil was bezwijmd van genot, schreeuwend toen de ander haar haar eerste orgasme bezorgde. De kiaya had met open ogen afstandelijk naar haar reactie gekeken. Nakş-i-dil kwam in een stuip die ze niet van zichzelf kende, maar die de kiaya was bevallen. In de daaropvolgende maanden had zij alle technieken van het vrijen die de kiaya op haar repertoire had staan, geleerd, maar haar eigen zinnelijkheid joeg haar angst aan. Nakş-i-dil had geweend om het voortdurende genot dat de Kiaya haar had bezorgd, en dat ook haar zelf genoegen had gedaan.

Kurrum kadine had haar toegestaan met haar handjes de hangende volheid van haar borsten te betasten, en haar handen tussen haar dijen te steken. De volgende keer zou zij haar laten zien hoe je een andere vrouw moest bevredigen, had ze gezegd. Momenteel had de kiaya haar geleerd zichzelf te bevredigen. Zij moest dat in haar vertrekken uitproberen... elke avond.

'Jij mag niemand toelaten die jou zou betasten zoals ik het heb gedaan, Nakş-i-dil. Begrijp je dat? Als je dat doet, zal iedereen het te weten komen. Ik zal het te weten komen en jij zult voor altijd voor de sultan verloren zijn. Hij zal je nooit meer aanraken... Geloof je me?'

'Jawel,' had ze gefluisterd, nog steeds achterover liggend op de uitgestrekte knieën van haar meesteres.

De kiaya had haar handen onder Nakş-i-dils heupen laten glijden en haar billen gepakt, om ze te openen en te sluiten op het gekreun van Nakş-i-dil. De kiaya was ermee doorgegaan, steeds sneller, totdat ze Nakş-i-dil zonder haar te betasten steeds maar weer de ervaring van die vreemde stuiptrekkingen had bezorgd, als de kiaya weer een nieuwe plek aansprak. 'Een goed teken... perfect voor de beide deuren der liefde,' had de kadine gezegd.

'Welnu, Nakş-i-dil, betast jezelf op deze manier. Ja. Doe het nu. Kijk eens of je jezelf genoegen kunt bereiden, maar denk aan de sultan... Denkt alleen aan hem... niet zo snel... nee nee. Harder... nu zachter... nu naar beneden.' De kiaya had toegekeken, vastgelegd hoe ze het deed en welke beweging in haar genot bezorgde. Er waren vrouwen die zichzelf konden bevredigen zonder zich te betasten, had Kurrum haar verteld, door alleen hun dijen te sluiten. De kiaya had gezegd dat zij de volgende keer de tepels en de onderste lippen van Nakş-i-dil met hasjiesj zou insmeren... dat had een langdurig effect. Kurrum kadine had zich toen over Nakş-i-dil heen gebogen en met verrassende kracht had zij haar in de armen genomen en haar met haar gezicht naar boven op de marmeren tafel gelegd, haar benen over de rand gespreid, boven de vloer. Toen had ze Nakş-i-dils smalle voetje in haar handen genomen en dat overdekt met zoenen. De kiaya had steeds meer druk uitgeoefend op het kleine roerloze voetje en net zo lang geduwd tot het smalste deel in haar zat. Toen had ze zich op de uitgestrekte godze geworpen, de rand van de marmeren bank gepakt, en steeds meer lichaamsdeel in zich geduwd, met haar krachtige, omwikkelde hoofd achterover en haar ogen dicht. Eindelijk had ze gegild van genot. Het was een vreemd, dierlijk geluid geweest, half vogel, half beest. Een geluid dat Nakş-i-dil nog nooit had gehoord... Het stuitte haar meer tegen de borst dan wat ook...

Nakş-i-dil vertelde Fatima van haar vernedering onder de handen van de kiaya. 'Dat is nog niets,' zuchtte Fatima, sloeg haar arm om de hals van Nakş-i-dil en hield haar tegen zich aan terwijl haar vriendin snikte van schaamte en onbegrip.

'Verlangen,' verklaarde Fatima, 'hoeft niet alleen te leiden tot voortplanting. Het is een werkelijkheid van het leven... het genot dat de bevrediging ervan begeleidt, is nergens anders mee te vergelijken. Het doet ons dromen van de heerlijkheden die ons in het paradijs zijn beloofd...' Fatima keek de andere kant op. De kiaya had slechts haar plicht gedaan... Ze had Nakş-i-dils reactie op een stijve fallus getest – die van de sultan.

Nakş-i-dil en Fatima verlieten de baden. Ze keerden terug door geuren van reukwater, gemurmel van vocht, schaduwen van slavinnen. En de bergen van Azië waren koud en stilzwijgend door het zwarte ijzer van de betraliede ramen heen in de verte te zien, naast een ruisende tak kamperfoelie, die een onuitsprekelijke melancholie veroorzaakte: breekbare indrukken die zichzelf vertaalden in tijd, trage, onbesliste gebaren, onafgemaakte zinnen, vormeloze gedachten en een soort van geestelijke verblinding.

Tranen waren in de harem niet toegestaan.

Over de auteurs

SDiane Bogus woont in het Californische Turlock, waar ze werkt als docente en schrijft. Publicaties van haar hand zijn *Dykehands in Common Lives/Lesbian Lives; Dykehands and Sutras, Erotic and Lyric; For the Love of Men: Shikata Nai Gai; Woman in the Moon* en *I'm Off to See the God-damn Wizard, Alright*. In 1999 publiceerde ze *Lesbian and Gay Wedding Album: A Documentary Planner for Lesbian and Gay Couples*.

Jan Carew werd in Guyana geboren en heeft in Jamaica, Ghana, Canada en de Verenigde Staten gewoond. Hij publiceerde meer dan tien romans, maar schreef ook gedichten, toneelwerk, kinderboeken en non-fictie, waaronder *Ghosts in Our Blood: With Malcolm X in Africa, England, and the Caribbean* (1994).

Barbara Chase-Riboud is romanschrijfster, dichteres en beeldhouwster. Met haar eerste roman, *Sally Hemings*, won ze de Janet Heidinger Kafka-prijs voor de beste roman van een Amerikaans schrijfster. Ze schreef daarna nog drie romans, *Valide, Echo of Lions* en *The President's Daughter*, en twee dichtbundels, *From Memphis to Peking* en *Portrait of a Nude Woman as Cleopatra*. 'Godze 1783' is afkomstig uit *Valide*.

ESPERANZA MALAVÉ CINTRÓN is van Portoricaanse komaf en werd in Detroit geboren. Ze woont in het noorden van de staat New York. Ze won de Judith Siegel Pearson-prijs voor poëzie, en een Museum Award van de staat New York. Haar eerste prozawerk is een korte roman, *Shades*.

WANDA COLEMAN volgde een postacademische studie bij de Djerassi Foundation. Ze publiceerde meer dan tien boeken, waaronder *Heavy Daughter Blues* (gedichten en korte verhalen), *A War of Eyes* en *Bathwater Wine*. Haar laatste roman (1999) is *Mambo Hips and Make Believe*. In het herfstnummer van 1989 van *Black American Literature Forum* werd Colemans werk besproken.

DOLORES DA COSTA is het pseudoniem van Miriam De-Costa-Willis, hoogleraar aan de Universiteit van Maryland. Zij was een van de samenstellers van *Blacks in Hispanic Literature* en werkte mee aan *Homespun Images: An Anthology of Black Memphis Writers and Artists* en *Double Stick: Black Women Write About Mothers and Daughters*. Ze heeft werk gepubliceerd in *Libido: The Journal of Sex and Sensibility, Memphis, Callaloo* en andere tijdschriften. Als redacteur werkte ze mee aan het in 1998 verschenen *Singular Like a Bird: The Art of Nancy Morejon*.

O.R. DATHORNE is afkomstig uit het Guyanese Georgetown, en studeerde af aan de Universiteit van Londen. Hij is leraar Engels en Afro-Amerikaanse studies en heeft vele werken op zijn naam staan, waaronder *Africa in Prose, Afro-World: Adventures in Ideas, African Literature in the Twentieth Century, Caribbean Verse, In Europe's Image, Asian Voyages* en de roman *Dele's Child*.

TOI DERRICOTTE won prijzen als dichteres. Ze is docente creatief schrijven aan de Universiteit van Pittsburgh en woont in Potomac, Maryland. Tot haar dichtbundels behoren *Natural Birth, Empress of The Death House, Captivity* en *Tender.* Ook schreef ze *The Black Notebooks: An Interior Journey,* werkte ze mee aan een bloemlezing met Afro-Amerikaanse poëzie en aan het in 1998 verschenen *Conversations with the World: American Women Poets and Their Work.*

R.H. DOUGLAS woont in het New-Yorkse Poughkeepsie. Ze was vice-voorzitster van de Vakbond van Schrijvers van Trinidad en Tobago. Haar korte verhaal 'Uncle Willie' werd gepubliceerd in *The New Voices in Trinidad.*

TREY ELLIS schreef twee romans: *Platitudes* (1992) en *Right Here, Right Now* (1999).

CHARLES FRYE is directeur van het Center for African and African-American Studies aan de Southern University in New Orleans. Hij publiceerde behalve wetenschappelijk werk als *From Egypt to Don Juan: The Anatomy of Black Philosophy* ook fictie, waaronder *The Peter Pan Chronicles* en de roman *A Good Knight's Leap.*

CONSTANCE GARCÍA-BARRIO is een in Philadelphia woonachtige schrijfster wier verhalen zijn verschenen in de *Antietam Review* en *Talk That Talk: An Anthology of African-American Storytelling.* Als journaliste schreef ze meer dan honderd artikelen voor bladen als de *Philadelphia Inquirer* en *Essence.* Ze is afgestudeerd romaniste en schreef een historische roman.

P.J. GIBSON schreef tientallen toneelstukken, waaronder *Long Time Since Yesterday, Brown Silk and Magenta Sunsets, Konvergence* en *Neidyana.* Ze schreef tevens een verzameling erotische korte verhalen. Tot twee keer toe won ze de prestigieuze Audelco Award. In de Verenigde Staten is Gibson een nationaal erkend toneelschrijfster.

BERYL GILROY werd in Guyana geboren en studeerde na haar vooropleiding in Londen af aan de Universiteit van Sussex en aan de Century University. Ze schreef dichtbundels en romans, waaronder *Frangipani House* (1986), *Echoes and Voices* (1991), *Gather the Face* (1996), *Inkle and Yarico* (1996) en *In Praise of Love and Children* (1997). Ze heeft als psycholoog een privé-kliniek in Engeland, met een voornamelijk niet-blanke clientèle.

MARITA GOLDEN debuteerde met een autobiografische vertelling, *Migrations of the Heart*. Haar eerste roman was *A Women's Place*, haar tweede, *Long Distance Life*, werd in 1989 een bestseller. In 1992 verscheen *And Do Remember Me*, in 1998 *The Edge of Heaven*. Golden schreef ook sociaal-maatschappelijke non-fictie: *Saving Our Sons: Raising Black Children in a Turbulent World* (1996) en *A Miracle Every Day: Triumph and Transformation in the Lives of Single Mothers* (1999). Ze is een van de samenstellers *van Wild Women Don't Wear no Blues: Black Women Writers on Men, Love and Sex* (1994).

JEWELLE GOMEZ schreef de dichtbundels *Flamingos and Bears* en *Oral Tradition*. Haar essays en korte verhalen zijn opgenomen in verzamelingen als *The Black Women's Health Book, Don't Explain, Forty-Three Septembers* en *Serious Pleasure*, een verzameling lesbische erotica. Ook publiceerde ze een roman: *The Gilda Stories* (1991). Gomez schreef kritieken voor de *New York Times, The Village Voice, Gay Community News, Belles Lettres* en *The Black Scholar*.

LOIS GRIFFITH is trots op haar vaderland, Barbados. Haar theaterstukken, waaronder *Cocoanut Lounge* en *Dance Hall Snapshots*, werden op het Nuyorican Theater Festival uitgevoerd. *Hoodlum Hearts* en *White Sirens* werden ook in New York gespeeld. Haar verhalen zijn verschenen in *The Iowa Review, Ikon Magazine, Confirma-*

tions, Heresies en *Between C & D Magazine*. Ze schreef een verhalenbundel, *Set in Our Ways*, en publiceerde in 1999 een roman: *Among Others*.

CALVIN HERNTON is docent creatief schrijven en Afro-Amerikaanse literatuur aan het Oberlin College. Hij schreef meer dan tien titels, waaronder *The Sexual Mountain and Black Women Writers: Adventures in Sex, Literature, and Real Life*; *Scarecrow* en *Sex and Racism in America*, dat in verschillende talen werd vertaald.

CHESTER B. HIMES was een productief romanschrijver, die vele jaren in Frankrijk woonde. Tot zijn werken behoren *If He Hollers, Let Him Go, The Big Gold Dream, The Real Cool Killers, The Heat's On, The Crazy Kill, Lonely Crusade, A Case of Rape, Blind Man With a Pistol, Black on Black, For Love of Imabelle, All Shot Up* en *Cotton Comes to Harlem*. Hij schreef ook een autobiografie. 'Worstelen en polsstokhoogspringen' is afkomstig uit *Pinktoes*.

KRISTIN HUNTER heeft talrijke titels op haar naam staan, waaronder *The Soul Brothers and Sister Lou, Boss Cat, Guests in the Promised Land* (verhalen), *The Survivors, The Lakestown Rebellion, Lou in the Limelight*, en *God Bless the Child*. 'Tuinhuiskoorts' is afkomstig uit het dertiende hoofdstuk van *The Lakestown Rebellion*.

HILLERY JACQUE KNIGHT III studeerde biologie aan Tougaloo College, waar hij een prijs won met een verzameling van negenendertig gedichten, geschreven rond zijn twintigste. Na te zijn afgestudeerd aan het Illinois Institute of Technology in Chicago en in Californië korte verhalen te hebben geschreven, keerde hij terug naar Mississippi om les te geven in Tougaloo. Knight schreef een biografie over Mohammed Ali, voor wie hij tussen 1979 en 1982 werkte.

LETITIA is systeemanaliste bij een groot New-Yorks bedrijf en publiceerde erotica in *Yellow Silk*. MICHAEL is makelaar in Washington D.C. en schrijft filmscenario's en televisiespelen. Hij laat weten dat hij en Letitia 'een koffer vol' erotische brieven hebben geschreven.

REGINALD MARTIN publiceerde gedichten en verhalen in *Xavier Review, Yellow Silk, Ball State University Forum* en *Calloloo*. Met zijn roman *Everybody Knows What Time It Is* won hij de prijs voor de beste roman bij de Deep South Writers in 1988. Martin doceert Engels aan de Memphis State University. Hij publiceerde verscheidene dagboeken en boeken, en zijn wetenschappelijk werk *Ishmael Reed and the New Black Aesthetic Critics* werd genomineerd voor de Clarence L. Holte Award van het Schomburg Center. Zijn wetenschappelijke werk omvat verder onder meer *A Primary and Secondary Bibliography of New Black Aesthetic* en *Recent African-American Literary Theory*. Ook is hij een van de bezorgers van *Dark Eros: Black Erotic Writing* (1997). 'Wat Siedah op non-actief zet' is afkomstig uit *Everybody Knows What Time It Is*.

TERRY L. MCMILLAN schreef twee zeer goed ontvangen romans, *Mama* (1987) en *Disappearing Acts* (1989), waarvan de filmrechten door Tri-Star Pictures werden aangekocht. Haar derde roman, *Waiting to Exhale* (*Ademloos*), verscheen in 1992 en werd met groot succes verfilmd. Haar laatste roman, *How Stella Got Her Groove Back* (*Stella's minnaar* 1996), werd een bestseller.

M.J. MORGAN is het pseudoniem van een technisch en creatief schrijfster, die veel reist. Ze werkt als onderwijsconsulente in Chicago.

GLORIA NAYLOR is geboren New-Yorkse. Met haar eerste roman, *The Women of Brewster Place*, die later werd omgewerkt tot een televisieserie, won zij in 1983 de American

Book Award. Ze heeft nog vier romans op haar naam staan: *Linden Hills*, *Mama Day*, *Bailey's Cafe* en een vervolg op haar debuutroman, *The Men of Brewster Place*. Naylor is een van de samenstellers van *Children of the Night: The Best Short Stories by Black Writers, 1967 to the Present*. 'Zoet suikerriet' is afkomstig uit *The Women of Brewster Place*.

M. NOURBESE PHILIP is Canadese en heeft verschillende dichtbundels op haar naam staan, waaronder *Thorns, Salmon Courage* en *She Tries Her Tongue: Her Silence Softly Breaks*, waarmee ze in 1989 de Casa de las Américas-prijs in Cuba won. Haar eerste roman, *Harriet's Daughter*, werd in 1988 genomineerd voor de Toronto Book Award. Ze schreef ook twee essaybundels: *Frontiers: Essays on Racism and Culture* (1992) en *A Genealogy of Resistance* (1998).

FRANK LAMONT PHILLIPS schreef al op jeugdige leeftijd gedichten en publiceerde die in de jaren zestig en zeventig in het klassieke *Black World Magazine*. Hij werd in Eloy in Arizona geboren en woont in Memphis. Zijn poëzie en zijn fictie zijn her en der besproken. Het sprankelende 'Natte zoenen' maakt deel uit van een van zijn romans.

R. POPE is het pseudoniem van Roseann P. Bell, een uit de zuidelijke staten van de VS afkomstige auteur die in de jaren zeventig erotica begon te schrijven. Zeven jaar lang had ze een radioprogramma en deed ze journalistiek werk. Ze schreef essays en boeken, waaronder *Sturdy Black Bridges: Visions of Black Women in Literature*. Bell was universitair docent Engels en Afro-Amerikaanse studies aan de Universiteit van Mississippi, en werkte an *Tales Black Sistren Tell* toen zij in 1992 stierf.

REVONNE L. ROMNEY kreeg de smaak van het creëren te pakken op de beroemde New-Yorkse *High School of Music and Art*. Ze volgde een opleiding voor edelsmid, studeerde kunstgeschiedenis in Guadalajara en schilderkunst bij de expressioniste Trauta Ishida. Ze studeerde af aan het Maryland Institute College of Art in Baltimore.

NTOZAKE SHANGE, een van Amerika's creatiefste en productiefste dichters en romanschrijvers, schreef het veelgeprezen *For Colored Girls Who Have Considered Suicide/When the Rainbow is Enuf: A Choreopoem*. Daarnaast publiceerde ze onder meer *Nappy Edges; Sassafrass, Cypress & Indigo; A Daughter's Geography; From Okra to Greens; Betsey Brown; Whitewash* en *Some Men*.

ANN ALLEN SHOCKLEY is bibliothecaresse bij de afdeling Speciale Collecties en archivaris aan de Universiteit van Fisk. Ze schreef twee romans, *Loving Her* en *Say Jesus, and Come to Me*, en een bundel korte verhalen, *The Black and White Of It*. Ze verzorgde de bundel *Afro-American Women Writers* en werkte mee aan *Living Black American Authors* en het *Handbook of Black Librarianship*.

THOMAS STANLEY studeerde aan de Universiteit van Brown en woont in de buurt van de stad Washington. In het weekeinde verzorgt hij een radioprogramma, *Textured Expressions*. Hij schreef talloze muziek- en filmkritieken geschreven en werkt aan een boek over de muziek van George Clinton. Vier jaar lang was hij minister van informatie voor de *Republic of New Africa*. In die hoedanigheid reisde hij naar Libië, Cuba en Jamaica.

PIRI THOMAS is een New-Yorkse schrijver van Portoricaanse afkomst. Tot zijn werken behoren de alom geprezen titels: *Down These Mean Streets; Savior, Savior, Hold My Hand; Seven Long Times* en *Stories from El Barrio*. 'Heerlijke smerigheden' is afkomstig uit *Down These Mean Streets*.

Yana West behaalde haar doctorsgraad en vervulde een aantal bestuurlijke functies. Ze werkte een aantal jaren als journaliste. Ze heeft veel gereisd en de ervaringen die ze daarbij opdeed in haar teksten verwerkt.

Alice Walker trok in 1982 ieders aandacht met haar roman *De kleur paars*, die in ruim vijfentwintig talen werd vertaald. Ze schreef dichtbundels, romans en kritieken, waaronder *Once, Revolutionary Petunias, The Third Life of Grange Copeland, You Can't Keep a Good Woman Down, Meridian (De tuinen van onze moeders: een zoektocht), In Search of Our Mother's Gardens: Womanist Prose, Living by the Word: Selected Writing 1973-1987, The Temple of My Familiar (De tempel van mijn gezel), Possessing the Secret of Joy (Het geheim van de vreugde)* en *The Same River Twice*. Haar laatste roman is *By the Light of My Father's Smile (Bij de glimlach van mijn vader 1998)*.

Verantwoording

Deze gezamenlijke onderneming dankt haar bestaan aan vele getalenteerde en genereuze personen: auteurs die hun meest intieme gedachten en gevoelens wilden delen, vertalers die goud sponnen van de woorden van anderen, en kunstenaars die hun verlangen uitdrukten in beelden in zwart en wit of in alle kleuren van de regenboog.

Speciale dank gaat uit naar Charles Radford, vriend en voormalig collega aan LeMoyne-Owen College, die de eerste versie van het manuscript verzorgde. Als computerexpert met een voorliefde voor tekstverwerking besteedde Charles er na zijn werk en in het weekend talloze uren aan om ervoor te zorgen dat wij aan onze deadlines konden voldoen. We zijn ook dank verschuldigd aan Deborah Morgan, een voormalige studente die nu werkt aan Memphis State University, die maandenlang typte, corrigeerde en kopieerde om de definitieve kopij voor de uitgever voor te bereiden.

Diverse andere vrienden en collega's leverden op belangrijke manieren een bijdrage. Charles L. Blockson, aan wie dit boek is opgedragen, was een gekoesterde medewerker. E. Ethelbert Miller van de afdeling Afro-Amerikaanse Studies van Howard University en tevens dichter, talk showpresentator en cultureel ondernemer, bracht ons in contact met schrijvers verspreid over de vs, terwijl James Davis van de afdeling Romaanse Talen van Howard ons voorzag van lijsten met namen van schrijvers uit de Cariben en Latijns

Amerika. Selwyn Cudjoe van Wellesley College, tevens redacteur van Calaloux Publications, gaf advies, legde contacten met schrijvers, en stelde een uitgebreide lijst op van vrouwelijke auteurs uit de Cariben.

Eveneens behulpzaam waren Keith Warner van George Mason University en Françoise Pfaff van Howard University, sinds lang vrienden en gerespecteerde collega's, die hielpen bij het aanschrijven van franstalige schrijvers. We waarderen ook de wijze raad van William S. Mayo van Howard University Press, wiens ervaring op uitgeefgebied van onschatbare waarde voor ons was in de afrondende fasen van ons werk. Ontelbare andere vrienden en familieleden gaven liefde en steun: Odessa Martin, Monique Sugarmon, Erika Echols, Elena Williamson, Tarik Sugarmon, Sandra Vaughn, Phillip Dotson, Gloria Wade-Gayles, Frank Phillips … en, in de geest, A.W. Willis, altijd gekoesterd, voor altijd herinnerd. Deze verzameling van sensuele en erotische zaken verschijnt ter ere van onze vriedin Roseann Pope Bell, getalenteerd schrijfster, oprechte *sister*, die de brug naar gene zijde overstak in de lente van 1992.

In het bijzonder staan we in het krijt bij Sallye Leventhal, onze redacteur bij Doubleday, vanwege haar enthousiaste steun aan dit project. Haar onophoudelijke geduld, volharding en professionaliteit leidden ons soepel van boekvoorstel naar gedrukte pagina.

Ten slotte noemen we hieronder de personen en uitgevers die ons toestemming verleenden hun werk over te nemen.

SDiane Bogus, 'Pottenpoten', uit Dyke Hands and Sutras Erotic and Lyric (W.I.M. Publications), © 1988 by SDiane Bogus; Jan Carew, 'The Initiation of Belfon', onderdeel van een verhaal dat verscheen in *Journal of the Association of Caribbean Studies*, oktober 1987, © by Jan Carew; Barbara Chase-Riboud, 'Het zegel', uit: From Memphis & Peking, Poems (Random House), © 1974 by B. Chase-Riboud, fragment uit *Valide, A Novel of the Harem* (William Morrow and Company, Inc.) © 1986 en uit *Echo of Lions* (Morrow)